JN261828

行財政改革とガバナンス構築のための
新地方公会計の実務と活用

有限責任 あずさ監査法人® 編

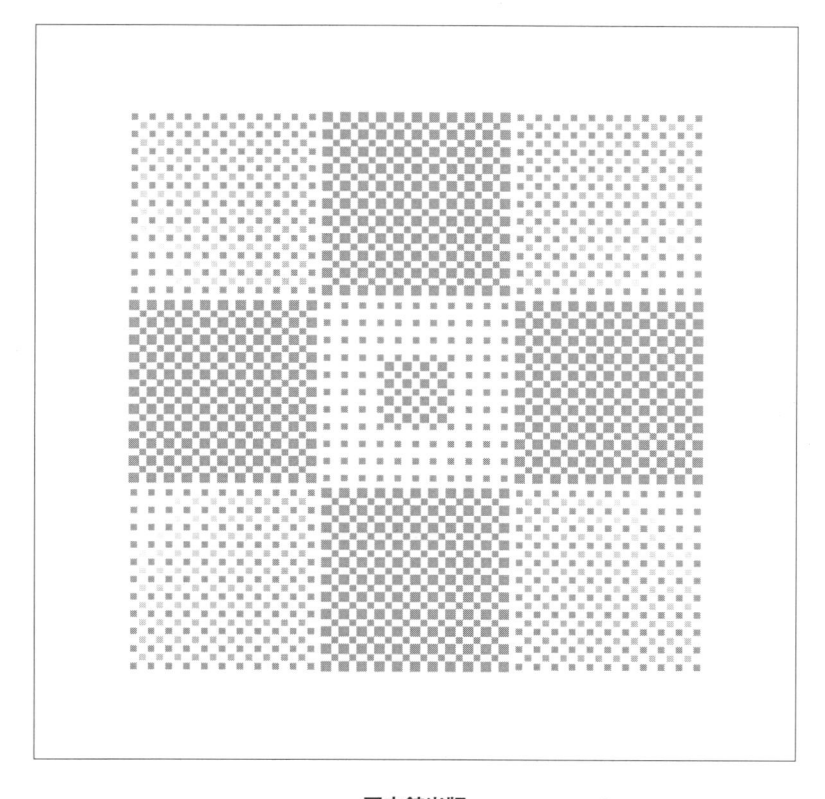

同文舘出版

© 2011 KPMG AZSA LLC, a limited liability audit corporation incorporated under the Japanese Certified Public Accountants Law and a member firm of the KPMG network of independent member firms affiliated with KPMG International Cooperative ("KPMG International"), a Swiss entity. All rights reserved.

　ここに記載されている情報はあくまで一般的なものであり，特定の個人や組織が置かれている状況に対応するものではありません。私たちは，的確な情報をタイムリーに提供するよう努めておりますが，情報を受け取られた時点及びそれ以降においての正確さは保証の限りではありません。何らかの行動を取られる場合は，ここにある情報のみを根拠とせず，プロフェッショナルが特定の状況を綿密に調査した上で下す適切なアドバイスに従ってください。

はじめに

「地域主権戦略大綱」の閣議決定により，明治以来の中央集権体質から脱却し，国と地方公共団体の関係を，対等の立場で対話できる新たなパートナーシップの関係へと根本的に転換し，国民が，住民として生活する地域の在り方について，自ら考え，主体的に行動し，その行動と選択に責任を負うという住民主体の発想に基づいた「地域主権改革」が進められようとしています。一方で，日本経済の長引く景気低迷を受け，地方公共団体の財政状況は年々悪化し，財政健全化法の制定により，その住民の視線は，たいへん厳しいものとなってきています。地方公共団体にとっては，まさに，激動の時代といえるでしょう。

このような中，地方公共団体による「新地方公会計制度実務研究会報告書」（総務省）に基づく連結財務書類4表（貸借対照表，行政コスト計算書，純資産変動計算書，資金収支計算書）の作成・公表が進められています。しかしながら，作成方式として，基準モデル，総務省方式改訂モデル，東京都方式等の各種モデルが併存し，未だ道半ばの感もあり，今後のさらなる推進に資するため，「今後の新地方公会計の推進に関する研究会」（総務省）が新たにスタートしています。

あずさ監査法人では，これらの財務書類の作成支援のほか，多くの自治体のご参加のもと，実務的な作成研修等を行ってまいりました。こうした知見を積み重ねていく中，財務書類を作成すること自体の大切さを十分認識してまいりましたが，作成された財務書類を，住民に広くわかりやすく説明していくことや，地方公共団体自らのマネジメントサイクルに活用していくことが，より一層大切であるとの思いから，本書を刊行させていただく運びとなりました。

内容といたしましては，これまでの公会計の展開の概要を説明したうえで，連結を含む財務書類の作成実務や開示・分析事例，今後の活用のあり方（管

理会計としての活用可能性），自治体の不動産マネジメントのあり方，さらには，地域主権社会実現のための内部統制と公会計の関係につき，弊法人の考え方を紹介させていただいております。加えて，参考として，国際公会計基準（IPSAS）と日本公認会計士協会の動向のほか，諸外国や国（特別会計含む），先進自治体の取組事例についても取りまとめております。

　あずさ監査法人は，国際会計事務所であるKPMGグループのメンバーファームとして，これまで多くの公的セクターに対する監査やアドバイザリー業務の経験を有しており，公的セクターや公会計の特色・特徴に精通したうえで，これまで培ってきたノウハウをあらゆる局面において提供させていただいております。東京統轄事務所，大阪統轄事務所および名古屋統轄事務所に，公的セクターの特色を理解した専門家集団からなるパブリックセクター部を設置し，公的セクターにおける監査や民間会計手法の導入，新組織化への支援といったさまざまなニーズに的確に対応する体制を整えています。

　今回の出版に際しましては，東京，大阪，名古屋，それぞれの統轄事務所のパブリックセクター部およびKPMGグループで財務・不動産等のアドバイザリーサービスを行っている㈱KPMG FASのメンバーが，分担して執筆いたしました。

　本書が，これからの地方公共団体において，真に行財政改革やガバナンスの再構築を担っていく方々にとって，少しでも参考になれば幸いです。

　最後に，今回の出版に多大なご尽力をいただきました同文舘出版株式会社の中島治久社長と編集担当の青柳裕之氏に，心から感謝申し上げます。

平成23年4月

有限責任 あずさ監査法人　理事 パートナー
パブリックセクター本部長
田中　輝彦

◆もくじ◆

CONTENTS

第1章 公会計をめぐるこれまでの展開の概要　1

- ❶ 自治体の決算 ……………………………………………………………… 3
- ❷ 官庁会計（単式簿記・現金主義）の限界 ……………………………… 4
- ❸ 公会計の変遷 ……………………………………………………………… 6
- ❹ 現在の2つのモデル（総務省方式改訂モデルと基準モデル）………… 9
- ❺ 夕張問題等の新たな課題 ………………………………………………… 11
    - 1　夕張ショック ………………………………………………………… 11
    - 2　財政健全化法の概要 ………………………………………………… 12
    - 3　健全化判断比率について …………………………………………… 12
    - 4　財務書類との関連性 ………………………………………………… 14
- ❻ 東京都方式 ………………………………………………………………… 15
    - 1　東京都方式の登場 …………………………………………………… 15
    - 2　財務諸表の活用 ……………………………………………………… 16
    - 3　さらなる展開 ………………………………………………………… 16

第2章 今後の公会計の方向性　17

- ❶ 公会計の目的と会計処理基準 …………………………………………… 19
    - 1　公会計の目的 ………………………………………………………… 19

iii

2　現金主義会計と発生主義会計 …………………………………… 26
　　3　単式簿記と複式簿記 ……………………………………………… 29
　　4　「収益／費用情報」と「現金収支情報」はどんな組織にも必要 …… 31
　　5　企業会計も万能ではない？ ……………………………………… 31
❷　財務諸表4表の意義と作成上の論点 ……………………………… 34
　　1　貸借対照表（財政状態計算書） ………………………………… 34
　　2　行政コスト計算書（財務業績計算書） ………………………… 53
　　3　純資産変動計算書 ………………………………………………… 62
　　4　資金収支計算書（キャッシュ・フロー計算書） ……………… 70
　　5　連結財務諸表 ……………………………………………………… 73
❸　財務諸表の開示・分析 ……………………………………………… 77
　　1　財務諸表の開示に求められるもの ……………………………… 77
　　2　財務諸表の分析手法 ……………………………………………… 80
　　3　財務諸表開示・分析の事例 ……………………………………… 88

第3章

自治体における管理会計　97

❶　自治体における管理会計の必要性 ………………………………… 99
　　1　公会計改革の現状 ………………………………………………… 99
　　2　管理会計とは ……………………………………………………… 101
　　3　自治体運営におけるPDCAサイクル …………………………… 105
❷　管理会計＆PDCAサイクル構築のための考慮事項 …………… 109
　　1　管理会計制度の構築を進めるにあたってのキーワード ……… 109
　　2　管理会計・PDCAサイクルを構築する際の考慮要件 ………… 112
❸　自治体におけるPDCAサイクルと管理会計の適用 …………… 115
　　1　決算の早期化と予算編成改革（Plan） ………………………… 115
　　2　月次執行管理と予算修正（Do） ………………………………… 121

	3	行政評価，政策評価（Check）	121
	4	次年度予算編成に向けた見直し・アクションプランの作成(Action)	123

❹ セグメント別行政コスト計算 ··· 125
 1 セグメント別行政コスト計算とは ·· 125
 2 セグメント別行政コスト計算実施上の課題 ··························· 126

❺ 意思決定会計の公会計への応用 ·· 138
 1 公会計における意思決定会計 ·· 138
 2 意思決定会計の活用事例 ·· 139

❻ 将来シミュレーションの実施 ·· 154
 1 はじめに ·· 154
 2 マクロ面での将来シミュレーション ··································· 155
 3 ミクロ面での将来シミュレーション ··································· 158

❼ 管理会計の導入とシステムの活用 ·· 162
 1 新地方公会計制度と複式会計システム ································ 162
 2 財務書類の生成プロセス ·· 163
 3 複式会計情報と活用可能性 ··· 165

❽ 会計監査の導入 ··· 168
 1 会計監査とは ·· 168
 2 会計監査導入の必要性 ··· 168

第4章

財務諸表を活用したPRE（Public Real Estate）マネジメント　171

❶ 自治体の不動産管理の現状と問題点 ······································· 173
 1 自治体が保有する有形固定資産 ··· 173
 2 自治体不動産（PRE）の維持管理コスト ····························· 174
 3 PREの管理上における課題 ·· 176

4　指定管理者制度の導入 ……………………………… 177
　　5　自治体が抱える「埋蔵金」 …………………………… 178
❷ これから求められるPREマネジメントの手法 ………… 180
　　1　PREマネジメントの意義と手法 ……………………… 180
　　2　PREマネジメントサイクルと組織体制の整備 ……… 180
　　3　PREの整理・たな卸 …………………………………… 182
　　4　PREのポジショニング（方向性の検討）・評価の実施 …… 183
　　5　PRE利活用の高度化・民間活用の促進 ……………… 188
　　6　PRE維持管理の効率化 ………………………………… 190
　　7　モニタリングとフィードバック ……………………… 194
❸ PREマネジメントへの財務諸表の活用 …………………… 195
　　1　財務諸表を活用する必要性 …………………………… 195
　　2　バランスシートの活用 ………………………………… 195
　　3　コスト情報の活用 ……………………………………… 197
❹ まとめ ………………………………………………………… 201

第5章

地域主権社会実現のための内部統制と公会計　203

❶ 内部統制の欠如の実情 ……………………………………… 205
　　1　住民からの信頼を勝ち得るために …………………… 205
　　2　内部統制の構築の必要性 ……………………………… 205
　　3　内部統制について ……………………………………… 206
❷ 内部統制と公会計 …………………………………………… 207
　　1　現在の公会計における内部統制 ……………………… 207
　　2　資産・負債を管理する内部統制の必要性 …………… 207
❸ 内部統制に関連する事例 …………………………………… 209
　　1　現金出納の管理の必要性 ……………………………… 209

2 債権管理の必要性 ··· 213
3 売却可能資産（遊休地）·· 217
❹ 財務書類が内部統制に与える効果 ································· 220

第6章

国際公会計基準（IPSAS）と日本公認会計士協会の動き　221

❶ 国際公会計基準 ··· 223
1 国際公会計基準の概要 ·· 223
2 財政状態計算書 ·· 229
3 財務業績計算書 ·· 245
4 純資産・持分変動計算書 ·· 253
5 キャッシュ・フロー計算書 ····································· 254
6 連結財務諸表 ··· 257
7 財務諸表における予算情報の表示 ··························· 259
❷ 日本公認会計士協会の動き ·· 262
1 地方公会計に関する日本公認会計士協会のこれまでの動き ········· 262
2 「地方公共団体の会計に関する提言」······················· 263
3 現行における各会計基準の比較表 ··························· 267
4 日本公認会計士協会の今後の動向 ··························· 270

第7章

参考事例　273

❶ アメリカの地方政府の事例 ·· 275
1 アメリカの地方政府の公会計制度改革 ···················· 275
2 アメリカの地方政府の公会計の特徴 ························ 275

     3 作成する財務等報告 276
     4 ポートランド市（オレゴン州）の事例 278
     5 監査制度 284
❷ ニュージーランドの地方政府の事例 285
     1 ニュージーランドの地方政府における公会計改革 285
     2 ニュージーランドの地方政府における公会計の特徴 285
     3 作成する財務報告 286
     4 クライストチャーチ市の事例 287
     5 監査制度 296
❸ 大阪府の事例 297
     1 大阪府の問題意識 297
     2 新公会計制度の意義と理念 297
     3 新公会計制度の内容と特徴 299
     4 財務諸表の活用 306
     5 今後の課題と地域主権への確立に向けて 309
❹ 国の事例（国の財務書類について） 310
     1 国の財務書類とは 310
     2 平成20年度国の財務書類について 313
     3 国の財務書類の活用状況 318
❺ 特許特別会計の事例 320
     1 特許特別会計とは 320
     2 特許庁の問題認識とこれまでの取組み 320
     3 料金原価計算についての取組み 321
     4 情報開示について取組み 323
     5 今後の方向性 327

索引　331

第 1 章

公会計をめぐる これまでの展開の概要

1 自治体の決算

　自治体における決算書は，一会計年度の歳入歳出予算の執行実績について作成される計数表であるとされています。

　地方自治法第233条第1項によれば，「会計管理者は，毎会計年度，政令の定めるところにより，決算を調製し，出納閉鎖後三カ月以内に，証書類その他政令で定める書類とあわせて，普通地方公共団体の長に提出しなければならない。」と規定されています。そして，地方自治法施行令第166条1項では，「普通地方公共団体の決算は，歳入歳出予算についてこれを調製しなければならない。」と規定され，歳入歳出予算の執行の結果をまとめた実績表である決算書を作成することとされています。

　自治体の決算は，次の順序で行われていますが（地方自治法第233条），予算によって執行権を与えられた地方自治体の執行機関が予算の内容に従って支出を行っているか，予算の範囲内の実績となっているかどうかなど，執行機関の公的な会計責任を明らかにされるうえで，決算は重要な役割を有しています。

〔自治体の決算手続〕
①会計管理者は，出納閉鎖後3ヵ月以内に自治体の長に決算書を提出しなければならない。
②長は決算書を監査委員の審査に付さなければならない。
③長は決算委員の決算審査意見書を受領後，その意見を付して，次の通常予算を審議する会議までに議会に提出して認定を受けなければならない。
④長は決算書を認定に関する議決および監査委員の意見書をあわせて，総務大臣（都道府県）または知事（市町村）に報告し，かつ，決算の要領を住民に公表しなければならない。

第1章　公会計をめぐるこれまでの展開の概要

❷ 官庁会計（単式簿記・現金主義）の限界

　自治体における会計には，一般会計のほか，特定の事業を行う場合に設置される特別会計がありますが，地方公営企業のうち，地方公営企業法を適用している特別会計については，いわゆる民間企業と同じように企業会計方式で経理することとされ，複式簿記により損益計算書や貸借対照表などの財務諸表が作成されています。

　一般会計および地方公営企業法が適用されていない特別会計においては，いわゆる収支会計が採用され，単式簿記により現金の収入・支出されたときに会計上，収入（歳入）・支出（歳出）を認識します。

　これに対し，地方公営企業法を適用している地方公営企業の特別会計においては，その経営成績を明らかにするため，すべての費用および収益を，その発生の事実に基づいて計上し，かつ，その発生した年度に正しく割り当てなければならない（地方公営企業法第20条1項）とされ，経済取引が生じたときに取引が認識され（発生主義），たとえ現金収入や現金支出が伴わなくとも，会計上，それらは売掛金等の債権や買掛金等の債務として処理されます。

　ただし，自治体の一般会計等であっても，年度末までに収支原因が発生したものにあっては，原則としてすべてその年度の収支として整理しなければならないことから，年度経過後，とくに未収未払を整理するために出納整理期間を設けています（会計年度終了後5月31日までの2か月間）。出納整理期間を設けることで，会計期間に生じた収入・支出を正しく計上し整理しようとする制度が採用されています。

　自治体の会計と民間で採用されている企業会計とは，予算を重視するのか，決算を重視するかといった違いもあり，同じレベルで比較して優劣をつけることは難しいです。

2　官庁会計（単式簿記・現金主義）の限界

　しかし，現金主義と発生主義とを比較した場合，発生主義のおいては，資産・負債といったストック情報が貸借対照表に一覧で示されるほか，減価償却費や引当金といった概念が採用され，各会計期間が負担する正しいコストを算出するための会計手法が行われるといった特徴を有しています。

　自治体を取り巻く環境のなか，自治体の資産および負債の圧縮を図るうえでは，資産と負債を一覧でみることができる貸借対照表は，有意義と考えられます。また，行政サービスのコストをより正しく算出することができる手法についても，行政サービスの受益者負担の在り方を考えるうえで参考とすべきと考えます。

③ 公会計の変遷

　こうした公会計の限界を意識した自治体では，発生主義会計が義務づけられていないなか，自発的，試験的にバランスシートを作成するところが出てきました。その変遷を辿ってみます。

- 昭和62年　地方自治協会

　「地方公共団体のストック分析，評価手法に関する調査検討委員会」の報告に基づき，熊本県で試算。決算統計に基づく方法を提案。

- 平成9年　社会経済生産性本部

　「決算統計に基づいた企業会計的分析手法研究報告」

- 平成11年頃　全国の先進的な自治体

　主に決算統計を利用した手法を活用し，全国の先進的な自治体がそれぞれで工夫を凝らして，バランスシートを作成し，公表が進む。

- 平成12年　自治省

　「地方公共団体の総合的な財政分析に関する調査研究会報告書」

　決算統計をベースにしたバランスシートの作成方法を提示。これにより全国でばらばらであった作成基準の統一が大幅に図られる。ただし，この時点ですでに固定資産の積み上げ方式を導入している自治体は，精度を保持するために，独自のルールを継続することが多かった。

- 平成13年　総務省

　「地方公共団体の総合的な財政分析に関する調査研究会報告書」

　前年にバランスシートの作成基準を提示していたことから，表裏の関係に

ある「行政コスト計算書」の作成基準を提示。あわせて,「各地方公共団体全体のバランスシート」の作成基準を提示。「全体」はいわゆる連結ではなく,普通会計に公営事業会計等を含めたものであり,地方三公社や第三セクター等は含まれていなかった。

　先進的な自治体では,自発的に地方三公社や第三セクターを取り込んだ連結バランスシートを公表するところが増えてきた。

- 平成13年　東京都

「機能するバランスシート」を公表

　固定資産について,総務省方式の決算統計の積み上げではなく,公有財産台帳に記載されている取得価額を活用して作成され,バランスシートの精度が向上した。同時に,決算統計に基づく総務省方式における精度上の課題を批判する声を聞かれるようになった。

- 平成17年　総務省

「地方公共団体の連結バランスシート（試案）について」

　地方三公社や,第三セクター等を取り込んだ連結バランスシートの試案を提示。

- 平成17年　東京都

「東京都会計基準」を公表。

　複式簿記・発生主義を前提とした基準が公表された。

- 平成18年　総務省

「新地方公会計制度研究会報告書」

　いわゆる「基準モデル」,「総務省方式改訂モデル」の2つを提示。財務諸表（貸借対照表,行政コスト計算書,資金収支計算書,純資産変動計算書）ならびに連結財務諸表の作成基準を提示。2つのモデルが提示されたことよ

り，先進的な自治体は基準モデルに取り掛かり，それが困難な自治体は一時的に改訂モデルへ流れるという傾向が表れた。

- 平成19年　総務省
「新地方公会計制度実務研究会報告書」
　前年の報告書の内容をより具体的に提示したもの。このあと新地方公会計の財務4表を導入する自治体が増え始める。

- 平成19年　東京都
　新しい公会計制度による初の財務諸表を公表し，決算参考書として議会へ提出。

- 平成22年　総務省
　新地方公会計を更に推進していくため，「今後の新地方公会計の推進に関する研究会」を発足。総務省は，基準モデルおよび総務省方式改訂モデルを地方公共団体に示し，新地方公会計の整備を要請してきたが，今後，新地方公会計をさらに推進していくため，作成依頼から3年が経過した財務諸表の作成についての検証や国際公会計基準および国の公会計等の動向を踏まえた新地方公会計の推進方策等を検討することとしている。

　このように，10年ちょっと前までは，発生主義会計を取り入れる自治体は圧倒的少数でありましたが，今ではほとんどの団体で，発生主義会計が取り入れられ，さらなる向上を目指しています。

4 現在の2つのモデル（総務省方式改訂モデルと基準モデル）

　ここで，現在，大勢を占める，総務省の2つのモデルについて若干の補足説明をします。総務省は，平成18年「地方公会計制度研究会報告書」のなかで，2つのモデルを提示しました。「基準モデル」と「総務省方式改訂モデル」です（**図表1－1**）。

◆図表1－1　基準モデルと総務省方式改訂モデルの対比◆

	基準モデル	総務省方式改訂モデル
固定資産の算定方法（初年度期首残高）	現存する固定資産をすべてリストアップし，公正価値により評価する	売却可能資産については，時価評価を行う。売却可能資産以外については，過去の建設事業費の積み上げにより算定。段階的に，固定資産情報を整備する。
固定資産の算定方法（継続作成時）	発生主義的な財務会計データ固定資産情報を作成する。その他公正価値により評価する	
固定資産の範囲	すべての固定資産を網羅する。	当初は建設事業費の範囲で，段階的に拡張し，立木，物品，地上権，ソフトウェアなどを含めることを想定
台帳整備	開始対照表作成時に整備する。その後，継続的に更新する。	段階的な整備を想定し，始めに，売却可能資産，土地を優先して整理することにする。
作成時の作業の手間	当初は，固定資産台帳整備及び仕訳パターンの整備等の作業が多く，継続して作成することにより作業量は減少する。	当初は，売却可能資産の洗い出しと評価，回収不能見込額の算定など，現行総務省方式作成団体であれば負荷は，比較的軽微に収まる。ただし，段階的な整備に伴い作業量は増大する。
財務書類の検証可能性	開始時未分析残高を除き，財務書類の数値から元帳，伝票に遡って検証可能である。	台帳の段階的な整備により，検証可能性を高めることは可能である。
財務書類の作成・開示時期	出納整理期間後，早期の作成・開示が可能となる。	出納整理期間後，決算統計と並行して作成・開示される。

第1章　公会計をめぐるこれまでの展開の概要

　大きな違いは，固定資産の算定方法にあります。総務省方式改訂モデルは決算統計をベースにした簡便的なものであり，基準モデルは個別に積み上げたものです。

　ここで注意すべきは，改訂モデルは一時的なものであって，固定資産台帳の段階的な整備を進めていかなくてはいけないということです。現在，改訂モデルで段階的整備が進んでいない自治体は，早急な対応を行う必要があります。

5　夕張問題等の新たな課題

1 夕張ショック

　自治体の財政状態に関するアカウンタビリティを高める潮流が強まる一方で，平成18年には世間を騒がす大きな問題が起きました。夕張ショックです。

　平成18年9月11日に北海道から出された『夕張市の財政運営に関する調査』によれば，夕張市においては，予算上，一般会計から他会計に繰り出すべき予算を貸付金として措置するなど，一般会計と他会計間で出納整理期間（4月～5月）中に，次年度の他会計から当該年度の一般会計に償還するといった，年度をまたがる会計間の貸付償還が行われていたとのことです。

　一般会計が他会計に貸付を行うと一般会計に収支不足が生じますが，当該年度の出納整理期間（4月～5月）中に，他会計の次年度予算から一般会計へ貸付金の償還を行うことにより収支は均衡します。
　そして，他会計が一般会計に対して貸付金の償還を行ったことによる収支不足は，翌年度の一般会計からの貸付金により収支は均衡するといった財務処理手法がとられていました。

　脱法とまでは言い切れないものの，粉飾に近い決算が行われ，夕張市民は突然，行政サービスの低下を受けることとなりました。
　この問題がきっかけとなって，地方財政に対する国民の関心は一気に高まりました。地方分権を進めていくという政府のおおきな方針のもと，市町村合併や規制緩和が進められてきました。そういったなかで起きた夕張市の財政破たんは，自治体の財政運営に対する国民の不信感を生じさせるものでした。

第1章　公会計をめぐるこれまでの展開の概要

そしてその後，自治体の財政を早い段階から健全化を促すことを可能とする，「地方公共団体の健全化に関する法律」（地方財政健全化法）が平成21年より施行されました。

2 財政健全化法の概要

平成19年6月22日に，「地方公共団体の財政の健全化に関する法律」（平成19年法律第94号）（以下，「財政健全化法」という）が公布されました。

財政健全化法は，自治体の財政の健全化に資することを目的として，自治体の財政の健全性に関する比率の公表制度を設け，当該比率に応じて，自治体が早期健全化および財政の再建ならびに公営企業の経営の健全化を図るための計画を策定する制度を定めるとともに，当該計画の実施の促進を図るための行財政上の措置を講ずることを定めています。

財政健全化法は，主に次のような内容から構成されています。なお，健全化判断比率および資金不足比率の公表に関する規定は，平成20年4月1日から施行されており，平成19年度の決算に基づく健全化判断比率等から適用されていますが，財政健全化計画等の策定義務その他の規定は，平成21年4月1日に施行され，平成20年度決算に基づく健全化判断比率等から適用されています。

3 健全化判断比率について

財政健全化法で健全化判断比率として用いられる財政指標には，実質赤字比率，連結実質赤字比率，実質公債費比率，将来負担比率があります。そして，公営企業の経営健全化の財政指標として，資金不足比率が用いられています。それぞれの財政指標の概要は，次のとおりです。

[1] 実質赤字比率

実質赤字比率は，自治体の一般会計等の赤字の程度を指標化し，財政運営

の悪化の度合いを示す指標といわれています。

$$実質赤字比率 = \frac{一般会計等の実質赤字額}{標準財政規模}$$

[2] 連結実質赤字比率

　連結実質赤字比率は，すべての会計の赤字や黒字を合算し，自治体全体としての赤字の程度を指標化し，自治体全体としての財政運営の悪化の度合いを示す指標といわれています。

$$連結実質赤字比率 = \frac{連結実質赤字額}{標準財政規模}$$

[3] 実質公債費比率

　実質公債費比率は，借入金（地方債）の返済額およびこれに準じる額の大きさを指標化し，資金繰りの程度を示す指標といわれています。

$$\begin{array}{c}実質公債費比率\\(3か年平均)\end{array} = \frac{(地方債の元利償還金＋準元利償還金) － (特定財源＋元利償還金・準元利償還金に係る基準財政徐要額算入額)}{標準財政規模 － (元利償還金・準元利償還金に係る基準財政需要額算入額)}$$

[4] 将来負担比率

　将来負担比率は，自治体の一般会計等の借入金（地方債）や将来支払っていく可能性のある負担等の現時点での残高を指標化し，将来の財政を圧迫する可能性の度合いを示す指標といわれています。

$$将来負担比率 = \frac{将来負担額 － (充当可能基金額＋特定財源見込額＋地方債現在高等に係る基準財政需要額算入見込額)}{標準財政規模 － (元利償還金・準元利償還金に係る基準財政需要額算入額)}$$

[5] 資金不足比率

　公営企業の資金不足を，公営企業の事業規模である料金収入の規模として

指標化し，経営状態の悪化の度合いを示す指標といわれています。

$$資金不足比率 = \frac{資金の不足額}{事業の規模}$$

4 財務書類との関連性

　新地方公会計制度に基づく財務書類と財政健全化法に基づく財政指標は直接的な関係はありません。

　現状，新地方公会計は，制度として義務づけられておらず，また決算統計等を利用した簡便的なものも認められているため，より厳格な運用をともなう健全化法のベースとしては，もの足りないといえます。

　財務書類は，さまざまな情報を有していることから，これらの情報が正しく記載されていれば，財務情報を把握し分析するうえで，その価値は著しく高まります。財務書類が，簡便的なものではなく，正確な複式簿記・発生主義により作成され，そしてその財務書類が独立した第三者から監査証明を受けたものであれば，その財務書類を利用して財政分析を行うことや，財務書類をベースとした財政健全化法の財政指標の作成も可能となってきます。

　住民からの信頼を勝ち得るためには，より精度の高い基準モデル等の採用および，財務書類の会計監査が必要と考えます。

6 東京都方式

1 東京都方式の登場

　民間企業と同様に，システムを利用して日々の取引ごとに会計処理をし，固定資産を積み上げ方式で管理した公会計の1つの完成形といえるものに，東京都方式があります。東京都方式は，独自のモデルの代表格です（東京都方式について記載された冊子は東京都からたいへん多くの情報[1]が開示されていますので，ここでは若干ふれるに留めます）。

　東京都は，平成11年ごろから複式簿記・発生主義会計導入に向けて取り組み，平成13年に官庁会計方式による決算数値を組み替えて財務諸表を作成した「機能するバランスシート」を公表しました。しかし，財務諸表の作成に時間がかかる，個別事業ごとに財務諸表を作成することが困難等の限界を抱えていました。

　そこで，東京都は新たな公会計制度の導入に取組みはじめました。新たな公会計制度では，行政の特質を考慮した「東京都会計基準」に従い，現行の官庁会計に，複式簿記・発生主義会計の考え方を加味し，システムにより日々の会計処理の段階から複式簿記の処理を行い，自動的にデータを蓄積して財務諸表を作成します。

　東京都は平成18年3月より財務会計システムの稼働を開始し，平成18年度分から決算を公表しています。

　日々の段階から複式簿記の処理を行うということは，企業会計の世界では当然のことですが，従来の官庁会計の組替方式とはまったく異なる，斬新なものといえます。官庁会計の決算数値を組み替えて作成するという小手先の対応ではなく，日々の取引についてシステムで対応を図るという東京都の会

---

[1] 東京都ホームページ（http://www.kaikeikanri.metro.tokyo.jp/kaikaku.htm）。

計に対する姿勢を他の自治体も見習う必要があると思います。

2 財務諸表の活用[2]

東京都は，日々仕訳方式による財務諸表を作成したことにより，決算公表の時期が前倒しになったこと，全会計合算から局別，会計別，歳出目別等のさまざまな作成単位で財務諸表が作成できるようになったとしています。

そして東京都では「東京都決算参考書財務諸表」を議会へ提出し，「主要施策の成果」へ事業別財務諸表を掲載，民間企業のアニュアル・レポートに相当する「東京都年次財務報告書」を作成・公表するなど，都民に対する説明責任の充実を図っています。

さらに，東京都はこれらの公表にとどまらず，マクロ・ミクロの両面から予算編成等に活用しているとしています。

マクロの分析としては，東京都の財政運営として，貸借対照表の情報を中長期的な財政運営への活用，財務諸表の経年的な分析による財政状況の検証，財務諸表から明らかになった課題に対応するための業務改善を行っているとしています。

ミクロの分析としては，事業評価への活用として，フルコスト情報を用いてサービス等業務を分析，コスト情報を用いて施設の管理運営業務を分析，ストック情報を用いて施設等の活用方法の検討を行っているとしています。

3 さらなる展開

東京都は，大阪府における新公会計制度の導入を支援するため，大阪府へ都の職員を派遣するとともに，大阪府から職員を受け入れるなど，他の自治体に対し，東京都の新たな公会計制度に準じた方式の導入を勧めています。

東京都方式のような先進的な取り組みが他の自治体に広がり，自治体の財政に対する住民の関心が高まるとともに，信頼が高まることを期待します。

---

[2] 東京都・大阪府『公会計改革白書』2010年より引用。

第2章

今後の公会計の方向性

1 公会計の目的と会計処理基準

1 公会計の目的

[1] 公会計とは

　公会計とは，狭義にはパブリックセクター（公的部門）を対象とする会計のことです。すなわち，国，地方自治体のいわゆる官庁会計と呼ばれるものに加え，国や地方自治体が設置または出資する法人，具体的には公社，公団，事業団のほか，国立大学法人，独立行政法人，地方独立行政法人，第三セクターのことを意味します。これに対し，プライベートセクター（民間部門）の非営利法人全般も公会計の範囲に含めた広義の考え方もあります。この場合，国や地方自治体の外郭団体ではない公益法人，学校法人，社会福祉法人，宗教法人，医療法人，労働組合，特定非営利法人，消費生活協同組合等，非営利法人会計全般も公会計の範囲に含められます。

　このように，一口に公会計といっても，組織形態は非常に多種多様であり，適用される会計基準もそれぞれに異なるため，統一性がないことを批判されることもあります。しかし，プライベートセクターの非営利法人には原則的に発生主義が適用されてます。また，パブリックセクターにおいても，発生主義による決算が行われていないのは，官庁のなかでも一般会計および公営企業会計が適用されていない特別会計，一部事務組合等，ごく限られた範囲となっています。

　なお，本書の対象とする公会計は，狭義の定義であり，とくに断りのないかぎり狭義の公会計を単に「公会計」と呼ぶこととします。

[2] 会計の目的

　会計の目的は，外部目的（財務会計）および内部目的（管理会計）に分け，以下のように整理できます。

第2章 今後の公会計の方向性

①説明責任
②経営意思決定および内部管理目的

(1) 説明責任

会計の最大の目的は，説明責任であるといわれます。説明責任とは，権限を与えられた者が，自分のしたこと，あるいはすることを怠ったことが招いた結果について，権限を与えた者等に対して合理的な説明を行う責務を意味します。これを会計に当てはめると，財産の管理を委託されたものが，その財産を使って営業，投資，運用した結果を，その財産を受託した者等に対して決算報告するということになります。

株式会社の場合，委託者は，資金拠出者＝出資者である株主であり，経営者である代表取締役および取締役会がその受託者としての責任を負います。経営者は，株主から預かった資金を元手に事業を行います。その結果報告として決算期末に財務諸表を作成し，株主総会において株主へ説明を行います。この決算内容を株主が承認することにより，受託者責任が解除されます。ここで株主が承認できない場合には，受託者責任を追及されることになり，役員報酬カット，解任，最悪の場合には株主代表訴訟の被告人という形で責任を取ることとなります。

また，説明責任は，上記の受委託関係だけにとどまらず，より広い利害関係者，すなわち債権者，取引先，従業員，顧客等に対しても負うものと考えられます。

一方，自治体においては，資金拠出者＝納税者である市民が委託者であると位置づけられます。そして，その税金を使って行政を行う首長がその受託者としての責任を負うことになり，受託者としての説明責任が発生することになります。また，債権者，取引先，職員等に対しても説明責任を負うことについては民間企業のケースと同様に考えられます。

なお，公会計の理論上，税収を出資に準ずる資金拠出と考える立場（出資説）と，税収を収益に準ずるものであると考える立場（収益説）があります

が，ここでは前者の立場に立ち，株主≒納税者を前提として説明をしております。後者の立場に立った場合，株主と納税者を類似の立場に立たせた図式で説明するのは多少無理がありますが，市民が対価性のない税金を支払っている以上，首長にその税金の使途について委託しているはずであり，そこに説明責任を見出すことに異論はないものと考えられます。

(2) 経営意思決定および内部管理目的

これに対し，経営者や事業部長などが，経営意思決定を行うために必要な財務情報として利用するもう1つの大きな目的があります。民間企業の経営者は，自社の業績を把握し，前期比較や他団体比較等のマクロ分析を行うだけでなく，部門別計算を行い，事業ごとの採算性を把握する等のミクロ分析を行い，さらには，会計によって得られた情報の一部を利用して，投資意思決定や経営基本計画の策定等の調査分析を行います。

自治体にとっても，行政サービスの量を金額的に把握し，他団体比較や施設別，事業別のコストを把握することで，行政経営に活用することができます。

[3] 民間企業と自治体の違い

企業にとっても自治体にとっても，会計の目的は説明責任と内部管理目的に整理することができ，会計に関する基本的な考え方は共通しているといえます。しかし両者は，目的も性質も意思決定過程もまったく異なります。公会計に取り組むことに先立ち，この違いを明確にしておく必要があります。会計を考えるうえでの重要な違いは以下の3点になります。

(1) 資金提供者の主体性の違い

第一に，民間企業と自治体とでは，資金提供者の主体性が異なります。民間企業の資金提供者である株主は，配当金の分配や株式売却益の獲得を目的として自発的に出資を行っています。そして，出資先企業の経営方針や将来性に不安があれば，任意に退出することができます。一方，自治体の資金提

第2章　今後の公会計の方向性

供者である住民の場合には，住民本人の意思とは無関係に，納税義務が課されます。そして，自治体の政策にどんなに不満があろうと，そこから退出することはできません。仮に転居したとしても，転居先で同じような納税義務が待っているだけのことであり，生きるために所得を得ているかぎり，税金から逃れることはできません。両者のこの違いはきわめて大きなものです。

資金を提供した者と資金を受けた者との間には受委託関係が生じることになり，受託者が委託者に対して説明責任を負うことについては，民間企業も自治体も同じです。しかし，前者は自由意思に基づいた受委託関係であることに対して，後者は強制的な受委託関係であり，その強制力は将来までも拘束するものであるため，その説明責任は，後者の方がずっと重いはずであると考えられます。

(2) 事業目的の違い

民間企業は，お金儲けすなわち利益を獲得することを目的とした存在です。もちろん，経営理念として利益追求を直にうたっている民間企業は皆無で，自社を社会的存在として位置づけ，利益追求ではない目的を掲げている企業がほとんどです。しかし，どんなに公益的な目的を掲げても，企業が存続し続けるためには利益を出さなければならないため，結局のところ利益が出るかどうかで意思決定がなされることになります。利益の獲得につながらないと経営者が考える事業は基本的に行われることはありません。一方，国，自治体は，公共サービスの提供，社会資本の整備や所得の再配分を行うための存在です。利益の獲得を目的とするものではなく，むしろ市民サービスに資するが利益の獲得が見込めない事業を中心に実施されることになります。この両者の違いが，決算書の数値をもって責任者をどう評価するかに大きく影響を与えることになります。

まず，企業は，収益の獲得を目的として費用をかけます。そのため，収益から費用を差し引いた利益で，その1年の事業遂行の良し悪しを評価することができます。言い換えれば，手段である費用と目的である収益が決算書に

載ってくるため，決算書そのものが経営者の通信簿たりえるのです。

　一方，自治体は収益の獲得を目的として費用をかけるのではなく，費用をかけて行政サービスを提供し，その結果として住民満足度を向上させることを目的として活動します。収益が獲得できるのは受益者負担を求める限られた事業だけですし，税収を収益と考えたとしても税収の獲得を目的として費用をかけるわけではありません。その意味で，自治体にとって収益ないし税金の獲得は，むしろ必要な事業を実施するための資金を獲得するための手段となります。費用をかけることも手段ですが，収益ないし税金の獲得はさらに前段階の手段となるのです。そのため，収益から費用を差し引いたとしても，それで事業遂行の良し悪しを評価することはできません。すなわち，決算書に載る費用，収益ないし税収もすべて手段に過ぎないため，決算書はあくまで手段の過程を表すだけのものであり，それだけでは首長の通信簿にはならないのです。

　では，どのようにして首長の業績を評価すべきなのでしょうか。自治体の目的である住民満足度の向上は，金額では容易に表せないものです。したがって，首長の評価を行うためには，事業の成果という金額で表せないものを別途評価する仕組みが必要となります。その役割を担うのが行政評価です。ここで，行政評価を決算書と切り離して独立的に実施しても，目的と手段が対応しないため，不十分です。首長の通信簿たりえるためには，決算書という手段を表したものと行政評価という目的を数値化したものを有機的に結びつけることが不可欠になるのです。

(3) 予算の意義の違い

　企業も自治体も，年度開始前に予算を作成しますが，その意義および重要性はまったく異なるものであるといえます。

　企業における予算は，あくまで目標値を表すものにすぎず，業務執行上の法的拘束力は何もありません。そのため，企業会計では予算についての会計原則を何ら定めておらず，その開示義務もありません。なお，証券取引所の

自主ルールによって開示される決算短信上では，業績予想の開示が求められますが，当該予想値が，必ずしも予算と一致しているとは限りませんし，その予想値の立て方も会社ごとに異なります。

これに対し，自治体の会計は，一会計年度における一切の収入および支出は，すべてこれを歳入歳出予算に編入しなければならない（地方自治法第210条）とされる総計予算主義の下，予算どおりに執行しなければならないことが法律上定められており，予算はその年の決算を法的に拘束することになります。そのため，決算のもつ意味は，予算に従って執行されたことを確認する程度の意味に過ぎず，限定的になります。

組織の責任者は，その責任を果たすためにＰＬＡＮ→ＤＯ→ＳＥＥというマネジメントサイクルを繰り返しながら，業務遂行の質を向上させていきます。民間企業の場合，当期の実務のなかで予算に縛られることなく軌道修正を行うことが可能であり，その結果が決算に反映されます。一方，自治体の場合，予算の拘束があるため，実務のなかでの軌道修正には限界があり，本質的な軌道修正のタイミングは予算策定しかないのです。そうすると，ある年度の決算をいくら評価したところで，軌道修正を行うべき予算が決算と別の基準で作成されていては，軌道修正を反映する機会すら失われてしまうのです。

そのため，決算だけを統一基準として定めても不十分であり，予算をも含めた統一的な基準が必要であることになります。そして，市民の代弁者である議会が公会計基準に従った予算を承認し，それと同じ基準で決算が作られる必要があるのです。

[4] 公会計の目的

前節で述べた民間企業，国および自治体の両者の違いを加味したうえで，公会計の目的を整理すると，以下の３つに整理できます。

①将来世代までわたる重い説明責任を果たすこと

②事業評価を可能にするデータを提供すること
③議会での意思決定および予算策定を可能にすること

(1) 将来世代までわたる重い説明責任を果たすこと

　自治体の資金提供者である市民は，民間企業の資金提供者である株主とは異なり，強制的でかつ将来にわたるまでその関係を拘束されます。そのため，自治体は，現役世代に対してだけではなく，将来世代に対するまで重い説明責任を負うことになります。

　すなわち，現役世代に対する行政サービスの量を金銭的に表すだけではなく，将来世代に対する行政サービスの予定額がどの程度あるのか，あるいは，将来世代に対してどれだけ負担を残しているのかを網羅的に説明することが求められることになります。

　そこで，自治体にとっての説明責任とは，①当期の行政サービスの量を金額的に表すこと，②世代間負担情報を開示することという，2つの意味をもつことになります。

(2) 事業評価を可能にするデータを提供すること

　前述のとおり，会計報告は，あくまで手段を表すものに過ぎず，成果を表す行政評価と有機的に結びついて評価が完結することになります。そこで，公会計の目的は，評価の基となる手段を適切に表すことということになります。行政評価においては，その年度に実施した事務事業や施策に対して評価が行われますので，公会計側が同年度に実施したサービスにかかるコストの金額を適切に集計することが必要となります。

(3) 議会での意思決定および予算策定を可能にすること

　前述のとおり，決算書のみを公会計制度として整備するだけでは不十分であり，予算書も公会計の制度として取り込まなければなりません。公会計の究極の目的は，議会での予算策定のための会計整備であるということができ

ます。現在のところ，公会計の整備は決算書だけが先行していますが，予算書を含めた制度化が不可欠である点を忘れてはなりません。

以上のように，企業と自治体では，存在目的が異なるので会計目的も同じではありません。ただ単に，企業が発生主義会計を行っているから，遅れている自治体も企業会計的手法を導入しなければならないという，短絡的な考え方で新地方公会計の導入を進めようとしてもうまくいきません。企業会計が，企業の存在目的や実態に合うように進化してきたのと同様，公会計も，自治体の存在目的や実態に合う形で会計を発展させていかないと意味のないものになってしまいます。

企業会計と公会計の相違に着目すればするほど，企業会計の理論を輸入して改良すれば公会計が出来上がるというほど簡単ではないことが理解できると思います。そもそも，企業会計は，実務のなかに慣習として育ってきたものであり，現在まで何百年の経過を必要としましたし，今なお変化を遂げているものです。今回の公会計の動きは，諸外国の取り組みや国内の財政状況の悪化から，現状の官庁会計に疑問が生まれたため，ほかによい方法がないかと模索するなかで，企業でやっている，よりよさそうな方式を急いで導入しようとしているきらいがあります。しかし，企業会計がそうであったように，公会計も，時間の経過とともに会計慣習が育ち，そのなかであるべき処理が洗練されてくるということができます。そのため，今回の公会計の動きを，固まった基準を導入する契機と捉えるのではなく，発生主義会計に基づく会計慣行を蓄え始めるスタートラインに立ったのであると捉え，実務者が基準に対して疑問点をもちながら取り組み，会計慣行を作っていくのだという姿勢が必要であると考えます。

2 現金主義会計と発生主義会計

これまで，企業会計では発生主義が採用される一方，公会計では現金主義に出納整理期間を加味した修正現金主義が採用されてきました。このような

1 公会計の目的と会計処理基準

歴史は決して公会計の方向性が誤っていたのではなく，それなりの合理的な理由があったためであることを理解する必要があります。そこで，現金主義と発生主義との違いをのべたうえで，なぜこれまで企業会計と公会計が異なる道を歩んできたのかを合理的に理解し，そのうえで現状の公会計ないし現金主義の限界を明らかにしていきたいと思います。

[1] 現金主義と発生主義

　現金主義，発生主義という考え方は，収益と費用の「認識」の違いを整理したものです。認識という言葉は非常に難しい概念ですが，会計上の「認識」とは，「会計処理をするべき事件が起こった瞬間」という意味で理解すれば差し支えないと思います。

　まず，現金主義とは，収益と費用を現金の受け渡し時点で認識すべきとする会計の考え方のことです。一方，発生主義とは現金の収入や支出に関係なく，収益や費用の事実が発生した時点で計上しなければならないとする考え方です。

[2] 現金主義のメリット

　現金主義のメリットは，第一に作成者および利用者にとって難しい専門的知識を必要としないため，簡単に理解できることがあげられます。第二に，現金の出入りという客観的な事実を記録するため，恣意性が介入する余地がなく，誰が記帳しても同じ結果となり，客観性が高いことがあげられます。

　まず，市民は毎年税金という現金を徴収されるため，その徴収された現金がどう使われるのかを直接的に表すには，現金収支そのもので予算を策定するのがシンプルでわかりやすいと考えられますし，社会的立場も年齢も異なるすべての市民に対して説明責任を果たすとなると，簡単であるというメリットは非常に大きなものです。

　そして，国や自治体が取り扱うのは，民間企業が自由意思で集めたお金ではなく，強制的に集められた公金です。そのため，その説明には客観性の高

さが求められます。民間企業の発生主義は、同一の会計事象に対して複数の会計処理が選択され、その結果の損益も異なりますが、公金の説明である以上、このような恣意性は排除したいと考えられます。

さらに、国や自治体の場合、収入と支出の間に対価性がないため、ある収益を計上するためにどれだけの費用が貢献したか、すなわち利益を計算しようとする動機が薄かったこともあるでしょう。

以上のように自治体を取り巻く実態を考えると、議会での承認を得るための予算策定において、そして執行報告である決算において、長期にわたり現金主義が採用されてきた背景は理解できるのではないでしょうか。

[3] 現金主義のデメリット

一方、現金主義には致命的なデメリットがあります。それは、資産負債情報がわからないことです。現金主義とはすなわち現金の出し入れのみを事象として捉えるため、収益、費用の対価はすべて現金です。現金主義会計の下では、減価償却費の計上、引当金の設定、費用の見越や繰り延べを行いません。すなわち、すべての現金収支がフローとして認識され、ストック概念としては現金のみにしか価値を置いていないことになります。そのため、現金で何かを支出したあと、その対価として得たモノが使われようが使われまいが、現金主義の視点からは一切無関心ということになります。

自治体というのは、民間企業に比べても、インフラ資産等、長い間利用される固定資産に投資される割合がきわめて高い団体です。また、この固定資産は将来世代に残すサービスでもあります。にもかかわらず、その固定資産がどれだけの金額で投資され、それがどの程度償却され、残存耐用年数がどれだけあるのかが一切わからないということはきわめて問題となります。

財政法第4条には、「国の歳出は、公債又は借入金以外の歳入を以って、その財源としなければならない」とされており、建設公債は認められても、赤字公債の発行は認められていませんでした。この均等財政の原則を遵守するのであれば、ここまで至っても現金主義で充分であったのかもしれません。

しかし，ご存じのように赤字公債で負債が膨らんでいくとすれば，将来世代に負の負担を負わせることになりますが，現金主義で会計を行うかぎり，当該負担すら明らかになりません。

また，現金主義による決算書は，事業の評価を行うにあたって，評価対象とすべき事業のコストと直接的に結びつきません。なぜなら，行政サービスとして住民満足度の向上という指標に合った形で決算を組む必要があるのに，現金主義では行政サービスに投じられていない支出まで費用として認識されてしまうからです。

このようなデメリットを有する現金主義では，前節で述べた公会計の目的である，将来世代にまでわたる説明責任や評価に資する情報を提供することができません。

[4] 発生主義のメリット

発生主義のメリットは，現金だけでなく，すべての財産の状況を決算書に織り込むことができることです。発生主義による決算書によれば，当期に投じられた行政サービスの金額的価値がわかるとともに，将来世代に残す財産価値や将来負担のこともわかります。

以上のように，公会計の目的を達成するためには，発生主義の導入を行うことが不可欠であると結論づけることができます。

3 単式簿記と複式簿記

単式簿記とは，取引の記録を1つの科目で記載する方法であり，複式簿記は取引の記録を複数の科目で記載する方法です。官庁会計は単式簿記／現金主義，企業会計は複式簿記／発生主義と，何の断りもなくセットで説明されることが多いのですが，実は単式簿記，複式簿記という記帳方法と現金主義，発生主義という認識の方法は当然のことながら別の問題です。現金主義を複式簿記で記帳することも可能です（ただし，相手勘定がすべて「現金預金」になってしまいますが）。

第2章　今後の公会計の方向性

　官庁会計は単式簿記だから遅れている，企業会計は複式簿記だから進んでいるというイメージで捉えられることがありますが，そのような事実認識は適切ではありません。ここでは，発生主義会計を導入するとなぜ複式簿記で記帳しなければならないのかを説明します。

[1] ストック概念を拡張することによる帰結

　複式簿記とは，取引の二面性（原因と結果）に着目し，原因と結果を同時に記載するために工夫された手法です。

　現金主義の場合，現金収支をもって認識する手法ですので，原因はさまざまですが結果は現金の増減以外にありません。すなわち結果がわかり切っているので，複式簿記で記帳する必要がないということになります。一方，発生主義の場合，現金収支以外の事実をも認識するため，結果が現金の増減とは限らず，現金を含めたその他の資産や負債の何らかの増減を伴っているはずです。そうすると，取引ごとに何が増減したのかの結果を記載しておかないと，記録としての意味をなさないことになります。すなわち発生主義を導入した帰結として複式簿記を導入せざるを得ないということがいえます。

　これをストック，フローの概念に基づいて言い換えれば，現金主義とは，現金以外については価値を見出さず，ストック概念を現金のみに限定した方法であり，発生主義とは，現金以外の財産についても広く価値を見出し，ストック概念を財産全般に広げた方法であるといえます。ストック概念を拡張したことにより，どんなストックが増減したのかを記載することが必要となったのです。

[2] 複式簿記の相互検証機能

　複式簿記を導入すべきもう1つの大きな理由として，複式簿記に備わる相互検証機能があります。ここで述べる相互検証機能とは，帳簿記録と各種台帳や受払帳の間で相互チェックを行うことにより，どちらかのミスを発見することができるということです。ただし，相互検証が可能になるためには，

各種台帳，たとえば公有財産台帳や備品台帳において，金額的な記載を行い，償却計算を行っていくことが前提となります。

4 「収益／費用情報」と「現金収支情報」はどんな組織にも必要

　実は，企業にとっても自治体にとっても，「発生主義会計」により得られる「収益／費用情報」と「現金主義会計」により得られる「現金収支情報」はともに必要不可欠であるということがいえます。

　民間企業は，発生主義会計に基づく財務諸表として，貸借対照表と損益計算書を開示していました。古くは現金収支情報として資金収支表を参考情報として添付していましたが，資金情報の重要性から，財務諸表としてのキャッシュ・フロー計算書の開示が義務づけられるようになりました。

　一方，公会計においても長い間現金主義の歳入歳出決算書を作成していましたが，新地方公会計の流れのなかでストック情報の重要性が叫ばれるようになり，複式簿記で決算書を作ることが求められてきたということです。

　結局，企業も自治体も，当初のスタート地点が異なるだけであり，どちらも必要ということになります。上場企業ではすでに対処済みであり，次は自治体の番ということになります。

5 企業会計も万能ではない？

　公会計改革が進むなか，ストック情報の充実やコスト計算の観点から，企業会計への方向づけが進められており，企業会計を適用すればあたかもすべての情報が得られるのではないかと錯覚しがちです。しかし，企業会計とて万能ではありません。

　経営資源の3要素といわれるヒト，モノ，カネのうち，企業が作成する財務諸表をどれだけ目を凝らしてみても，その経営資源の価値が判明しない要素はどれであると思いますか？答えは，ヒトです。

　カネについては，お金そのものである現金預金だけでなく，将来の入金予定額である債権も資産計上され，一方で将来の支払予定額である債務が負債

計上されます。モノについては，期末現在の在庫商品が棚卸資産として計上されますし，長期にわたって使用する物品や権利は，有形・無形を問わず固定資産として計上され，減価償却という形で費用配分されます。これらに対して，ヒトについては，どんなに価値がある人材でも資産計上されることはありません。

　ここで，人件費や退職給付債務，賞与引当金など，発生主義会計ではヒトも反映されているではないかという反論が聞こえてきそうですが，少し考えてみてください。これらは，あくまでコスト，または負債として認識されているもので，支払い実績または支払義務を表しているものにすぎません。すなわち，当期の支出または将来の支出というカネの要素のみを反映させているともいえます。会計が人材の価値を認めるのであれば，人件費を払ったときに費用化したり将来の支出を引き当て計上したりするだけでなく，人材を雇ったときに資産計上を行い，それを再評価，償却していくことが必要になるでしょう。しかし，現行の会計ではどれだけ人を雇ったとしても，それはコストや負債の増加としてオンバランスされてくるのみであり，資産として認識されることはありません。経営資源と名がつくのにです。たとえどんなに良い人材を雇ったとしても一切プラス評価はなされません。むしろ，財務会計上，ヒトという経営資源の増加は，マイナスに働くことになります。

　このように，現在の財務会計が記録対象としている範囲は，あくまでモノとカネに限定されているということを理解する必要があります。このことを覚えておかないと，経営において思わぬ落とし穴に陥ることになります。

　財務諸表上は，人材を犠牲にすると純資産価値が上昇します。そのため，従業員のリストラを進め，あるいは安価な給与で労働者を働かせることであたかも企業がバラ色の業績を実現させているようにみえるのです。しかし，従業員のリストラを断行して業績がＶ字回復した会社ほど，ヒトという経営資源の価値が危機的に下落している可能性がきわめて高いのです。モノを売るのも，買うのも，それから経営上のアイディアを考えるのも，人材という財産でしか行えないものです。

そもそも，なぜ現在の財務諸表では，ヒトの評価を行っていないのでしょうか。ヒトについては，経営資源といえども意志をもつ生き物であるため，予想外の成長もしますし，突然退職することもあります。将来の経営者候補となる有能な人材を大切に育てたとしても，本人が退職を希望するならば，その自由意思を強制的に曲げさせることはできません。すなわち，資産計上をしようにも，認識を行うための確実性がないのです。また，各従業員の給与水準は，勤続年数や役職等さまざまな要素により決定されるため，必ずしも各従業員の能力や評価が反映されているとはいえない面があります。新規採用を行う場合においても，あらかじめ給与水準を定めて募集を行うのであって，採用を決定した人材を値踏みして給与水準を決定するわけではありません。すなわち，客観的な評価額で測定することが難しいのです。

投資家保護を目的とした企業会計の開示では，客観性や確実性のない情報を盛り込むことには消極的です。相次ぐ会計基準の改定により，会計上の見積りを要する項目が相当に増えているものの，費用面に関するものがほとんどであり，収益面については相変わらず慎重です。なぜならば，客観的ではないお手盛り利益を計上することでかえって利害関係者の利益を害するおそれがあるからです。発生主義会計における財務諸表が経営者の主張だからといっても，そこまではやりすぎだろうというのが現代一般市民の無意識な常識であるといってもよいかもしれません。以上のような理由から人材についてはあきらめてしまっているのでしょう。

しかし，経営者が3つの経営資源をうまく使って経営していくためには，財務諸表が表現できない人材面についても等しく考慮検討する必要があります。財務的な知識がつけばつくほど，ヒトに対する評価を軽視しがちで，そのことに気づいていない経営者が少なからずみられるのも事実です。

発生主義による財務諸表は，経営に大変役立つものであることは疑いようのない事実です。しかし，財務諸表を作成・利用する際には，財務諸表の限界についても頭の片隅に置いておくことにより，よりバランスのとれた経営ができると思います。

② 財務諸表4表の意義と作成上の論点

　前節において，公会計の目的，発生主義導入の必要性などについて述べました。本節においては，発生主義により作成される財務諸表4表について，各々の意義や作成上の論点などについて説明しています。

1 貸借対照表（財政状態計算書）

[1] 貸借対照表とは

　貸借対照表とは，一定時点における，すべての資産，負債，純資産の残高を表示する計算書です。図表2－1のように，借方（左側）に資産残高を，貸方（右側）に負債残高と純資産残高を記載し，資産残高＝負債残高＋純資産残高となるため，貸借対照表（バランスシート）といわれています。

　貸借対照表は，一定時点における財政状態を表す計算書であり，国際公会計基準では，財政状態計算書という名称を用いています。

◆図表2－1　貸借対照表◆

資産	負債
	純資産

[2] 資産・負債・純資産とは

　公会計における「資産」とは，①将来の資金流入を期待できるもの，および②行政サービス提供能力をともなうもの，と定義できます。①は自治体が保有している現金，および将来，換金できる貸付金・未収金などが該当し，

②は将来，行政サービスの提供に貢献していく土地，建物などの固定資産が該当します。

「負債」とは，①将来的に資金が流出するもの，および②行政サービス提供能力を低下させるもので，返済が必要な公債や借入金などが該当します。

「純資産」は，「資産」と「負債」の差額であり，一般的に「純資産」がプラスであれば，継続的に行政サービスの提供が可能であり，「純資産」がマイナスであれば，将来的に資金が足りなくなり，破綻する可能性もあります。

また，資産の内訳をみることにより，資金の投下先として，どのような形態で資産を保有しているか（たとえば，すぐ換金できるものと，そうでないものなど）の把握が可能であり，その調達源泉として，将来返済を要するもの（負債）と，返済を要しないもの（純資産）に区分しています（**図表2-2**）。

◆図表2-2　貸借対照表の構造◆

【資産】 (資金の投下先) 〈資産の内訳〉 換金可能（現金など） 行政サービス提供能力 （固定資産など）	【負債】 (資金の調達先) ⇒将来，返済を要する
	【純資産】 (資金の調達先) ⇒将来，返済を要しない

[3] 貸借対照表の見方
(1) 負債の割合について

貸借対照表の資産は，現在あるいは過去の意思決定の結果として保有している財産であり，将来的な行政サービス提供の基礎となるものです。一方で，その調達源泉には，将来返済が必要な負債が充てられています。負債は，将来の資金の使い道として，借金の返済分として拘束していることになります。

第2章　今後の公会計の方向性

　資産は，将来的な行政サービス提供に資するものであるため，将来の世代（将来の納税者という意味で使用します）に負担してもらうことは，世代間の負担の公平性から理解できるものです。しかしながら，将来の世代は意思決定に参加していないため，その負担割合については常に意識しておく必要があります（**図表2－3**）。

　この将来の負担割合を総括的に表しているのが，貸借対照表であり，総資産のうちの負債の割合によって把握できます。この負債の割合について，何パーセントまでなら大丈夫といった基準はありませんが，各自治体において負債の割合が増加傾向にないか，あるいは将来的な財政計画により，負債の割合を何パーセント位に維持していくかなどの目標設定をしておくことが考えられます。

(2) 資産の構成について

　資産の定義は，前述したとおり，①将来の資金流入を期待できるもの，および②行政サービス提供能力をともなうもの，と定義されます。ここで，②行政サービス提供能力をともなうもの，については，公会計に特有なもので，企業会計には，そのような定義はありません。すなわち，企業であれば，工場設備などの固定資産であっても，その工場から生産される製品を販売することによって，将来の資金流入を期待できるものに含まれるためです。

　つまり，公会計では，資産として，将来の資金流入がなくても，行政サービス提供の能力があるものを資産として扱っています（**図表2－3**）。この端的な例が，道路などのインフラ資産です。インフラ資産は，その使用によって将来の資金流入を得られるものではなく，また換金可能性もほとんどないため，資産として認識しなくても良いのではないかという意見も聞かれます。しかし，公会計では，行政サービス提供能力をともなうものも資産の定義に加え，インフラ資産も資産計上しています。インフラ資産については，資金の投下先（税金の使い道）として金額的にも重要であり，資産計上することは必要であるというのが一般的な結論です。

ただし，一度，資金を投下すると，将来の資金流入（換金）は期待できないため，負債の返済能力に着目して貸借対照表をみる場合には，インフラ資産などの固定資産については，区分して（控除して），負債の割合，純資産の内訳を把握することも必要があるかもしれません。

　なお，総務省の2つのモデル（基準モデルと改訂モデルの2つ。以下，とくに断りのないかぎり両者を「総務省モデル」と記載します）は，純資産の区分として，資産形成充当財源（基準モデル），公共資産等整備国県補助金等および公共資産等整備一般財源等（改訂モデル）を設けています。

◆図表2－3　貸借対照表の見方◆

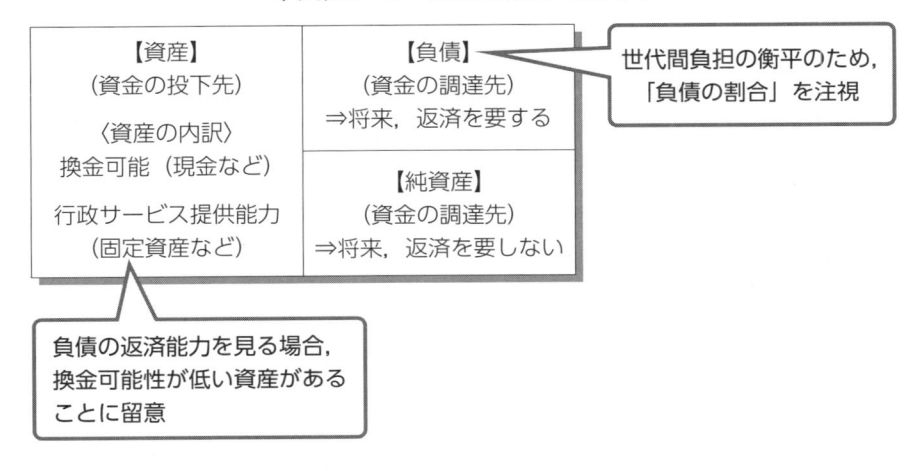

【資産】 （資金の投下先） 〈資産の内訳〉 換金可能（現金など） 行政サービス提供能力 （固定資産など）	【負債】 （資金の調達先） ⇒将来，返済を要する
	【純資産】 （資金の調達先） ⇒将来，返済を要しない

　世代間負担の衡平のため，「負債の割合」を注視

　負債の返済能力を見る場合，換金可能性が低い資産があることに留意

[4]　固定資産について

(1)　固定資産台帳整備の必要性

　貸借対照表を作成するうえで固定資産残高の把握が大きな論点の1つです。また自治体の資産の大部分が固定資産ですから，とても重要な残高になります。

　固定資産残高の把握に関しては，改訂モデルでは当初簡便的に決算統計の普通建設事業費の積上げによることも認めていますが，建物など個々の資産

に結びつかないため，資産の実在性が検証できない，施設別や事業別のコスト把握ができないなど活用や開示面でも課題があり，段階的に，固定資産台帳を整備し，固定資産金額を把握することを求めています。

なお，基準モデルでは，開始貸借対照表からすべての固定資産について，固定資産台帳の整備が必要になってきます。

今後，発生主義に基づく財務諸表が制度化され，また統一的な地方公会計基準が整備された場合，どのような制度，基準になるにしても，財務諸表の作成には固定資産台帳の整備が不可欠です。台帳の整備が進んでいない団体においては，その整備が求められていくものと考えられます。

固定資産台帳の整備は，財務諸表を作成する目的だけではなく，施設別・事業別のコスト計算など財務諸表の活用に際しても必要であるとともに，財産管理の観点からも必要になってきます。すなわち，資産・債務改革のもと，不要資産の整理・統合や，資産の有効活用，資産の長寿命化計画の策定，資産に関する管理コストの把握などにおいて，個々の資産金額（加えて，資産の取得年月日や耐用年数，これまでの資本的支出の履歴など）の情報はそれらの元データとして必要なものであると考えられます。

これまでも，予算編成時や新規投資の検討の際など個々の局面においては，それらのデータを必要に応じて作成・活用してきたと思われますが，公会計改革を契機として，全庁的に統一ルールのもと，固定資産台帳の整備に取り組むことが必要であり，財務諸表作成に必要なデータだけではなく，できるかぎり今後の財産管理などへの活用も見据えた戦略的な台帳整備も必要になってくると考えます。

(2) 公有財産台帳と固定資産台帳の違いについて

固定資産台帳の整備にあたって，現在，自治体で作成されている公有財産台帳の課題について，あるべき固定資産台帳との主な差異に着目して説明します。

1点目として，現在の自治体の決算書（財産に関する調書）として必要な

情報が，土地，建物の面積情報のみであることから，公有財産台帳においては，面積情報については把握されていますが，取得価額などの金額情報が網羅的に記載されているかどうかの確認が必要になります。これについては，各自治体で公有財産台帳の記載についてバラツキがあるものと想像できますが，多くの自治体では，金額情報が網羅的に記載されていないと考えられます。

2点目として，いわゆる工作物（建物以外の建造物）についても，公有財産として，公有財産台帳の記載範囲ですが，公有財産台帳への登録が網羅的でないケースが多いと思われます。

3点目として，取得した建物について金額情報が記載されていたとしても，その金額のなかに，工作物や建物附属設備（電気設備や空調整備など）がすべて合算されて記載されていることも考えられます。工作物や建物附属設備は建物本体とは耐用年数が異なり，また財産管理のうえでも別に把握されるべきであるため，金額情報も区分して把握する必要があります。

4点目として，建物などは新築工事の後に，必要に応じて大規模な改修工事が行わるケースがあります。公有財産台帳では増築した場合の面積情報が増減した場合のみ，記載されているケースがありますが，面積の増加がなくても，資産価値が向上する工事もあります（これを資本的支出といいます）。この資本的支出についても，固定資産残高の把握においては，台帳に金額を記載する必要があります。

5点目は，付随費用についてです。付随費用とは，資産の取得に関して必要な費用で，購入手数料や実施設計費などが該当します。これらは一般に資産の取得価額に含まれますが，公有財産台帳上では，これらの付随費用が加算されていないケースが多いようです。

最後に，固定資産台帳では，耐用年数の設定や減価償却計算が必要になります。これは，財務諸表作成に特有な情報で，公有財産台帳では一般的に記載はありません。

第2章　今後の公会計の方向性

　以上のように、現状の公有財産台帳とあるべき固定資産台帳には差異がありますが、同じ資産（財産）に対して公有財産台帳とは別に固定資産台帳を整備して、2つの台帳を保有することは効率的ではありません。仮に当初は別台帳だったとしても将来的には、1つの資産データベースから、公有財産台帳あるいは固定資産台帳に必要な情報が取出せるような仕組みを構築することが必要であると考えています。

　公有財産台帳の課題（あるべき固定資産台帳との違い）をまとめると、**図表2-4**のようになります。

　次項以降においては、上で記載した現状の公有財産台帳とあるべき固定資産台帳との差異について、固定資産台帳の整備に当たって、検討すべき課題

◆**図表2-4　公有財産台帳の課題（あるべき固定資産台帳との違い）**◆

	公有財産台帳の課題	あるべき固定資産台帳
①	金額情報が記載されているか	全ての固定資産に金額情報が必要
②	全ての固定資産が網羅されているか	全ての固定資産を網羅する必要あり（特に工作物の網羅性に留意）
③	固定資産が適切に区分計上されているか	建物本体、建物附属設備、工作物など適切に区分する必要あり
④	資本的支出も固定資産として把握しているか	資本的支出と修繕費の判断基準に基づき、資本的支出も資産として計上
⑤	付随費用を固定資産の金額に加算しているか	付随費用も固定資産金額に加算
⑥	―	耐用年数を設定し、減価償却計算を実施

⇩

正確な財務諸表作成、財務諸表の活用（施設別・事業別コスト計算）には、【あるべき固定資産台帳】の整備が必要

ただし、1つの固定資産データベースから、公有財産台帳・固定資産台帳の両方に必要な情報を取り出せる仕組みが効率的

という切り口で説明していきます。

(3) 固定資産の評価基準について

　固定資産台帳の整備にあたっては，固定資産に金額情報を付与しなければいけません。ここで，固定資産の評価をどのように行うかという問題があります。一般的に資産の評価基準には，取得原価による評価と公正価値による評価があります。取得原価とは資産を取得する際に支払った金額であり，公正価値とは資産そのものの時価になります。

　資産を新規に取得した際には，通常は資産の取得に際して支払った金額がそのときの資産の時価であり，両者は同じ金額になります。ただし，寄付などにより無償で（あるいは時価よりも相当低く），資産を取得することもあります。この場合の資産の評価金額は，公正価値により評価することになります。

　固定資産は取得した後，1年以上の長期にわたって行政サービスの提供に寄与していくため，その残高を貸借対照表に計上していきますが，固定資産の保有は長期にわたるため，当初取得時点では時価評価だったものが，現在の時価とは乖離してくる可能性があります。そこで，毎決算期ごと，あるいは一定期間ごとに，固定資産の価額を再評価すべきかどうかという議論があります。

　現状の企業会計では取得原価による評価であり，資産の再評価は行っていません。ただし，建物などの償却性資産は時の経過にともなう価値の減少分を減価償却という方法で資産の使用期間（耐用年数）に応じて毎期規則的に配分しています。また，資産の価値が著しく下落した場合（民間企業の場合には収益の獲得が目的であり，資産の収益性や投資額の回収可能性により判断される）には減損処理として資産の価額を減少させる処理を行います。

　現状の公会計における決算時の資産の評価としては，「総務省モデル」で

は公正価値評価が，東京都会計基準（東京都が独自に設定している会計基準。以下，「東京都モデル」と記載します。）では取得原価主義が採用されています。公正価値評価の論拠としては，資産の定義としての「行政サービス提供能力を伴うもの」という点に着目し，この「行政サービス提供能力」を表すためには現時点での時価が望ましいという点，また一般に自治体が保有する土地などの資産は超長期にわたり保有していることが多いことから，資産を再評価して公正価値で評価することが望ましい点があげられます。

一方で，取得原価による評価の論拠としては，税金等の使い道として，実際に税金等を使用した金額（取得原価）での資産の評価が望ましい点，また公正価値評価にはどのように時価を測定するかという恣意性が介入しますが，取得原価であれば客観性が担保される点があげられます。

ちなみに，国際公会計基準では，取得原価による評価（原価モデル）と公正価値による評価（再評価モデル）はどちらも選択適用が可能となっています。

どちらの基準を採用するかについては，統一した地方公会計基準において決定されるべきですが，その際には，資産を再評価する事務負担とその効果の関係や，客観的な時価評価方法の整備といった課題も考慮すべき事項になります。

なお，公会計における固定資産の減損については，自治体の場合，将来の資金流入を期待できる資産はほとんどないため，行政サービス提供能力が減少していないかどうかにより，減損の判断がなされることになりますが，これは，まさに当初の目的（目標）どおりに資産が活用されているかどうかを判定する作業でもあり，公会計における減損の方法やその適用についての議論も，資産の有効活用といった面から必要になってくると思われます。

(4) 実務的な固定資産の開始時の評価について

さて，固定資産の評価には，取得原価による評価と公正価値による評価が

あることを説明しましたが、自治体において、新たに固定資産台帳を整備していく際には、過去に取得した資産をどのように金額評価していくかという実務的な問題があります。

これは、前述したとおり、公有財産台帳には資産の取得金額が網羅的に記載されていないという課題に起因しています。この場合、取得原価で評価するという方針であったとしても、過去に取得した資産の取得金額を把握することは相当の労力がかかる、あるいは当時の資料がなく、把握できないということを意味しています。

そこで、現実的な方法として、公正価値での評価（現時点で資産を再取得したとした場合の再調達価額）を測定し、資産の評価額とする方法があります。なお、取得原価を採用した場合でも、上記の再調達価額を基礎として、これに物価変動を加味して取得当時の取得原価を類推する方法もあります。

建物や工作物の再調達価額の算出方法については、取得当時の取得原価が判明している場合には、取得原価に建設デフレータ（物価変動の調整係数）を加味することにより現在の再調達価額とする方法、取得原価が不明の場合には、再取得するとした際の金額を積算する方法、あるいは類似の建物があり、その取得原価が判明している場合には、これから工事単価を算出して、再調達原価を算出する方法、火災保険単価（保険の評価額など）により再評価する方法などがあります。

ここで、注意が必要なのは、固定資産は、自治体の資産で最も重要な資産であること（総資産の大部分を占めている）、今後の財務諸表の活用方法として、施設別・事業別のコスト計算が重要となっていることから、できるかぎり、各自治体、各施設に応じて、その実態を表す最も適切な評価方法を採用することです。つまり、全国一律の用途別・構造別保険単価を適用するに際しては、各自治体、各施設のこれまでの建築方法などから、結果として再調達価額としてふさわしいかどうかの検証が必要になります。実態の金額と大きくかい離するような評価額を付したとしても、財務諸表の信頼性に疑問

が残りますし，今後，財務諸表を活用するに際しても，その数値に信頼を置けなくなるからです。

　各自治体にとって重要性の高い施設については，できるかぎり実態に即した評価が必要になりますが，客観的に資産の評価をするには，取得時点の取得原価をベースにすることが望ましく，可能なかぎり，取得時点の資料を基に再評価することが望まれます。

　ただし，すべての固定資産について，厳密な方法で評価をすることは，事務処理負担も考慮して現実的ではなく，重要性の高い施設（金額的に重要な資産，比較的直近に取得した資産，各自治体においてシンボル的な資産など）から評価方法を検討していくことも必要になります。

　なお，開始時の資産の評価方法として公正価値評価（再調達価額）を採用した場合には，基本的には，それ以後の決算時の評価方法も公正価値による評価（再評価モデル）であるべきということになります。

　ただし，開始時の評価額をもって取得原価とみなすという考え方もあり，取得原価による評価の方法を採用したとしても，開始時の評価は公正価値による評価とする方法も考えられます。

　これは，実務上，過去の取得原価が不明な場合には公正価値による評価にならざるを得ないこと，新たな会計基準を採用する場合に，過去に取得した資産についても遡って新たな基準の適用を求めることは困難であり，フレッシュスタートということで，初年度の開始時貸借対照表における固定資産は新規に取得したものとみなし，再調達価額をベースにする考え方です。

　なお，民間の国際会計基準においても，国際会計基準を新たに採用する際の遡及適用の免除規定として，開始時点の公正価値をもって「みなし原価」とすることが認められています。

(5) 工作物について

　一般に工作物とは，建造物のうち建物以外のものを指します。企業会計で

は構築物という勘定科目を使用しています。この工作物については，公有財産として公有財産台帳での管理が必要ですが，網羅的に把握されていないのが現状のようです。

開始時の固定資産台帳においては，現存している工作物についても把握する必要があります。しかし，すでに減価償却が済んでいると思われるものについては，把握をしないか，備忘価格の1円を付すことも考えられます。

なお，これまで，まったく工作物の把握をしていなかった場合には，実務的には，過去にさかのぼる年度や金額的・質的に重要な工作物を調査していくのも1つの方法です。また，実際の調査に当たっては，工作物とは具体的にはどういうものが対象になるのかということを示す必要もあります。

なお，建物の附属設備（電気設備や空調設備など）については，会計上は，工作物ではなく建物として把握します（また建物本体とは耐用年数が違うため区分する必要もあります）。

さらに，注意が必要なのは，現状の公有財産台帳では区分把握していない可能性がある資産があることです。たとえば，機械装置などがこれになります。ごみ焼却設備や，下水処理設備，文化会館などに設置してある舞台設備，特殊のところでいえばプラネタリウムや観覧車などの大規模な遊具も考えられます。

このような設備は，金額的にも重要な資産となりますが，公有財産台帳もしくは備品台帳への登録がないケースがあります。あるいは，建物本体のなかに含まれてしまっているという解釈ができるケースも考えられます。

これらの設備（機械装置）については，建物とは区分して把握する必要がありますので，固定資産台帳の整備にあたっては，重要な設備を適切に把握していく必要があります。

(6) 資本的支出と修繕費について

先に述べたようにこれまでの公有財産台帳では土地・建物の面積が増加し

た場合に公有財産の増加として認識されます。しかし，会計上は，面積の増加に限らず，資産の価値が増加する工事や，資産の使用期間を延長させる工事は資本的支出として，固定資産を増加させます。一方で，その資産の現状の機能を維持する，あるいは現状を回復する工事は修繕費として資産には計上しません（「資本的支出と修繕費の区分」の説明例は**図表2-5**を参照してください）。

固定資産台帳の整備に当たっては，この資本的支出と修繕費の判断が必要となってきますが，この判断を実施するのは非常に難しいのも現実で，公会計上の最大の論点といっても過言ではありません。民間の企業会計においてもその判断は難しく，一般的にはいわゆる法人税法の規定に従って，処理し

◆図表2-5　資本的支出と修繕費の区分について◆

資本的支出と修繕費の区分
固定資産に関しては，以下のような支出があります。 ① 維持費（通常の維持管理費用） ② 取替補修費（部品交換等） ③ 改造費（固定資産の機能強化・機能の追加） ④ 増設費（固定資産に対する物理的な増設及び付加） これらは，資本的支出と修繕費とに区別され，資本的支出は固定資産として計上，修繕費は費用となります。 具体的には，上記③及び④は資本的支出となり，①は修繕費になります。②については，内容により資本的支出又は修繕費となります。 ここで，「資本的支出」とは次のようなものをいいます。 (1) 固定資産の使用可能期間を延長させるもの (2) 固定資産の価値を増加させるもの 次に，「修繕費」とは次のようなものをいいます。 (1) 固定資産の通常の維持管理費用（定期メンテナンス費用など） (2) 固定資産の機能が低下した場合にその機能を元に戻すための費用（原状回復費用→機能は追加せず取得したままの機能を維持させるためのもの） ※資本的支出と修繕費の判断が困難な場合には，金額基準を設けて，一定額以上を資本的支出とすることも考えられます。

ているのが現状です。

　今後，実務において資本的支出の判断をしていく際には，この法人税法の規定も参考になりますが，実際に工事案件についての判断の積み重ねにより，各自治体で基準を作成していくことが必要です。また，予算編成あるいは予算執行時に資本的支出と修繕費の区分ができるように，処理する予算科目の区分を既存の歳出科目（節）の内訳として設けておくことも考えられます。

　なお，資本的支出については，新たな資産の取得として固定資産台帳に計上することになります。また，開始時貸借対照表の固定資産の把握に際しても，できるかぎり重要な資本的支出については把握することが必要です。

(7) 付随費用について

　前述したとおり，付随費用についても資産の取得価額に含める必要があります。何を付随費用にすべきかについては，民間の事例も参考にしながら，各自治体において，その方針を決めて運用していくことが必要です。

　また，付随費用については，自治体の歳出科目として工事請負費だけではなく，委託料や役務費といった科目からも発生しますので，予算科目の内訳として資産計上すべき支出を区分しておくことも考えられます。

(8) 固定資産の計上単位について

　固定資産台帳に計上する単位についても検討が必要です。たとえば，新築の建物を取得した場合，まずは建物本体と建物附属設備を区分します。さらに，建物附属設備は，空調設備や電気設備，昇降機設備などへの区分も必要です。また，工作物として外構工事なども区分することも必要です。外構工事についても，門，外壁，舗装部分（駐車場），庭園（緑地帯），モニュメント等の区分が考えられます。

　この計上単位については，そもそもの利用形態の違いや使用期間の違いなどによる区分になります。これは適切な減価償却費の算出のための耐用年数の違いのほか，更新時期の違いも考慮する必要があります。つまり，取替更

新した場合には既存の資産を除却する必要がありますが、当初に適切に区分していなければ除却する部分が把握できないからです。

また、財産管理をしていくうえでも管理単位としての適切な区分の検討が必要です。たとえば、ごみ焼却設備一式ではなく、可燃ごみ焼却設備、不燃ごみ破砕設備などは、通常、管理するうえでも区分すべきです。つまり、施設の所管課において管理している区分（単位）を、固定資産台帳上の計上単位の決定の際にも考慮することが必要です。

(9) 固定資産として計上する金額基準について

固定資産は、1年を超えて行政サービス提供のために自治体が保有するもので、この定義に該当するものは固定資産として計上することになります。

一方で、備品については、「総務省モデル」では、取得価額が50万円以上のもの、「東京都モデル」では重要物品として100万円以上のものを資産として計上することになっています。

このように、貸借対照表に固定資産として計上するに際しては、自治体の財政状態・財務業績を適正に表示する範囲において、金額的な重要性の基準が定められています。

ここで、土地、建物、工作物など備品以外の計上基準の問題があります。これについては、公有財産台帳における計上基準との兼ね合いも調整する必要がありますが、現状の実務を勘案した1つの案としては、土地、建物の面積が増減するものは、金額にかかわらずすべて資産に計上し、面積の増減がない資本的支出、工作物の取得に関しては、各自治体の規模などによって、固定資産として計上する金額基準を設けることも必要ではないかと考えられます。

(10) インフラ資産について

道路法上の道路など公有財産台帳の管理外とされている資産についても固定資産台帳を整備していく必要があります。これらの資産は通常、インフラ

資産に該当します。

「総務省モデル」の基準モデルや「東京都モデル」ではインフラ資産は通常の固定資産と区分して表示していますが，インフラ資産に含める資産については，両者は異なっています。そもそも「インフラ資産」には統一した定義がないため，各々のモデルにおいてインフラ資産を定義しているためです。

国際公会計基準では，インフラ資産とは道路，港湾，上下水道などのようにネットワークを構成し，複数の形態の資産（土地，工作物）が一体として機能しているものとしています。住民生活に不可欠な社会資本というイメージです。自治体の固定資産の半分以上はこのインフラ資産に該当するのではないかと想像できます。

このインフラ資産については，何をインフラ資産に含めるかの定義や，そもそも区分表示が必要なのかどうかについて，統一的な地方公会計基準が必要になってくると思われます。

ここでは，そのようなインフラ資産について資産計上する必要があるかという点について再度確認したいと思います。

たしかに，資産の売却可能性は低いので，貸借対照表から負債（債務）の償還能力をみるのであれば必要がないかもしれません。ただし，税金や地方債を財源としてどのような資金の使い方をしたのかを知るうえで，貸借対照表に資産として計上することは必要ですし，将来にわたって行政サービスを提供していくための基礎となる財産であるとともに，インフラ資産についても，その投資に見合った効果があるのかを評価していく必要があり，投資額（資産計上額）の把握は必要です。また，サービス利用期間のコストとして減価償却費の把握も必要です。

なお，道路などのインフラ資産については，適切な維持管理を行うことにより，常に一定の状態を維持する必要があり，また全体がネットワークとして1つの機能を果たすものであり，そのような資産は時の経過による資産価値の減少を把握する減価償却は必要ないという意見もあります（この場合，更新費用を費用化し減価償却費は計上しません）。しかし，資産の減耗があ

ることも事実ですので，道路などの減価償却方法についても，統一した地方公会計基準の設定の際には，さらなる議論が必要になります。

なお，インフラ資産の評価方法ですが，これは基本的には公有財産台帳に登録が必要な通常の土地，建物と同様ですが，一般的に個々の道路資産の取得価額を把握しているケースは少ないため，公正価値評価（再調達価額）をベースに金額評価されることが多いと思われます。

この場合でも，現時点で，同様の資産を取得したらいくらになるのかを，できるかぎり実態に即して計算する必要があります。しかしながら，道路については，車道部分，歩道部分，植栽帯，排水溝，ガードレールなど複数の区分による把握も考えられる一方で，個々に切り離して機能するのではなく，一体として機能する資産であり，どの程度区分して固定資産台帳上，管理していくかについても，さらなる検討が必要です。

また，道路などのインフラ資産は必ずしも所有権が明確となっていない資産が含まれるケースもあります。これは，公共資産として古くから道路となっている場合でも，登記上は自治体が所有する土地ではないケースなどです。これについては，所有権を明確にしていくことも必要ですが，すべての財産について，一朝一夕にできるものではありません。実務上は，明らかに他の主体の所有として区分できる部分を除いては，事実上，道路として管理している部分は資産計上されることになると思われます。また，河川なども国に所有権があるとしても，自治体が管理（費用も負担）しているケースもあり，資産計上すべき範囲についての統一的な見解が求められます。

インフラ資産については，固定資産に占める割合が大きく，その計上範囲・評価方法などによって，財務諸表の金額が大きく異なってきます。そのため，自治体間の比較可能性の確保などのために，統一的な方針が必要であり，さらなる検討が必要な項目の1つといえます。

[5] その他の資産項目について

　固定資産以外の主な資産項目としては，有価証券・出資金，貸付金，基金などがあります。これらの残高についても貸借対照表に計上されるわけですが，これらの資産残高を適切に把握する必要があります。

　現状は，各資産の所管課（直接の事業担当課）からの報告に基づいて，たとえば，公有財産台帳への登録は管財課，決算書（財産に関する調書）の記載は会計課，決算統計の残高情報の記載は財政課など，別々の部署により把握されているようです。また，それぞれの残高数値が不整合になっているケースも見受けられます。

　これは，これまで自治体では歳入・歳出という1年間の入出金についての管理に重点が置かれていた反面，残高を管理する面が相対的に疎かになっていることの表れだと思われます。

　したがって，まずは，現状の各資産の残高について，適正な残高を確定し，開始貸借対照表に計上する必要があります。その後は，複式仕訳の結果として，誘導的に（自動的に）残高が計算されますので，この残高と各資産の管理上の残高が一致していることを常に確認していく必要があります。

[6] 負債項目について
(1) 地方債について

　地方債残高については，将来返済を要するものとして，貸借対照表の負債として計上することになりますが，地方債の管理については，一般的に財政部局において一元的に管理されているようです。

　地方債は，通常は施設整備の財源として発行されますが，財源不足のためのいわゆる赤字地方債も発行しています。地方債を発行するということは，借金することであり，将来に返済する必要があります。すなわち，将来の資金（財源）を拘束することになります。

　施設整備目的の地方債であれば，将来世代も利用できる資産の取得がありますが，赤字地方債は，現役世代の行政サービスのための財源に充てられて

いるということもでき，負担だけを将来世代に先送りしているといえます。そのため，地方債の事業別・目的別の残高についても，附属明細表などで，住民に対して開示していく必要があると思われます。

また，財務諸表の活用方法の1つとして，施設別・事業別の行政コストを把握していく際には，この地方債および地方債の支払利息についても施設別・事業別に把握していく必要があります（あるいは，可能なかぎり合理的な基準で施設別・事業別に配分していく必要があります）。そのことにより，施設や事業の担当者にも，地方債という将来世代への負担があること，支払利息というコストが発生していることなどの意識づけになり，コストに見合った効果が必要になるという誘因にもなります。

したがって，地方債の目的別・事業別管理の手法についても検討していく必要があります。

(2) 引当金について

引当金とは，過去の事象の結果としての現在の債務であり，その金額を合理的に見積もれる場合に負債として計上します。なお，引当金という名前から同額の資金が保有されている（引当てられている）といった誤解を耳にしますが，資金（資産）の計上は必要ではなく，あくまでも将来の負担となる債務としての金額になります。

公会計における代表的な引当金として，貸倒引当金（回収不能見込額），賞与引当金，退職給付引当金があります。

貸倒引当金（回収不能見込額）とは，未収金や貸付金などの債権の将来の貸倒（不納欠損）に備えて，貸倒（不納欠損）を見積もった金額です。個別の債務者ごとの貸倒を見積もる場合と，過去の貸倒実績率に応じて計算する場合があります。なお，貸倒引当金（回収不能見込額）は，未収金や貸付金などの債権の控除項目として資産側に計上されます。

賞与引当金とは，翌年度に支払うことが予定されている賞与のうち，当該会計年度の負担見込額です。たとえば，6月に支給される賞与の支給対象期

間が12月から5月だとすると，12月から3月までの4ヵ月分が当年度に負担すべき金額としてコストに計上するとともに，同額を賞与引当金として負債に計上します。

　退職給付引当金とは，将来の退職金の支払いに備えて，負債として計上するもので，総務省モデルでは期末日時点の職員に対する要支給額を計上しています。実務的にはいわゆる財政健全化法の将来負担額の算定に用いた金額を計上していると思われます。

　退職金の支給は退職時に行われますが，退職金の支給義務は，職員の在籍期間中に発生しており，当該年度末までに発生している見込額が引当金になります。

2 行政コスト計算書（財務業績計算書）

[1] 行政コスト計算書（財務業績計算書）とは

　行政コスト計算書（財務業績計算書）とは，1年間における，すべての収益と費用の累計額を表示する計算書で，企業会計では損益計算書と呼ばれています。図表2−6のように，複式簿記のルールでは，借方（左側）に費用を，貸方（右側）に収益を計上します（通常，対外的に報告する損益計算書は，貸借対照表のような借方・貸方の区分を設けずに，収益・費用を1列で表示しています）。

　また，収益と費用の差額が当期利益あるいは当期損失として表示され，1

◆図表2−6　行政コスト計算書（財務業績計算書）民間企業では損益計算書◆

(収益＞費用)		(収益＜費用)	
費用	収益	費用	収益
当期利益			当期損失

年間の財務業績を表しており、国際公会計基準では財務業績計算書という名称を用いています。

「総務省モデル」の財務書類では、行政コスト計算書という名称になっているのは、自治体は利益を獲得することが目的ではなく、行政活動に要した費用（コスト）に着目する必要があるためであると考えられます。

なお、自治体は利益の獲得を目的としていないため、収益という表現が適切ではないという意見がありますが、本稿では、資金収支計算書における収入・支出（現金収入・現金支出）と区別するために、発生主義に基づく行政コスト計算書（財務業績計算書）に計上するものとして収益・費用という表現を用いています。

[2] 収益・費用とは

収益とは、純資産の増加をもたらすもので、所有者からの拠出を除いたものという定義ができます。また、費用は、純資産の減少をもたらすもので、所有者への分配を除いたものという定義ができます。

たとえば、料金収入などは現金という資産の増加をもたらすので収益となりますが、借入金は現金という資産が増加する一方で、将来返済を要する負債も増加するため、純資産は増減せず、収益とはなりません。

また、給料の支払いは現金という資産が減少するため費用となりますが、土地の購入代金は、現金という資産が減少する一方で、土地という資産が増加するため、純資産は増減せず、費用とはなりません。

結果として、収益（純資産の増加をもたらすもの）と費用（純資産の減少をもたらすもの）の差額は、収益＞費用であれば、純資産の増加要因となり、収益＜費用であれば純資産の減少要因となります。

なお、収益・費用の定義にある「所有者」というのは、民間企業（株式会社）であれば株主ということになり、所有者からの拠出は、株主からの出資になります。出資は、現金という資産は増加しますが、それは収益とは捉えずに、直接的に純資産を増加させます。また、所有者への分配というのは配

2 財務諸表4表の意義と作成上の論点

当金の支払が該当し、これも費用とはせずに、直接、純資産を減少させることになります。

自治体の場合、「所有者」は誰か、という議論があり、「総務省モデル」では「税収を主権者としての住民からの拠出」と捉えており、税収は収益とはせずに、直接的な純資産の増加項目として処理（純資産変動計算書に計上）しています。

[3] 行政コスト計算書の見方
(1) 収益・費用の差額について

行政コスト計算書に計上する収益と費用の範囲については、「総務省モデル」と「東京都モデル」や国際公会計基準で異なっており（税収を収益に含めるかどうかなど）、行政コスト計算書の意味合いも異なってきます。

まず、税収を含めてすべての収益・すべての費用を計上する場合ですが、民間企業であれば、利益の獲得が目的ですから、収益・費用の差額（当期利益）がどれだけ計上されているかが注目され、その要因が損益計算書の中身から分析されます（売上が増えたのか、減ったのか、費用の増加要因は何かなど）。

一方で、自治体は利益の獲得を目的としていないため、収益・費用の差額（当期利益）には違う意味があります。すなわち、費用は1年間の行政サービス提供のために必要とした費用であり、収益は1年間で獲得した行政サービス提供のための財源といえます。したがって、収益の範囲内で費用が賄われている場合には（収益≧費用）、当該年度の行政サービスは当該年度に獲得した収益（財源）の範囲内で行われており、将来世代へ負担を先送りしていないといえます。

一方で、収益の範囲内で費用が賄われていない場合には（収益＜費用）、当該年度の行政サービスが、当該年度に獲得した収益の範囲内で行われておらず、将来世代へ負担を先送りした、あるいは過去の余剰分を取崩したといえます（図表2−7）。

第2章　今後の公会計の方向性

◆図表2-7　行政コスト計算書（財務業績計算書）◆

（収益＞費用）

費用	収益
当期利益	

・収益の範囲内で当年度の行政サービス（費用）を賄えている。
・この余剰分は，純資産として蓄積される。

（収益＜費用）

費用	収益
	当期損失

・収益の範囲内で当年度の行政サービス（費用）を賄えていない。
・この欠損分は，将来世代への新たな負担（負債）か，これまでの資産の蓄積から補填される（純資産の減少）。

これを貸借対照表との関係から図示したのが，**図表2-8**になります。

◆図表2-8　貸借対照表と行政コスト計算書（財務業績計算書）の関係◆

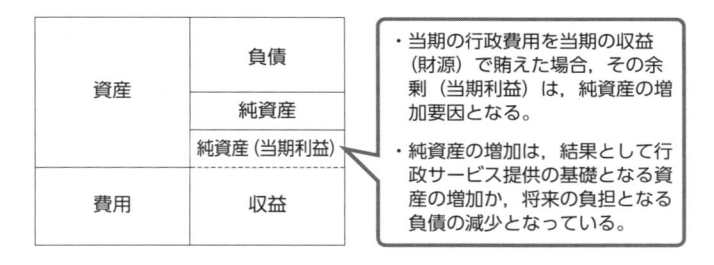

資産	負債
	純資産
	純資産（当期利益）
費用	収益

・当期の行政費用を当期の収益（財源）で賄えた場合，その余剰（当期利益）は，純資産の増加要因となる。
・純資産の増加は，結果として行政サービス提供の基礎となる資産の増加か，将来の負担となる負債の減少となっている。

このように，収益・費用の差額からも，世代間の負担の公平性をみることができます。

なお，収益の捉え方の違いから，税収を収益として捉えていない「総務省モデル」の場合ですが，ここでいう収益とはサービスの対価（受益者負担）ということになり，ここで表示される，収益・費用差額は，行政サービス提供のための費用から受益者負担を除いた純行政費用ということができます。この純行政費用は，純資産変動計算書の純資産減少項目として認識され，純

資産変動計算書において税収と対比されます。

(2) 効率性の判断について

行政コスト計算書は，1年間の行政サービス提供に要した費用（コスト）を表示しているため，そのコストの内訳，あるいはコスト分析（前期比較や他団体比較）などが，効率的な行政運営であったかどうかの判断材料になります。

ただし，効率性を判断するためには，コストの把握だけでは足りません。一般的には効率性とは，投入量（コスト）に対するアウトプット（結果）あるいはアウトカム（成果）の関係で判断されます。すなわち，同じアウトプット（結果）あるいはアウトカム（成果）を出すためには，より少ない投入量（コスト）であれば，効率性が良いということになります。

つまり，前年度とまったく同じアウトプット（行政サービス）であるという前提で，投入量（コスト）の増減で効率性が判断できます。

民間企業であれば，利益の最大化が目的であるため，活動の成果はすべて利益という尺度で判断され，利益あるいは売上に寄与しているかどうかで費用の効率性・有効性が判断できます。

一方，自治体では公営企業など一部の事業を除いては，利益や売上を尺度に用いることはできません。住民福祉の向上など，行政サービス提供の結果あるいは成果を，金額以外の基準により把握する必要があり，効率性の判断においても，コストを結果や成果と対比することにより判断する必要があります（**図表2-9**）。

この場合に，自治体全体あるいは連結ベースの行政コスト計算書から効率性を判断することは難しいと言わざるを得ません。したがって，結果あるいは成果を把握できる単位（事業や施設など）にまで，行政コスト計算書を細分化する必要がでてきます。

この金額換算できない指標を必要とすることが，自治体で作成した財務諸表に具体的な意義づけ（活用）を困難にしている要因の1つであると考えら

◆図表2−9　行政コスト計算書（損益計算書）の見方◆

【民間企業の場合】
収益（売上）− 費用 ＝ 利益
↓
○ 効率化（費用削減）により利益の最大化を目指す

【自治体の場合】
収益（財源）− 費用 ＝ 利益（当期余剰）
↓
× 効率化（費用削減）により利益の最大化を目指す
○ 効率化（費用削減）により世代間の負担の衡平を確保する
※あるいは、大幅な当期損失による将来への負担の先送りを回避する

| 効果（成果）費用 | ※成果とは、行政サービスの結果による住民ニーズの充足、住民福祉の向上など一般的には金額（貨幣）表示が困難だが、行政評価などにより数値での測定が求められる |

◎ 効率化（費用削減）により費用対効果の最大化を目指す

れ，細分化した行政コスト計算書の作成・活用こそが，公会計発展の次なるステップであると考えます。

　なお，利益獲得目的のない自治体に行政コスト計算書（損益計算書）は必要ないという意見も聞かれます。たしかに，民間企業では，活動の成果が，売上や利益など客観的に金額で表すことができるため，費用削減のインセンティブが働くともいえますが，逆にいえば，活動の成果が簡単に金額表示できない自治体こそ，不効率にコストが使われるおそれが高くなるともいえます。したがって，自治体にこそ，厳密なコスト計算やその分析が必要になってくると考えます。

[4] 収益・費用と収入・支出の違いについて

　発生主義により計算される収益・費用を現金主義の計算書である歳入歳出

決算書の収入・支出との主な違いから説明します（**図表2-10**）。これにより，実務的な観点から，発生主義への理解が深まるものと考えます。

なお，歳入歳出決算書の収入済額・支出済額については，「○○支出」，「○○収入」と表現し，歳出科目については「○節」と表記しています。

(1) 費用項目
① 人件費
（賞与）

人件費支出（3節職員手当等）のうち，6月分賞与の支給金額については，前年度分に負担すべき分が前年度の貸借対照表に賞与引当金として計上されているため，前年度賞与引当金計上分を控除したものが費用になります。

一方で，翌年度の6月に支給する賞与のうち，当該年度に負担すべき金額を賞与引当金繰入額として計上します（同額を賞与引当金として負債に計上します）。

（退職金）

人件費支出（3節職員手当等）のうち，退職手当の支給額については，退職金に係る前年度までのコストが前年度の貸借対照表に退職給付引当金として計上済みであるため，全額を費用から控除します。

一方で，今年度の退職コストとして，退職給付引当金の増加分を退職給付費用（基準モデル）あるいは退職手当引当金繰入（改訂モデル）として計上します。

② 物件費

物件費支出（13節委託料，15節工事請負費，17節公有財産購入費，18節備品購入費など）のうち，固定資産の取得に係る支出については，当年度の貸借対照表の固定資産に計上されるため，これを控除したものが費用になります。

第2章　今後の公会計の方向性

◆図表2-10　歳入歳出決算書（現金主義）と行政コスト計算書（発生主義）の違い◆

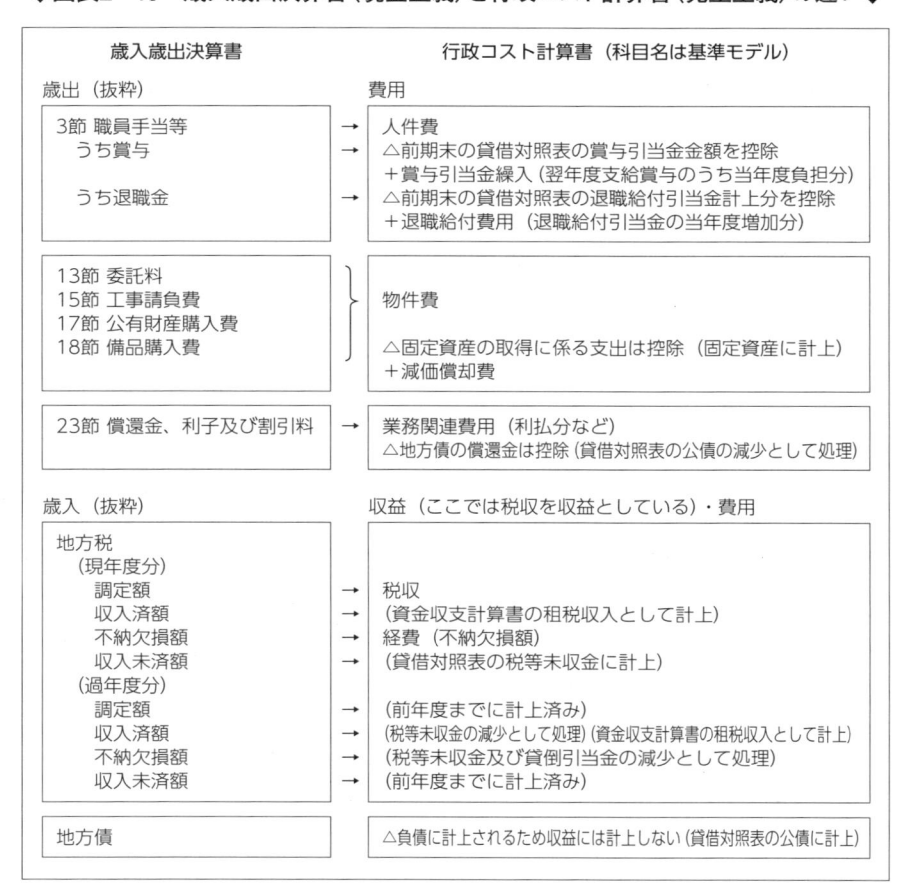

歳入歳出決算書	行政コスト計算書（科目名は基準モデル）
歳出（抜粋）	費用
3節 職員手当等 　うち賞与 　うち退職金	人件費 △前期末の貸借対照表の賞与引当金金額を控除 ＋賞与引当金繰入（翌年度支給賞与のうち当年度負担分） △前期末の貸借対照表の退職給付引当金計上分を控除 ＋退職給付費用（退職給付引当金の当年度増加分）
13節 委託料 15節 工事請負費 17節 公有財産購入費 18節 備品購入費	物件費 △固定資産の取得に係る支出は控除（固定資産に計上） ＋減価償却費
23節 償還金、利子及び割引料	業務関連費用（利払分など） △地方債の償還金は控除（貸借対照表の公債の減少として処理）
歳入（抜粋）	収益（ここでは税収を収益としている）・費用
地方税 （現年度分） 　調定額 　収入済額 　不納欠損額 　収入未済額 （過年度分） 　調定額 　収入済額 　不納欠損額 　収入未済額	 税収 （資金収支計算書の租税収入として計上） 経費（不納欠損額） （貸借対照表の税等未収金に計上） （前年度までに計上済み） （税等未収金の減少として処理）(資金収支計算書の租税収入として計上) （税等未収金及び貸倒引当金の減少として処理） （前年度までに計上済み）
地方債	△負債に計上されるため収益には計上しない（貸借対照表の公債に計上）

　一方で，資産に計上した固定資産については，使用期間にわたり減価償却費として費用配分しますので，当年度分の減価償却費を費用として計上します。

　つまり，当年度の行政サービス提供のためのコストとして，減価償却費が把握されます。

③ 公債費(利払分)

公債費支出(23節償還金,利子及び割引料)のうち,前年度の貸借対照表の負債に計上されている地方債の償還金については,負債の返済として処理するため,費用からは控除します。

つまり,地方債の償還支出は,当年度の行政サービスの提供コストにはなりません。

一方で,利払分(支払利息分)は,当年度分の費用として計上します。すなわち,地方債を充当して建設した施設サービスに対応する行政サービスコストとして把握されます。なお,赤字地方債から発生する利息も費用として計上されますが,当年度のサービスには何ら寄与していないと考えることもできます(赤字地方債を前年度までの行政サービスコストに充当している場合)。

(2) 収益項目

「総務省モデル」では税収などは収益ではなく,純資産変動計算書に計上されますが,ここでは行政コスト計算書に計上される収益として説明しています。

① 税収など収益項目全般

収入済額ではなく,現年調定分(当年度調定分)を当年度に発生した収益として計上します。不納欠損額(現年調定,現年不納欠損分)は,当年度の費用として計上します。収入未済額は,貸借対照表の資産(税等未収金,未収金)として計上します。

過年度調定分(滞納繰越調定分)は,前年度までの調定分であるため,前年度までの収益として計上されています(また収入未済額として未収金としても計上されています)。そのため,当年度の収益としては計上しません。

過年度調定分の収入済額は未収金の回収として処理されます。

不納欠損額(過年度調定分)については,不納欠損額の見込として,前年

度の貸借対照表に貸倒引当金（回収不能見込額）が計上されていれば，すでに引当金計上時にコスト計上されているため，当年度のコストとしては計上しません。

過年度調定分の収入未済額は，すでに前年度までに未収金計上されています。

② 地方債収入

地方債収入は，将来返済を要するため，貸借対照表の負債に計上されます。そのため，収益には計上しません。つまり，当年度の行政サービス提供コストに充当した収益（財源）としては認識されません。

3 純資産変動計算書

[1] 純資産変動計算書とは

純資産変動計算書とは，貸借対照表の資産と負債の差額である純資産の1年間の変動を表す計算書です。民間企業では株主資本等変動計算書といい，基本的には，所有者（株主）からの拠出や所有者（株主）への分配（配当）による純資産（株主資本）の増減を表す計算書になります。

自治体の所有者は誰か，という議論がここでも展開されるのですが，税収を所有者からの拠出ではなく，収益として捉える場合には，純資産の変動が生じる要因，すなわち純資産変動計算書に記載される項目は，行政コスト計算書（財務業績計算書）の収支差額（当期損益）になります（**図表2-8**）。

つまり，収益と費用の定義として，純資産の増加をもたらすものが収益，純資産の減少をもたらすものが費用とした場合，収益・費用の差額が純資産の変動になります。すなわち，行政コスト計算書（財務業績計算書）から，純資産の変動要因がわかります。

なお，資産を再評価した場合の再評価差額について，行政コスト計算書（財務業績計算書）ではなく，純資産変動計算書に計上するとした場合には，この評価差額も純資産変動計算書に記載されることになります。

[2] 「総務省モデル」における純資産変動計算書について

　純資産変動計算書に記載する項目が，行政コスト計算書（財務業績計算書）の収支差額だけだとすると，非常にシンプルな計算書であり，計算書自体も必要ないかもしれません。ところが，総務省が提示している2つのモデルの純資産変動計算書は一見，複雑な気がします。その要因としては，①税収など純資産を増加させるものの一部が，行政コスト計算書（財務業績計算書）の収益ではなく，純資産変動計算書に記載されていること，②いわゆる財源仕訳（純資産内部の振替仕訳）が①と混在していること（とくに基準モデル）の2点が考えられます。

　ここで，①については，行政コスト計算書（財務業績計算書）の収益の捉え方の違いに起因しているもので，税収などを行政コスト計算書（財務業績計算書）か純資産変動計算書のどちらに計上するかの違いであり，純資産を増加させるもの（いわゆる財源の獲得）という意味は，どちらの計算書でも違いはありません。

　②については，純資産内部の内訳区分の振替であり，この処理によって，純資産の総額が変動する訳ではありません。

[3] 純資産変動計算書の財源仕訳（純資産内部の振替仕訳）について
(1) 基準モデル
① 純資産を区分する理由

　基準モデルの純資産は，「財源」「資産形成充当財源」「その他の純資産」に区分されます。財源仕訳（純資産内部の振替仕訳）が必要となるのが，「財源」と「資産形成充当財源」の間の振替になります。

　ここで，「財源」とは自治体が保有する資産のうち費消可能な資源の蓄積をいい，「資産形成充当財源」とは資産形成のために充当した資源の蓄積をいうと定義されています（ここでいう「財源」とは，一般的に自治体で呼称される，事業に対する「財源」とは違うことに留意が必要です）。

　図表2－11のとおり，貸借対照表の計上科目からこれをみると，「資産形

第2章　今後の公会計の方向性

成充当財源」とは，固定資産や長期金融資産（長期貸付金，有価証券，基金・積立金など）の残高になります。ここで注意が必要なのは，純資産の内訳といっても，固定資産の残高のうち，借入金により取得した部分を除かずに，固定資産や長期金融資産残高の全額を純資産の内訳として，「資産形成充当財源」にしている点です。

逆に，「財源」を貸借対照表の計上科目からみると，資産および負債のうち，固定資産や長期金融資産（長期貸付金，有価証券，基金・積立金など）を除いたすべての残高ということになります。すなわち，金融資産（資金，未収金など）および負債全額をネットした金額とイコールになります。なぜ，負債が全額「財源」になるかですが，負債は将来，支払い義務があるということで，財源を拘束している，すなわち「財源」のマイナスという捉え方をしているからです。

純資産を「財源」と「資産形成充当財源」に区分する理由は，「資産形成充当財源」は将来の行政サービス提供の蓄えとして，固定資産の形態をもつもので，長期にわたって，固定資産を使用することにより，行政サービスの提供に寄与していくものになります。逆にいうと，資金が固定資産（建物や道路などの施設サービス）として固定化されているものということができます。

一方で，「財源」は，将来の行政サービス提供の蓄えとして，今後自由に

◆図表2－11　純資産の内訳イメージ（基準モデル）◆

固定資産 　事業用資産 　インフラ資産 長期金融資産 　有価証券 　投資等など	負債
その他の資産 　資金 　未収金など	純資産

純資産残高のうち，
　□　が「資産形成充当財源」となる
　┆　が「財源」となる
※開始時未分析残高を「資産形成充当財源」と「財源」に区分した場合

使える形(資金)として保有しているものということになります。

純資産を将来の行政サービス提供の蓄えとして捉えた場合,その蓄えの形態(固定化されているか,自由に使える資金か)に区分して表示していることになります。

なお,負債は「財源」のマイナスとして捉えているので,一般的に「負債」が増加すると「財源」も減少することになります。

② 財源仕訳(純資産内部の振替仕訳)について

ここで,財源仕訳(純資産内部の振替仕訳)に戻ると,財源仕訳が必要なのは,「資産形成充当財源」が変動した場合,すなわち,固定資産や長期金融資産(長期貸付金,有価証券,基金・積立金など)の残高が変動した場合になります。

簡単な事例でいうと,固定資産を,現金を支出して取得した場合には,現金という資産が減少し,固定資産という資産が増加しているため,純資産の総額は変動しませんが,現金が減少しているため「財源」を減少させ,固定資産が増加しているため「資産形成充当財源」を増加させる処理を財源仕訳により,純資産変動計算書に計上しています。

参考までに,上記の事例を純資産変動計算書の仕訳で表すと
　(借方)　固定資産への財源措置(純資産「財源」の減少項目)
　(貸方)　固定資産形成(純資産「資産形成充当財源」の増加項目)
となります。

さらに,基準モデルの純資産変動計算書を複雑にしている要因は,「資産形成充当財源」をさらに,調達源泉別(①税収,②社会保険料,③移転収入,④公債等,⑤その他の財源の調達)に内訳表示させているためです。仮に,上記の事例で固定資産を取得するための調達源泉が税収,国庫支出金(移転収入),公債の3つであれば,上記の仕訳も3つに区分する必要があります。

なお,「資産形成充当財源」(=固定資産,長期金融資産)は,増加するだけではなく,減価償却や除売却などによって減少していくため,純資産の内

訳として,「資産形成充当財源」の調達源泉別の残高を把握していく場合には,固定資産台帳において,固定資産ごとの調達源泉別の残高も把握していく必要があり,固定資産台帳も複雑となってくると考えられます。しかし,基準モデルにより財務書類を公表している事例では,減価償却等による「資産形成充当財源」の減少金額を,すべて,調達源泉別の「⑤その他の財源の調達」に記載しており,①税収,②社会保険料,③移転収入,④公債等を減少させていないものが見受けられます。つまり,「資産形成充当財源」の残高として,①税収,②社会保険料,③移転収入,④公債等は積み上がる一方で,⑤その他の財源の調達には減少額が積み上がる一方になっているとも考えられ,処理や表示方法にさらなる議論が必要であると考えられます。

　自治体における固定資産の取得は頻繁に行われ,さらに調達源泉も複数になることも多いなかで,「資産形成充当財源」への振替仕訳,さらに調達源泉別の区分が必要かどうかについては,さらなる議論が必要であると考えています。

　なお,基準モデルでは,開始貸借対照表の純資産残高の全額を純資産の内訳のうち,その他の純資産の「開始時未分析残高」に計上することになっていますが,巨額な「開始時未分析残高」に抵抗感を感じることも考えられます。前述したように,純資産の内訳としての「財源」と「資産形成充当財源」は,貸借対照表の資産,負債残高から算出可能であると考えられ,開始時に未分析となるのは,「資産形成充当財源」の調達源泉別内訳であるため,開始時の「資産形成充当財源」の全額を,調達源泉別内訳の一項目としての「開始時未分析残高」として記載する方法も考えられます(**図表2-11**では「開始時未分析残高」を「財源」と「資産形成充当財源」に区分した事例です)。

③　純資産変動計算書を用いた予算編成について

　基準モデルの純資産変動計算書は,予算編成時等において将来シミュレーションとして活用できるとされています。

　すなわち,純資産変動計算書には,税収・国県支出金など公債を除くすべ

2 財務諸表4表の意義と作成上の論点

ての財源の調達が記載され，一方で，財源の使途として，経常的な行政サービスコストは，純経常行政費用（行政コスト計算書の収支尻）として記載され，さらに，固定資産への財源措置など，資本的な財源措置も記載されることになるからです。

また，財源の調達には公債は含まれないため，財源の調達を上回る財源の使途があれば，それは公債の発行により賄われることとなります。公債の発行というのは，将来の財源の使途を拘束するものであり，将来世代への負担の先送り額となります。

純資産変動計算書の財源の調達・使途に，たとえば，当初予算編成金額や将来の財政計画金額を入れれば，将来世代への負担の先送り額がどの要因で発生しているのかを分析することが可能となります。将来世代への負担の先送り額の許容額をどの程度に設定しておくかは別の議論が必要ですが，許容額を設定しておけば，純資産変動計算書において，どの項目（経常的収支か資本的収支か）を削るのか，伸ばすのかといったシミュレーションが可能となると考えられます。

なお，純資産変動計算書を用いた将来シミュレーションの実例はまだ少ないと思われるため，実際の適用にはさらなる検証が必要であると考えられます。

(2) 改訂モデル

改訂モデルの純資産は，「公共資産等整備国県補助金等」「公共資産等整備一般財源等」「その他一般財源等」「資産評価差額」に区分されます。

基準モデルの純資産の内訳である「財源」「資産形成充当財源」との違いは，貸借対照表の資産のうち，公共資産および投資等（基準モデルの固定資産および長期金融資産とほぼイコール）の取得財源のうち，公債等の負債（未償還残高）を除くかどうかになります。

すなわち，等式で表せば，（「資産形成充当財源」−「資産形成の充てられた公債の負債残高」）＝（「公共資産等整備国県補助金等」＋「公共資産等整備一般

第2章　今後の公会計の方向性

財源等」+「資産評価差額」)になります（**図表2−12**）。

　つまり，改訂モデルでは，資産形成に充てられた公債残高分については，資産と負債が見合いであり，純資産ではないため除いていることになり，「公共資産等整備国県補助金等」+「公共資産等整備一般財源等」+「資産評価差額」は，純粋に純資産のうち，資産形成に充当されている金額ということになります。

　「その他一般財源等」については，流動資産−（負債総額−資産形成に充てられた公債残高）ということなり，マイナス残高の場合には，資産形成を伴わない負債残高があるということになります。

　改訂モデルにおける，財源仕訳（純資産内部の振替仕訳）については，「科目振替」として記載されていますが，振替の内容は基準モデルとほぼ同様です。

　なお，改訂モデルの場合には，「資産形成充当財源」の調達源泉としては，国県補助金等とそれ以外（一般財源等）の2つの区分のみであり，開始時においても未分析とせずに両者を区分することになっています。決算統計の積上げによる作成であれば，公共資産等整備国県補助金は決算統計から把握できますが，固定資産金額を固定資産台帳の金額に置き換えていく場合には，財源としての国県補助金を特定（あるいは推計）する必要があります。

◆**図表2−12　純資産の内訳イメージ（改訂モデル）**◆

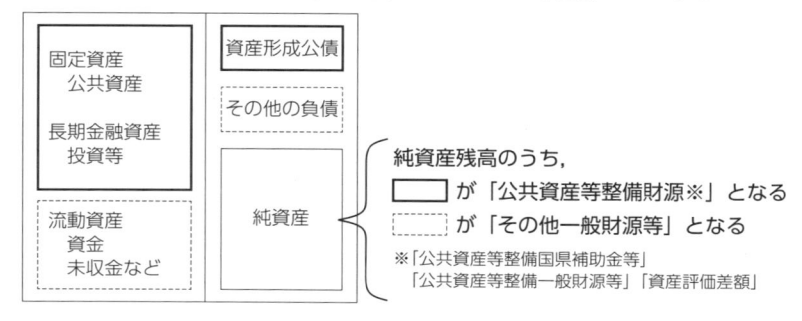

純資産残高のうち，
　□　が「公共資産等整備財源※」となる
　┆　が「その他一般財源等」となる

※「公共資産等整備国県補助金等」
　「公共資産等整備一般財源等」「資産評価差額」

（左側ボックス：固定資産　公共資産／長期金融資産　投資等／流動資産　資金　未収金など／資産形成公債／その他の負債／純資産）

[4] 純資産の変動について

　純資産とは，貸借対照表の資産と負債の差額であり，資産は将来世代への行政サービス提供の基礎となるものであり，負債はそのうち将来世代が負担する金額になります。

　したがって，純資産は将来世代に引き継ぐ自治体の純粋な価値，あるいはこれまでの世代がすでに負担した資産ということができます。純資産が1年間で増加した場合には，将来世代に引き継ぐ価値が増加し，減少した場合は，将来世代に引き継ぐ価値が減少したということになります。

　将来世代に引き継ぐ価値が増減した要因は，行政コスト計算書（財務業績計算書）（税収などをすべて計上する場合）により把握することが可能で，1年間の行政サービスをその年度の収益（財源）で賄えている場合には，その余剰分（収支差額）が将来世代に引き継ぐ価値として蓄積されることになります（**図表2－7**）。

　その蓄積された価値（純資産）を資産形成充当財源として（固定化された財源として）蓄積しているのか，今後自由に使える財源として蓄積したかにより，純資産を区分しているのが，総務省の2つのモデルになります。ここで，純資産の内訳である「資産形成充当財源」と「財源」の内部変動までも純資産変動計算書として表示すべきかどうかについては，その処理負担との兼ね合いで議論の余地があることは，前述したとおりであり，純資産の内訳残高のみ注記として記載すれば足りるという意見もあります。

　また，純資産が変動した要因を資産の増減額と負債の増減額により説明することも可能です。すなわち，純資産の変動は，期首貸借対照表の純資産と期末貸借対照表の純資産の増減額であり，言い換えれば，資産や負債の増減額の差額ということもできます。

　たとえば，純資産が増加しているのであれば，その増加分は，資産が増加しているか負債が減少しているか，あるいはその両方になりますので，純資産の増減を資産や負債の増減から説明することも考えられます（**図表2－8**）。

4 資金収支計算書(キャッシュ・フロー計算書)

[1] 資金収支計算書とは

　資金収支計算書とは、1年間の資金収入、資金支出の状況および資金残高を表す計算書です。これはいわゆる現金主義に基づく計算書であり、現金の出入りを記載しています。自治体の歳入歳出計算書を組替えることにより作成することが可能であり、比較的わかりやすい計算書です。

　また、資金収支計算書では、資金収入、資金支出をいくつかの区分に分けて表示し、それぞれの区分の収支差額を表示しており、自治体の資金の獲得状況や資金の利用状況を区分ごとに明らかにするものです。

[2] 資金収支計算書作成上の論点

(1) 出納整理期間について

　自治体には出納整理期間があり、当年度の3月31日までに発生した債権債務について、翌年度の5月31日までの間に当該債権債務について入出金があったものは、当年度の歳入・歳出として扱われています。この出納整理期間における現金収支を財務諸表に織り込むかどうかという議論があります。

　「総務省モデル」による財務書類も含めて、現在作成されている自治体の財務諸表は、自治体の歳入歳出決算書をベースに作成されており、当然、上記の出納整理期間における入出金も織り込まれています。

　そのため、資金収支計算書における資金残高は、3月末に実際保有している資金残高を表すのではなく、3月末の資金から、出納整理期間の入出金を織り込んだ計算上の残高ということになります(ちなみに、4月5月の入出金には翌年度に発生した債権債務に関するものも含まれているため、5月末の資金残高とも異なっています)。

　そもそも、出納整理期間とは現金主義制度の会計に、発生主義の要素を一部取り込んだものと考えられるため(現金の入出金にかかわらず3月末までに発生した債権債務に基づき収入、収出を認識するため)、そもそも発生主

義を導入しようとする新地方公会計制度のもとでは、出納整理期間は不要になるという考え方もあり、出納整理期間の取引を除いた財務諸表の作成を試みる動きも出てきています。

出納整理期間を利用した不適切な会計事例も報告されており、出納整理期間の必要性についてのさらなる議論が待たれるところです。

(2) 資金の範囲について

資金収支計算書で入出金を記録する対象となる「資金」とはどのような範囲であるかについても議論があります。

基準モデルでは、企業会計と同様に、資金は「現金及び現金同等物」としています。ここで、現金とは手許現金および要求払預金（普通預金など）をいい、現金同等物とは3ヵ月以内の短期投資をいいます。

したがって、現金預金のなかに、3ヵ月超の定期預金があれば、これは資金の範囲からは除かれることになります。公営企業会計などでは、余裕資金あるいは将来の設備更新資金の確保などのために、資金を定期預金などにより運用していたとしても、現金預金勘定に含まれていることがあり、資金収支計算書の作成には留意が必要になります。

なお、資金収支計算書の資金残高は、貸借対照表の「資金」残高と一致することとしているため、財政調整基金など基金のなかに、「現金及び現金同等物」が含まれていたとしても、これは資金には含まれません。逆に、入札保証金・公営住宅敷金などの歳計外現金を「現金及び現金同等物」として保有している場合には、これは資金に含まれるものと考えられます。

なお、改訂モデルでは、資金は歳計現金（歳入歳出差引）としています。

このように、自治体における「資金」はさまざまな形態で保有しているケースがあります。どの範囲を資金収支計算書の資金の範囲とするかについては、統一的な地方公会計基準での決定が待たれます。

なお、「基金」についてですが、基金は特定の目的のために維持している財産であり、貸借対照表では「資金」とは区別して「基金」として残高が表

第2章　今後の公会計の方向性

示されますが，基金を「基金」ではなく，運用形態別（「資金」や「有価証券」など）に表示すべきであるという意見もあります。これは，基金は自治体の使用目的に従って，あるいは財源不足により取崩しが行われたり，基金からの借入れなどもあることから，基金の運用形態を明らかにするべきであるというものであり，基金も含めた資金の流れを明らかにすることを意図しています。今後，基金の処理方法についても，統一的な地方公会計基準により決定されるべきですが，基金の運用内訳については，財務諸表の注記などにより明らかにすることも必要であると考えられます。

(3) 資金収支計算書の表示区分について

　総務省モデルでは表示区分が異なっています。

　基準モデルでは，経常的収支区分，資本的収支区分および財務的収支区分に表示区分されます。経常的収支区分では，経常的に発生する収支（税収，人件費，物件費など）を表示し，資本的収支区分では，固定資産の取得支出や長期金融資産形成支出（基金の積立など），固定資産売却収入や基金の取崩収入を表示しています。また，この経常的収支と資本的収支の合計として，基礎的財政収支（プライマリーバランス）を表示しています。財務的収支区分では，地方債の元本償還支出，支払利息，地方債の発行収入を表示しています。

　改訂モデルでは，経常的収支，公共資産整備収支，投資・財務的収支に区分しています。

　基準モデルとの大きな違いは，収入の計上です。改訂モデルでは，各区分での収支の均衡状態を表すために，各区分の支出に対応した財源というイメージで収入を区分している点です。たとえば，経常的支出に充てられた地方債の発行収入（いわゆる赤字地方債）があれば，経常的収支区分に表示しています。また，支出面では，基準モデルにおける資本的収支区分を公共資産（固定資産）整備支出に限定し，基金の積立などを投資・財務的収支区分にしている点があげられます。

なお、このような収入区分については、自治体のように厳密な財源管理を必要としない第3セクターなどの連結対象団体における資金収支計算書の作成においては、その作成可能性や有効性に関して議論があるところです。

5 連結財務諸表

[1] 連結財務諸表とは

連結財務諸表とは、自治体と連携協力して行政サービスを実施し、かつ自治体が実質的に支配している団体を含めて、1つの組織体とみなして作成された財務諸表をいいます。

連結財務諸表は、連結貸借対照表、連結行政コスト計算書、連結純資産変動計算書、連結資金収支計算書の4表をいいます。

連結財務諸表に含まれる団体の範囲ですが、当該自治体（一般会計だけではなく、特別会計および公営企業会計も含む）、一部事務組合・広域連合、地方三公社、地方独立行政法人、第3セクター等からなっています。

なお、一般会計にすべての特別会計および公営企業会計を含めた財務諸表を、基準モデルでは単体財務書類、改訂モデルでは地方公共団体全体の財務書類と呼んでいます。

[2] 連結財務諸表を作成する意義

行政サービスの実施は、自治体（公営企業も含めて）自らが実施するのみではなく、その効率的・効果的な実施のために、一部事務組合・広域連合、地方三公社、地方独立行政法人、第3セクター等の他の団体を活用するとともに、これらの団体に対してさまざまな人的・財政的な支援を行っています。

したがって、自治体の真の財政状態や財務業績を表すためには連結財務諸表が必要であるといわれています。

たとえば、連結の対象に含まれる団体が多額の負債を抱えている場合には、将来的にその負債を自治体が負担する可能性があります。したがって、これらの負債もすべて合算した連結貸借対照表により、自治体の財政状態を判断

する必要があります。

[3] 連結財務諸表作成上の論点
(1) 連結の範囲について

　連結の対象に含まれる団体は，自治体と連携協力して行政サービスを実施し，かつ自治体が実質的に支配している団体となりますが，実質的に支配しているかどうかの判断については，その団体の財務上，業務上の方針を決定する機関を実質的に支配しているかどうかの判断により，まず出資比率が50％超の団体は，連結に含まれることになります。

　また，出資比率が50％以下であっても，取締役会・理事会等の構成員の過半数を派遣している場合や，その団体の資金調達額の過半について，融資等（損失補償等を含む）を行っている場合を含めて，自治体が実質的に支配している団体を実態に即して総合的に判断することとされています。

　とくに，公益的な法人（財団法人，社団法人，社会福祉法人など）については，一般的に出資という概念はなく，出資比率での判断が難しいケースがありますので，実質的に支配しているかどうかの判断が必要になってきます。

　また，連結の範囲に含めた団体が支配している団体（たとえば，第3セクター等の子会社）なども，連結の範囲に含まれることに留意が必要です。

　なお，上記のように連結の範囲を決定した結果，都道府県や政令市など規模の大きい団体では，連結対象団体が相当程度の数になります。連結財務諸表の作成に当たっては，次項で述べるようにさまざまな手続が必要であり，事務的な負担も相当程度あることが予想されます。先に述べた連結財務諸表の意義（自治体の真の財政状態，財務業績などを明らかにすること）から判断し，金額的にも質的にも重要性の低い団体まですべてを連結の範囲に含める必要があるかどうかについては，さらなる議論が必要であると考えています。

　なお，連結財務諸表の作成（あるいは連結の対象となる団体の検討）を通じて，それほど多くの第3セクター等が必要であるかどうかを行財政改革の

視点から見直す契機にもなると考えられます。

(2) 連結対象団体の会計処理方法の統一について

　連結財務諸表は，連結対象団体を1つの組織体とみなして作成される財務諸表ですので，同じ性質の取引については基本的には同じ会計処理がなされていなければいけません。異なった会計処理のまま連結財務諸表を作成したとしても，財政状態や財務業績を適正に表示することができなくなるからです。

　連結を構成する各団体の会計基準は，自治体であればたとえば「総務省モデル」であり，そのほかには，公営企業会計基準，地方3公社の会計基準，公益法人会計基準，企業会計基準など団体ごとに会計基準が異なっており，各団体が作成している財務諸表についてもまちまちです。

　これについては，各団体に適用できる統一的な会計基準（統一的な非営利法人の会計基準）が設定されることが望まれるわけですが，現状では，可能な範囲で会計処理の統一を図っているのが実情であると思われます。

　とくに，固定資産の評価については，自治体が適用している「総務省モデル」では公正価値評価を行うことになっていますが，他の団体では取得原価での評価が基本となっている点などが大きな差異として残っています。

　また，「総務省モデル」の純資産変動計算書についても，他の団体では作成されていない財務諸表になりますので，各団体において新たに作成する必要があります。

　今後，統一的な地方公会計基準の設定が議論される際には，連結財務諸表における会計処理の統一も視野に入れた議論が期待されます。

(3) 連結財務諸表の作成手続について

　連結財務諸表は，各団体の財務諸表を単純合算した後で，団体間の内部取引の相殺消去，団体間の投資と資本や債権債務の相殺消去などにより純計を算出することにより作成します。

相殺消去するためには各団体から内部取引データ（連結対象団体との取引データ）などを入手し，基本的には相互で一致すること（収入と支出など）を確認のうえ，相殺消去することが必要になります。相殺消去を効率的に実施するためには，連結対象団体との取引データを抽出する仕組みを構築しておくことも必要です。

なお，内部取引の相殺消去の前提として，出納整理期間の有無による調整も必要になってきます。すなわち，自治体など出納整理期間がある団体と出納整理期間がない団体との相殺消去にあたっては，出納整理期間がない団体も，あたかも出納整理期間があるかのように，当該団体の財務諸表を修正する必要があります。つまり，未収，未払が計上されている場合に，出納整理期間中に出納整理期間がある団体から入出金があれば，未収・未払を取消して，入出金処理をする必要があります。

このような相殺消去手続などについても，連結財務諸表への影響度を勘案して，自治体の規模などにより，相殺消去の対象とする金額基準を設定することも考えられます。

3 財務諸表の開示・分析

1 財務諸表の開示に求められるもの

[1] 何が開示されるのか

　平成18年5月に総務省より出された「新地方公会計制度研究会報告書」の基本的な考え方のなかで，
・原則として国（財務省）の作成基準に準拠すること
・発生主義を活用した基準設定とともに，複式簿記の考え方を導入すること
・貸借対照表，行政コスト計算書，資金収支計算書，純資産変動計算書の4表の整備を標準形とする。
とあります。

　そして，「取り組みが進んでいる団体にはさらなる改善を求めつつ，都道府県，人口3万人以上の都市とともに，3年を目途に，4表の整備ないし4表作成に必要な情報の提示・開示を求める。まだ取組みが進んでいない団体にはまず，総務省方式での財務諸表作成に踏み出すことを求めつつ，町村，人口3万人未満の都市とともに3年ほどを準備期間として，4表の整備ないしは4表作成に必要な情報の提示・開示を求める」とあります。

　開示の対象となるものは，貸借対照表・行政コスト計算書・資金収支計算書・純資産変動計算書の4表およびこれらの財務書類に関連する事項についての注記・附属明細表となります。

　また，総務省の地方公会計の整備促進に関するワーキンググループから出された「地方公共団体における財務書類の活用と公表について」（平成22年3月）の「IV公表　2　公表の対象」において，「公表に当たっては，財務書類4表の公表が優先されますが，附属明細表についても順次作成・公表していくことが必要です」とあり，まず4表を作成することが求められていますが，4表を開示できるようになったら，注記事項・附属明細表も開示してい

かなくてはなりません。

[2] 開示に当たり留意すべき点

　平成19年10月17日に総務省自治財政局長より「公会計の整備推進について（通知）」が出されています。このなかで，「財務諸表を開示するに当たり最も重要な点の1つは，『理解可能なものであること』である」とされています。それは，「地方公共団体の公会計による開示情報の受け手は，会計に関し一定の知見を有するものとは限らない住民等をはじめとした幅広い利害関係者であるため，投資家等のような理解可能性を前提とすることは不適当である場合が少なくない」という理由からです。

　では，会計に詳しい投資家は，公会計の財務書類が十分理解が可能かというと必ずしもそうではありません。なぜなら，民間企業会計にはない公会計特有の考え方・会計基準により作成されているからであり，営利を目的としない公会計特有の基準を理解する必要があります。

　そのため，前述の通知のなかでは，「報告書では，一定の雛形での財務書類の作成と必要な注記や附属明細表を求めているが，地方公共団体の幅広い開示対象者に理解されるためには，簡潔に要約された財務書類の作成と平易な解説が重要である」と記載されています。

　したがって，開示に必要な資料としては，財務書類4表や注記事項・附属明細書以外に，要約された解説用資料があるのが望ましいといえます。

[3] 開示の目的

　「地方公共団体における財務書類の活用と公表について」（平成22年3月）では，現在進められている公会計の整備の目的を大きく2点にまとめています。それは「説明責任の履行」と「財政の効率化・適正化」です。地方公共団体は住民から徴収した対価性のない税財源をもとに行政活動を行っているため，付託された行政資源について住民や議会に対する説明責任を有しているが，財務書類を作成・公表することによって，財政の透明性を高め，その

責任をより適切に果たすことができるとされています。

このような2つの目的を鑑みると、開示を行うということは「説明責任の履行」という目的を達成するためといえます。たとえば、財務書類を大きな視点で捉えられるものと、必要に応じて詳細なデータを参照できる財務書類もあわせて開示されていると、説明責任が高いレベルで履行されていると考えられます。作成したものをそのまま開示すればいいというものではなく、住民の視点に立って、わかりやすい開示を行う必要があります。

ここで、注意しなければならないのは、開示された財務書類を読み解く際に重要なことは、その財務書類が何を表しているのか、そしてその項目がどのようなプロセスで算出され、何を表している金額なのかを理解する必要があるということです。つまり、自治体が作成・開示の責務を果たしている以上、住民側もそれに応え、理解する努力を惜しまない姿勢が必要です。自治体と住民の双方の努力が求められます。

[4] 開示する財務書類について
(1) 財務書類について

開示に使用する4表と附属明細表の様式は、総務省のホームページ（http://www.soumu.go.jp/menu_news/s-news/2007/071017_1_bt.html）にあります。基準モデル・改訂モデルどちらも用意されていますので、各自治体で選んだモデルの様式を利用します。

(2) 注記事項について

注記とは、財務書類を作成するために採用された主な会計方針などになります。会計方針とは、採用している会計処理の原則および手続ならびに表示方法その他財務書類作成のための基本となる事項です。有価証券の評価方法や固定資産の減価償却の方法など、1つの事象に対して会計処理がいくつか選択できる場合、開示されている4表がどの会計処理により算出されたのかを示すことで財務書類を読む人の理解を助ける、財務書類の説明書といえま

す。

　平成21年度決算においては、ほとんどの自治体で注記事項の開示がありませんでしたが、財務書類を理解するうえで重要な情報であるため、積極的に開示していく必要があります。

　必要な注記については、「地方公共団体における財務書類の活用と公表について」（平成22年3月）において、注記事項と附属明細表の一覧が公表されていますので、この一覧を参考にして開示するのが望ましいといえます。

(3) 附属明細表について

　附属明細表とは、財務書類4表の各科目の内容を補足するために前年度からの動きや当年度の残高の内訳を表示した書類です。4表は簡潔・総括的に開示されているため、内容をより理解するために別に作成されるものです。様式については、前述した総務省のホームページにて公表されていますが、注記事項と同様にこちらについても、まだほとんどの自治体で公表されていません。

　その理由としては、様式で示されている附属明細表の種類が多く、連結財務書類の附属明細表も含めると、相当程度の事務作業が予想されることも一因であると考えられます。必要な附属明細表の種類やその記載方法については、今後、さらなる議論が必要であると考えられます。

2 財務諸表の分析手法

[1] 公会計の財務諸表の分析にあたって

　自治体が作成した財務書類を分析するにあたり、一般企業の財務書表の分析と同じように行うと望ましくない場合が考えられます。たとえば、貸借対照表の純資産が大きければ大きいほど優れた団体であるかというと、そうではないですし、行政コスト計算書で費用超過であるからといって運営を怠っているとは必ずしもいえません。

　大事なことは、指標をランキングにして並べてどこの自治体が優れている、

劣っているといったことを議論するのではなく、その結果を元に、自治体の財政状態が今どんな状況にあるのか、自治体のあるべき姿とは何なのか、そしてどのようにあるべき姿へと近づけていけるのかを公会計に携わる者が、一丸となって導き出すことです。

　公会計はまだ改革期であり、これから多くの自治体で作成されるであろう財務諸表を蓄積し、研究していくことで、あるべき姿への礎を築いていくことが大切です。

　さらに、今はまだ地方公会計基準が確立されていないなど、財務諸表自体の信頼性が十分ではないため、分析した結果のすべてが、必ずしも的確であるとはいえない場合があるため、留意が必要です。

[2] 誰のための分析か？

　分析を行う際に、この分析は誰のために行われているかということを意識することはとても重要です。

　たとえば
- 自治体が、住民に対し、現在の財政状況を説明するための分析
- 首長に対し、設備投資の必要性を求めるための根拠資料を提示するための分析

など、状況に応じて必要な分析は異なるため、分析を行う際には目的を明確にすることが必要です。

　公会計を利用した分析の目的は、財務諸表作成の目的と同じように「説明責任の履行」と「財政の効率化・適正化」という2つに分けられます。ここでは、地方公共団体が第一義的に説明責任を果たすべき住民にとって関心・ニーズが高いと考えられる分析についてみていきます。

[3] 指標について

　それでは、公会計の財務諸表を使った指標には、どのようなものがあるのかみてみましょう。

第2章　今後の公会計の方向性

分析の視点	住民等のニーズ	指標
資産形成度	将来世代に残る資産はどのくらいあるのか	住民一人当たり資産額 有形固定資産の行政目的別割合 歳入額対資産比率 資産老朽化比率
世代間公平性	将来世代と現世代との負担の分担は適切か	純資産比率 社会資本等形成の世代間負担比率（将来世代負担比率）
持続可能性 （健全性）	財政に持続可能性があるのか（どのくらい借金があるのか）	住民一人当たり負債額 基礎的財政収支 （関係指標）健全化判断比率（実質赤字比率，連結実質赤字比率，実質公債費比率，将来負担比率）
効率性	行政サービスは効率的に提供されているか	住民一人当たり行政コスト 住民一人当たり人件費・物件費等 行政コスト対公共資産比率
弾力性	資産形成を行う余裕はどのくらいあるか	行政コスト対税収等比率 （関係指標）経常収支比率，実質公債費比率
自立性	歳入はどのくらい税金等でまかなわれているか（受益者負担の水準はどうなっているか）	受益者負担の割合 （関係指標）財政力指数

出所：総務省「地方公共団体における財務書類の活用と公表について」pp.17-18。

(1) 資産形成度

　「将来世代に残る資産はどのくらいあるのか」という視点に立った分析です。今までの歳入歳出決算書では把握できなかった地方公共団体の保有する資産残高などのストック情報を用いた分析です。有形固定資産の行政目的別割合を類似団体と比較することにより，今後の資産整備の方向性を検討する材料にもなります。

(2) 世代間公平性

　「将来世代と現役世代との負担の分担は適切か」という視点に立った分析

です。貸借対照表の資産，負債，純資産の比率等をみることで負担のバランスが適切に保たれているのか把握します。

(3) 持続可能性（健全性）

「財政に持続可能性あるのか（どのくらい借金があるのか）」という視点に立った分析です。貸借対照表には，地方債の残高のみならず発生主義により把握した退職給付引当金や未払金などのすべての負債が計上されるため，実質的な負担額がわかります。負債が大きくなってくると，資金繰りなどの心配があるため，資金収支計算書の基礎的財政収支（プライマリーバランス）などとあわせて分析していきます。

(4) 効率性

「行政サービスが効率的に提供されているか」という視点に立った分析です。発生主義により，すべてのコストを表示している行政コスト計算書を用いることで，全体の効率性を評価できます。さらに，行政コスト計算書を個別の事業や地域ごとのセグメントに分けることで，より有用な情報が提供できます。

(5) 弾力性

「資産形成を行う余裕はどのくらいあるか」という視点に立った分析です。純資産変動計算書において，地方公共団体の資産形成を伴わない経常的な行政活動に係る純経常行政コストに対して地方税，地方交付税などの当該年度の一般財源等がどれだけ充当されているか（行政コスト対税収等比率）をみることで，分析が可能です。

(6) 自立性

「歳入はどれくらい税金等でまかなわれているか（受益者負担の水準はどうなっているか）」という視点に立った分析です。たとえば，水道事業の行

政コスト計算書の収益と費用の比率をみることで，提供しているサービスに見合った水道料を受取っているかといった分析ができます。

[4]「将来世代」とは？

　ここで，分析指標の説明に登場する「将来世代」は，誰のことを指すのか考えてみたいと思います。「将来世代」とは，財務諸表作成日時点において財務諸表に計上されている自治体が負担している借金を返済する役割を担う世代を指すと考えています。

　一般的に「将来世代」というと，自分の子供達の世代などを考えると思いますが，年度の終了日である3月31日時点で，自治体が負っている地方債等の借金を返済する，4月1日以降に税金を納める住民と，将来生まれてくる世代をあわせて「将来世代」と呼び，一方で，財務諸表作成時点で税金を納めてきた人々を「現役世代」と呼ぶと考えます（**図表2-13**）。

　地方債等の借金は，「現役世代」のみならず「将来世代」に負担をさせる，いわゆる負担の先送りの面もありますが，これから生まれる人は，現在には当然存在しないわけで，借金が発生すること自体にも反対できません。この声があげられない「将来世代」の負担を無視し，声をあげられる「現役世代」の意見のみを反映した結果が，多くの借金を抱える自治体の財政状況といえるかもしれません。

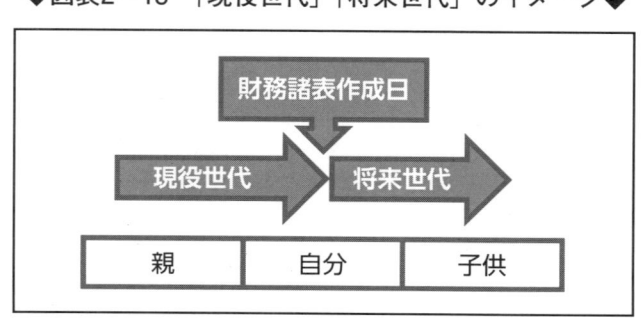

◆図表2-13　「現役世代」「将来世代」のイメージ◆

財務諸表作成日時点で「現役世代」の人が，翌日には「将来世代」になっているという認識のもと，自分も含めた「将来世代」に過度に負担を残していないかという視点で，自治体の財政状況を監視していくことが住民には求められているものと考えます。

[5] 指標分析の手法

財務諸表の指標分析のやり方には，趨勢分析・比較分析（類似団体・ベンチマーク）などがあります。

(1) 趨勢分析

趨勢分析とは，データを時系列で観察することによって，流れのなかでどのような傾向にあるのかを把握する分析手法です。過去のデータから近い将来が予測でき，対策を立てるため重要な情報となります。

(2) 比較分析

比較分析とは，現在の状況が良いのか悪いのかを判断するために行われる分析手法です。比較するものはさまざまですが，予算・過去実績・類似団体・ベンチマークなどが一般的です。ここで類似団体比較とは，公表団体の性質が類似しているものと比較して自団体の状況を把握する方法です。類似している団体は，都道府県，政令指定都市，一般市町村などの規模のレベルによって，また近隣地域であることや人口・財政力などの指標を考慮して決定します。また，ベンチマーク比較とは，指標の基準値（ベンチマーク）と比較するものです。全国の自治体の平均値であったり，同規模団体の平均値であったりします。しかし，まだ始まったばかりの公会計であるため，この指標は○○％以上が望ましいといった目安がまだ整備されていません。これから全国の自治体の財務諸表データが蓄積されていくことによって，有用な基準となる判断指標が出てくるものと期待されます。

(3) 一人当たり指標

　自治体の財務諸表の数値を作成時点の住民数で除することにより，一人当たりの数値が得られます。一人当たりの指標にすることにより，身近な数字になること，規模が違う団体とも比較が可能となることなどのメリットがあります。しかし，住民ごとの背景は異なるものであり，一律に一人当たりの数値を算出しても，分析結果の有用性は低くなります。

　そこで，資産・費用等を目的別に細分化し，セグメントごとに利用している住民に分けて算定することが考えられます。

　たとえば，小学校に係る資産とそれに係る減価償却費・消耗品費などを区分し，小学校に在籍する児童数で割ることで，実際の利用者一人当たりの指標が把握できます。これをさらに応用し，住民が自治体のホームページ上で，「小学校に行っている子供がいる」，「老人ホームを利用しているお年寄りがいる」などの家族情報を選ぶことにより，一世帯当たりの行政コストを算定できるようにします。算定されたコストと，自分たちが自治体に支払っている税金等を比較すると，その世帯における費用と便益のバランスが判断できます。セグメントに分けた一人当たり指標を使用することで，より意味のある一人当たり分析が可能となると考えられます。

[6] 分析における留意点

　自治体が作成する財務諸表は，総務省の基準モデル，改訂モデルや独自のモデルなど複数ありますが，自治体の財務諸表のなかでも，大きな比率を占める有形固定資産に関する評価の仕方が異なるなど，元々の数値自体の前提が異なる場合があり，指標を並べて一律には評価できません。

　具体的な指標を参考にしてみましょう。

　「社会資本等形成の世代間負担比率」という指標があります。これは次の算式で算定されます。

　　社会資本等形成の世代間負担比率
　　　　　＝（地方債残高＋未払金）／（公共資産＋投資等）

3　財務諸表の開示・分析

　この指標は，財務諸表作成時点で自治体が保有している公共資産（建物や工作物，物品等）と投資等（貸付金や出資金等）のうち，「将来世代」が負担している比率を算定するものです。つまり，将来に残る資産に対する将来に残る負債の割合を求めることで，将来世代も使用する資産について，どれだけ将来世代が負担しているかを表す比率です。

　この算定に際し，基準モデルと改訂モデルとでは，とくに公共資産（固定資産）の金額の算出方法が大きく異なっています。公共資産の金額は，基準モデルが固定資産台帳を整備し，個々の固定資産ごとに積み上げた金額であるのに対し，改訂モデルは基本的に昭和44年度以降の普通建設事業費の累計額を元に算定した金額です。当初の改訂モデルは，簡便的に財務書類の数値を算定するモデルであるため，数値が集めやすいように配慮されているためです。

　このように，基準モデルと改訂モデルとでは指標の計算に使用する数値の精度に差があります。実際に，総務省が出している新地方公会計制度実務研究会報告書（平成19年10月）の第1部「『新地方公会計制度実務研究会報告書』をまとめるにあたって」のなかでも，改訂モデルは「公有財産等の貸借対照表計上額に精緻さを欠くという課題もある」，また「土地をはじめとして，基準モデルにおける公正価値評価との間に重要な差が生じることが想定されるため，早急に固定資産台帳を整備し，基準モデルと同様の評価を行うことが望ましい」との記述もあります。

　当初の改訂モデルは，あくまでも簡便的なモデルであり，上記のような課題もあるため，基準モデルのような個々の固定資産を積み上げたうえで財務諸表を作成した方が，有効な分析あるいは財務諸表の活用ができると考えられます。

　また，今後，新地方公会計基準が統一され，比較分析の元となるデータの統一がされることで，分析の精度が上がっていくことが期待されます。

第2章　今後の公会計の方向性

3 財務諸表開示・分析の事例

　それでは，実際に開示されている事例をみていきます。

　なお，自治体の財務書表を閲覧したい場合，各自治体のホームページで開示しています。一般企業の有価証券報告書が開示されている，EDINET（Electronic Disclosure for Investors' NETwork「金融商品取引法に基づく有価証券報告書等の開示書類に関する電子開示システム」）のような充実した開示システムがないため，現状では大変閲覧しづらい状況です。開示システムの整備も今後に期待するところです。

　総務省のホームページにおいては，平成20年度までの各地方公共団体の公表状況がまとめられているサイトがあるため，それも参考になります（http://www.soumu.go.jp/iken/kokaikei/H20_chihou_kouhyou.html）。

[1] 先進都市での取組み

　財政状況の把握に先進的に取組んでいる自治体のなかで，千葉県浦安市の開示事例をみてみましょう（図表2－14）。同市は，1つひとつの財産を洗い出し，償却資産台帳を作成しており，総務省の「基準モデル」により財務書類4表を作成しています。また，同市では平成12年度決算から企業会計的手法を取り入れた開示を行っています。さらに住民等に理解しやすいように，「貸借対照表を家計簿に例えたら……」という解説もあり，より数字を身近に感じられる工夫があります。

3 財務諸表の開示・分析

◆図表2-14　千葉県浦安市の開示事例◆

浦安市の財政に関する報告書2008 概要版

平成22年2月
浦安　市

4．貸借対照表を家計簿に例えたら・・・

標準家庭に置き換えるのは、多少の無理はありますが、市民の皆さんに理解していただけるよう、極力近づけて作成しましたのでご覧ください。
（注意）下の連結貸借対照表は、標準家庭4人（父、母、子供2名）として数値を表しています。（積算式：市民一人当たり金額×4人）

連結貸借対照表
（平成21年3月31日）　（単位：円）

区　分	平成20年度	区　分	平成20年度
【資産の部】		【負債の部】	
1．金融資産	1,216,260	1．流動負債	201,256
預貯金	221,832	公共料金等の未納分	30,904
金融資産（資金を除く）	994,428	将来のための私的年金	16,220
給料の未払金	124,716	支払のためのお金	21,808
有価証券	4,996	車のローン	111,740
投資等	864,712	消費ローン	20,580
出資金	1,744	2．非流動負債	1,302,196
運用資金（財形等除く）	846,500	住宅ローン	877,256
財形年金等	16,468	教育ローン	138,804
		老後の資金	285,548
2．非金融資産	18,792,068	敷金・保証金	592
事業用資産	5,304,572	負債合計	1,503,452
不動産等	5,281,844	【純資産の部】	
電話加入権等	22,220	給与等	437,436
販売を目的とした品物	508	身内からの援助	1,764,936
ライフライン	13,487,496	遺産（財産）	16,302,500
		純資産合計	18,504,872
資産合計	20,008,324	負債・純資産合計	20,008,324

※上記の名称については、家庭に相当するものをあてはめましたので、実際とは異なります。

> 浦安市の財産を私たちの家計に例えてみると、借金が資産合計の8％であることから返済計画を立てやすいですね。
> 私たち子どもたちへの将来負担を軽くしてあげるためには、日々の家計簿も必要だが、貸借対照表を作成することにより私たち家族の総資産がわかるんですね。

出所：浦安市ホームページ。

第2章　今後の公会計の方向性

(1) 岡山市

　政令市である岡山市は，全国の政令市との比較が充実しています。他の自治体と比べてどのような状況にあるのかが，わかりやすく開示してあります（図表2－15）。

◆図表2－15　岡山市の開示事例◆

2　財政指標の政令指定都市の中でのランクは？

(1) 他都市と比較すると低いレベル

- 岡山市の指標の数値は中核市ベースのものであり，厳密な比較にはなりませんが，単純に他の政令市(18市)と比べてみると，低いレベルにあります。
- 標準財政規模は18位，経常収支比率は6位，健全化判断比率である実質公債費比率は15位，将来負担比率は8位という状況です。
- 引き続き財政健全化への動きを速めていく必要があります。

順位	標準財政規模		財政力指数(3年平均)		経常収支比率		実質公債費比率		将来負担比率		財政調整のための基金残高(H20末)		標準財政規模との比率(%)	順位
	都市名	百万円	都市名	指数	都市名	比率(%)	都市名	比率(%)	都市名	比率(%)	都市名	百万円		
1	横浜市	792,117	川崎市	1.08	浜松市	86.1	堺市	6.9	さいたま市	60.6	北九州市	34,079	13.9	1
2	大阪市	742,722	名古屋市	1.05	新潟市	88.0	さいたま市	7.9	堺市	81.1	新潟市	23,104	12.5	2
3	名古屋市	566,622	さいたま市	1.03	さいたま市	88.3	北九州市	8.0	浜松市	89.9	仙台市	26,195	11.5	3
4	札幌市	419,030	千葉市	1.02	静岡市	90.9	大阪市	10.7	静岡市	116.7	さいたま市	21,509	8.9	4
5	神戸市	385,440	横浜市	1.00	福岡市	93.1	札幌市	10.8	川崎市	133.9	静岡市	15,432	8.5	5
6	京都市	354,201	大阪市	0.96	川崎市	94.3	新潟市	11.2	静岡市	136.2	静岡市	9,432	5.9	6
7	福岡市	334,177	浜松市	0.93	堺市	94.6	京都市	12.0	札幌市	147.2	神戸市	22,095	5.7	7
8	川崎市	311,395	静岡市	0.92	横浜市	94.7	静岡市	12.2	仙台市	169.8	福岡市	18,173	5.4	8
9	広島市	276,920	仙台市	0.85	広島市	96.2	仙台市	12.2	北九州市	171.8	大阪市	37,395	5.0	9
10	北九州市	245,520	福岡市	0.84	千葉市	96.3	浜松市	12.8	神戸市	176.6	広島市	11,256	4.1	10
11	さいたま市	241,711	堺市	0.81	仙台市	96.7	名古屋市	13.5	名古屋市	224.9	札幌市	15,337	3.7	11
12	仙台市	227,466	広島市	0.80	名古屋市	96.8	神戸市	15.1	京都市	240.0	川崎市	8,735	2.8	12
13	千葉市	199,277	京都市	0.75	京都市	97.0	川崎市	15.6	大阪市	245.7	横浜市	18,284	2.3	13
14	新潟市	184,600	神戸市	0.72	神戸市	97.3	広島市	15.6	福岡市	254.0	京都市	6,295	1.8	14
15	浜松市	182,553	新潟市	0.71	札幌市	99.0	福岡市	17.8	広島市	256.4	名古屋市	6,848	1.2	15
16	堺市	174,081	北九州市	0.71	大阪市	99.2	千葉市	20.1	横浜市	261.1	千葉市	711	0.4	16
17	静岡市	160,419	札幌市	0.69	北九州市	99.5	横浜市	20.2	千葉市	309.6	堺市	693	0.4	17
	単純平均	341,074	単純平均	0.88	単純平均	94.6	単純平均	13.1	単純平均	180.9	単純平均	16,210	5.5	
	岡山市	149,490	岡山市	0.78	岡山市	93.6	岡山市	17.6	岡山市	154.0	岡山市	7,046	4.7	
	岡山市順位	18/18	岡山市順位	15/18	岡山市順位	6/18	岡山市順位	15/18	岡山市順位	8/18	岡山市順位		10/18	

(注)財政調整のための基金は，財政調整基金と減債基金の合計
※新潟市 浜松市はH19.4～，岡山市はH21.4～政令指定都市へ移行

出所：岡山市ホームページ（http://www.city.okayama.jp/zaisei/zaisei/zaisei_00058.html）。

(2) 秋田市

秋田市では，前期と当期の市債（借金）の残高の見込額を算出し，1年間でどのように借金が増減しているかということを時間の進行にあわせて表しています（**図表2－16**）。

◆図表2－16　秋田市の開示事例◆

時間単位別増減見込額

区分	一般会計	特別会計	企業会計	全会計
1日あたり	568万5,230円	△67万4,438円	△1,031万1,786円	△530万995円
1時間あたり	23万6,885円	△2万8,102円	△42万9,658円	△22万875円
1分間あたり	3,948円	△468円	△7,161円	△3,681円
1秒間あたり	66円	△8円	△119円	△61円

●平成22年度末残高見込額と平成21年度末残高見込額の差（増減見込額）をそれぞれの時間単位で除して得た額です。
●平成22年度は，全会計ベースでみると，償還見込額が起債見込額を上回り，年度末残高は平成21年度末に比べて減少するため，時間が進むほど減少していきます。

出所：秋田市ホームページ（借金時計http://www.city.akita.akita.jp/city/fn/mn/syakintokei.htm）。

(3) 秋田県潟上市

秋田県潟上市は，財務4表のほか注記事項や附属明細表を単体および連結ベースにて開示しています（**図表2－17**）。また，財務4表要約版や分析指標などもあわせて開示しています。ここでは，注記事項の一部を抜粋して掲載します。

◆図表2－17　秋田県潟上市の開示事例◆

8．注記（単体）
Ⅰ．重要な会計方針
1．有価証券等の評価基準及び評価方法
　① 満期保有目的以外の有価証券
　　市場価格のあるものについては，年度末日の市場価格に基づく時価法による。
　　市場価格のないものについては，取得原価による移動平均法による。
2．固定資産の減価償却・直接資本減耗の方法
　① 有形固定資産（事業用資産，インフラ資産）
　　定額法を採用。
　② 無形固定資産
　　定額法を採用。
3．棚卸資産の評価基準及び評価方法
　個別法による原価法を採用。
4．引当金の計上基準及び算定方法
　① 貸倒引当金
　　過去3年間の不納欠損率による。
　② 賞与引当金
　　翌年度6月支給予定の期末・勤勉手当のうち，全支給対象期間に対する本年度の支給対象期間の割合を乗じた額を計上。
　③ 退職給付引当金
　　本年度末に特別職を含む全職員（本年度末退職者を除く）が普通退職した場合の退職手当を次の簡便法により算定。
　　勤務年数ごとに（職員数×平均俸給月額×退職手当の支給率）を算定し，合算する。
5．資金収支計算書における資金の範囲
　現金及び現金同等物（出納整理期間中の取引により発生する資金の受払いも含む。）を，資金の範囲としている。

出所：秋田県潟上市ホームページ（http://www.city.katagami.lg.jp/index.cfm/9,5431,c,html/5431/H20_syousaiHP.pdf）。

3 財務諸表の開示・分析

[2] 施設別バランスシート・行政コスト計算書

福井県が作成した財務諸表を紹介します（図表2-18）。普通会計の財務諸表，連結財務諸表，そして施設ごとのバランスシート・行政コスト計算書

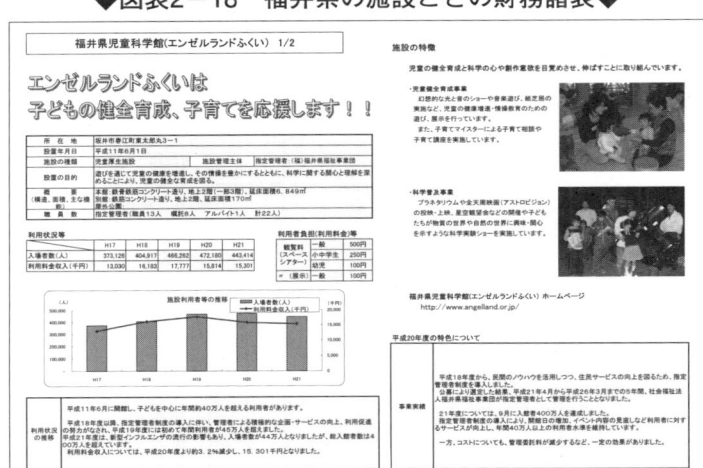

◆図表2-18　福井県の施設ごとの財務諸表◆

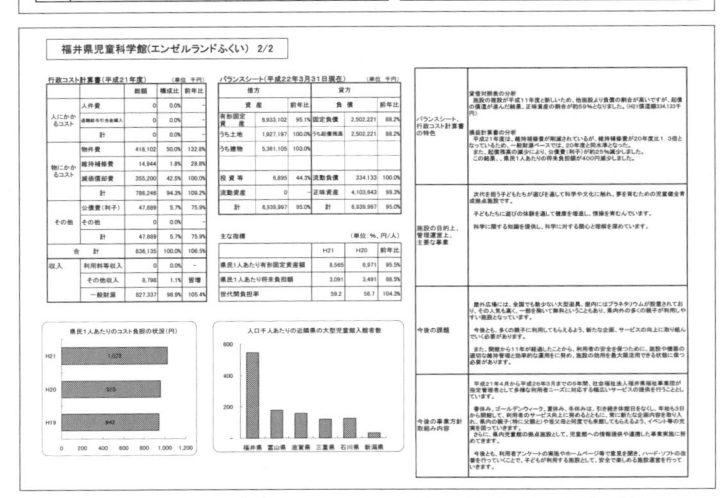

出所：福井県ホームページ（http://www.pref.fukui.lg.jp/doc/zaisei/zaiseizyoukyou/21bs.html）。

第2章 今後の公会計の方向性

◆**図表2-19 島根県の「公の施設」のバランスシート・行政コスト計算書**◆

しまね海洋館(アクアス)

施　設　名	しまね海洋館(アクアス)			
所　在　地	浜田市久代町	供用開始年度	H12年度	所管課 　地域振興部 地域政策課
施設の分類	社会教育施設	指定管理者	(財)しまね海洋館	利用料金制度　導　入
設置の目的	交流人口の拡大による定住の促進と地域の活性化を目指す海洋型ミュージアム			
施設の概要	[構造] 鉄筋コンクリート造、3階　[総水量] 約3,300トン　[床面積] 約12,000㎡、嘱託職員20名　[職員数] 正規職員22名、嘱託職員20名			

【行政コスト】

◆**行政コスト計算書**◆　　　　　　　　　　　　　　　　　　　　　　　(単位:千円)

		H20	H21	増減	構成比	
					(H20)	(H21)
人にかかるコスト	人件費	193,974	209,169	15,195	15.9%	14.8%
	退職給与引当金繰入	1,320	11,648	10,328	0.1%	0.8%
	小計	195,294	220,817	25,523	16.0%	15.7%
物にかかるコスト	物件費	784,951	957,774	172,823	64.4%	67.9%
	維持修繕費	3,411	2,050	▲1,361	0.3%	0.1%
	減価償却費	197,084	212,284	15,200	16.2%	15.1%
	小計	985,446	1,172,108	186,662	80.8%	83.1%
その他のコスト	公債費(利子のみ)	38,330	17,332	▲20,998	3.1%	1.2%
	小計	38,330	17,332	▲20,998	3.1%	1.2%
行政コスト合計①		1,219,070	1,410,257	191,187	100.0%	100.0%

【収入項目】

	H20	H21	増減	(対コスト比)	
				(H20)	(H21)
利用料等収入②	687,428	520,883	▲166,545	56.4%	36.9%
一般財源等①-②	531,642	889,374	357,732	43.6%	63.1%

H20行政コスト 1,219,070千円　利用料等収入 687,428千円　一般財源等 531,642千円
H21行政コスト 1,410,257千円　利用料等収入 520,883千円　一般財源等 889,374千円

◆**バランスシート**◆　　　　　　　　　　　　　　　　　　　　　　(単位:千円)

		H20 (H21.3.31)	H21 (H22.3.31)	増減
借方	有形固定資産	8,759,372	9,241,116	481,744
	投資等(有価証券等)	1,341,081	653,031	▲688,050
	流動資産	241,780	445,883	204,103
	資産合計	10,342,233	10,340,030	▲2,203
貸方	固定負債	378,949	53,033	▲325,916
	流動負債	927,131	337,564	▲589,567
	負債合計	1,306,080	390,597	▲915,483
	純資産	9,036,153	9,949,433	913,280
	純資産合計	9,036,153	9,949,433	913,280
	負債+純資産	10,342,233	10,340,030	▲2,203

年間入館者数③

H20	594,156 人	
H21	458,619 人	
増減	▲135,537 人	

入館者1人あたりコスト①/③

H20	2 千円
H21	3 千円

【昨年度比較・分析】
・シロイルカ出産に伴うパフォーマンスの休止や観覧制限などにより、昨年度よりも入館者数は減少したが、45万9人と目標を達成した。
・シロイルカ保護繁殖施設整備関連経費の支出により、行政コストの物件費及び増加し、投資等資産が減少した。また、同施設整備により、有形固定資産及び純資産が増加した。
・借入金償還により、負債が減少した。(H22上期償還完了予定)

【今後の方針・方向性に係る所管課意見】
近隣の水族館では、リニューアルオープンが予定されているが、しまね海洋館においては中長期的な視点で、入館者数が維持されている。平成23年春に予定しているシロイルカ保護繁殖施設の活用を含め、集客対策に取り組む。

出所：島根県ホームページ (http://www.pref.shimane.lg.jp/admin/seisaku/zaisei/jyokyo/balance/)。

が開示されています。

　この施設ごとのバランスシート・行政コスト計算書は、透明性の高い施設運営を目指すということで企業会計的手法（発生主義）を用いて、平成15年度より開始された財務分析です。県民に利用しやすい施設を目指すために、個別の施設の収入・支出の状況を利用者1人当たりのコスト負担として算定し、各施設のコスト意識を醸成する狙いがあり、県民に広く利用されている主な公の施設（30施設）について作成されています。

　図表2－18は、そのうちの1つ、福井県児童科学館（エンゼルランドふくい）についての資料です。

　当該施設の固定資産も把握されているため、行政コスト計算書には、減価償却費も反映されており、利用者の推移や、県民1人当たりのコスト負担の状況も示されています。今後の課題や取組み内容までわかりやすい言葉で記載されており、住民の視点に立った開示が行われていると考えられます。

　同様の公の施設別のバランスシート・行政コスト計算書は、島根県（**図表2－19**）でも作成されており、コストと利用料の対応について、より明確に示しています。

〈参考文献〉
　稲沢克祐『自治体における公会計改革』同文舘出版、2009年。
　鈴木豊・兼村高文編著『公会計講義』税務経理協会、2010年。
　総務省「新地方公会計制度研究会報告書」2006年。
　総務省「新地方公会計制度実務研究会報告書」2007年。
　総務省「新地方公会計モデルにおける連結財務書類作成実務手引（総論編、基準モデル編）」地方公会計の整備促進に関するワーキンググループ、2009年。
　総務省「地方公共団体における財務書類の活用及び公表について」地方公会計の整備促進に関するワーキンググループ、2010年。
　日本公認会計士協会「地方公共団体の会計に関する提言」公会計・監査特別委員会研究報告第1号、2008年。

第 3 章

自治体における管理会計

1 自治体における管理会計の必要性

1 公会計改革の現状

[1] 公会計改革の現状

一連の公会計改革によって新たに導入された財務書類4表によって，マクロの視点で，自治体全体についての財政状態や運営状況を示すことについては一定の成果が表れているものといえます（**図表3－1**）。

◆図表3－1　公会計改革の進展◆

年度	事項	内容	備考
H11	バランスシートの導入	決算統計に基づき，普通会計BSを作成・開示	作成は任意
H12	行政コスト計算書の導入	同様に，普通会計PLを作成・開示	〃
H16	連結バランスシートの導入	連結ベースでのBS，PLを作成・開示	〃（都道府県，改令市は作成義務づけ）
H18	新地方公会計制度の導入	連結ベースで4表（BS，PL，NWM，CF）を作成・開示	3万人以上の市町村は平成20年度決算情報を平成21年度中に開示要請

一方で，**図表3－2**のとおり，ミクロ的視点，すなわち，事務事業別の行政評価や施策の見直しなど，個々の行政運営の改善や，内部管理（マネジメント）の強化については，公会計情報が十分に活用されていないのが現状です。

◆図表3－2　新地方公会計制度の活用状況について◆

(単位：団体，％)

	都道府県	市区町村	指定都市	指定都市を除く市区町村
住民等に対する財政状況の説明	32 (76.2%)	547 (48.8%)	13 (76.5%)	534 (48.4%)
議会に対する財政状況の説明	22 (52.4%)	542 (48.4%)	12 (70.6%)	530 (48.1%)
財政状況の分析	20 (47.6%)	596 (53.2%)	11 (64.7%)	585 (53.0%)
財政運営上の目標設定・方向性の検討	3 (7.1%)	123 (11.0%)	1 (5.9%)	122 (11.1%)
行政評価との連携	0 (－)	20 (1.8%)	0 (－)	20 (1.8%)
施策の見直し	0 (－)	29 (2.6%)	0 (－)	29 (2.6%)
予算編成の参考資料	2 (4.8%)	97 (8.7%)	2 (11.8%)	95 (8.6%)
資産管理への活用	2 (4.8%)	148 (13.2%)	4 (23.5%)	144 (13.1%)
研修等を通じた職員の意識改革	0 (－)	64 (5.7%)	2 (11.8%)	62 (5.6%)
その他	0 (－)	88 (7.9%)	2 (11.8%)	86 (7.8%)

出所：総務省「地方公共団体の平成20年度版財務書類の作成状況等」2010年。

[2] 地方分権時代への対応ツールとして

　中央省庁を中心とした中央集権的な政策立案・執行の弊害が叫ばれるなか，権限・財源を中央から地方に移管する地方分権の大きな流れは，徐々にではありますが着実に進められています。

　地方分権をさらに推し進めるためには，国からの補助金を獲得するために国が決めた政策メニューのなかから選択し政策決定したこれまでの自治体経営から脱却し，自治体自身が自治体の実情に最も則した，オーダーメイドの政策立案を行えるようにすることが必要となります。

　自治体自身が政策決定を自律的に行うためには，自治体自らが試行錯誤して政策の中身を組み立て，国に頼らない政策決定のための合理的なルールを定めなければなりません。そのためのツールの1つとして，複式会計情報が活用できるのではないかと考えます。

　民間企業では，管理会計という経営の高度化・効率化を主眼においた会計

手法が幅広く用いられています。自律的な政策決定を進めるうえで自治体にも管理会計的な手法を導入することが必要であり、管理会計目的でも活用できる複式会計モデルとは何か、ということを追求していくことが必要です。

[3] 説明責任の強化と公会計

右肩上がり経済の時代とは異なり、特定の施策の廃止、住民からの手数料負担の引き上げなど、住民にとって痛みをともなう行政運営を行わざるを得なくなってきています。住民にとってサービスの向上につながる施策は、住民からの厳しいチェックを受けることもないため、比較的スムーズに政策決定を行うことが可能でしたが、これからの、行政サービス低下につながる取組方針を住民に対して提示する場合、これまで以上に十分な自治体財政の状況、あるいは施策を維持するために必要となる財政負担を説明し、住民の納得を得ながらサービスの縮小に取り組んでいかなければなりません。

それでもなお、住民あるいは議会からの信任を得て行政を行うためには、事業の取捨選択に関する意思決定の過程を透明にすることが重要です。

そのような側面からも、これまでの単式簿記・歳入歳出決算に基づく説明のみならず、複式会計を用いた、いわゆる"フルコスト"ベースのコスト情報に基づく住民への説明や管理会計的な手法に基づく説明が、一助になると考えられます。

2 管理会計とは

[1] 管理会計の定義

民間企業において、会計は大きく財務会計と管理会計に区分されています。このうち、管理会計とは、「企業内部の経営者のために、経営管理を目的とする会計」のことをいいます。

管理会計の仕組みはこれまで民間企業において、売上および利益の拡大、中長期的な経営戦略の策定など、経営者に対し企業経営における判断材料を与えるためのツールとして用いられてきました（**図表3−3**）。

◆図表3−3 民間企業における管理会計◆

領域	分類	分析手法等	内容
原価計算	―	実際原価計算・標準原価計算・直接原価計算	原価を性質別・形態別に分類・集計する方法、主に予算実績差異分析に役立てるもの
		ＡＢＣ（活動基準原価計算）	原価計算において、とくに人件費や間接費の配賦を精緻化するための手法
業績管理会計	原価管理	原価企画	製品の企画・設計段階を中心に、技術、生産、販売、購買、経理などの関係部署の意図をもとに、総合的な原価低減と利益管理を意図した手法
		品質原価会計	品質管理に関して発生しているコストを管理者に報告するための原価計算
		ライフサイクル・コスティング	製品や構造物などの費用を、調達・製造の段階のみならず、使用を経て廃棄に至るまでの段階をすべて考慮し評価する手法
	業績評価	業績評価指標の区別	業績評価対象にマッチした業績評価指標の採用。残余利益（RI）や投資利益率（ROI）が用いられる。
		バランスト・スコアカード	企業戦略目標（ビジョンや経営方針）をわかり易い言葉に置き換えて機能させ、達成を評価する方法
		ＥＶＡ（経済的付加価値）	営業利益から資本費用を控除した利益を株主に付加した価値であるとし、これを指標として用いる業績評価方法
意思決定会計	戦略的意思決定	設備投資の経済性計算の手法	投資に関するキャッシュ・フローを時間価値を考慮して測定することにより、投資の意思決定に資する情報を示す方法。回収期間法、正味現在価値法、内部利益率法などがある。
	業務執行意思決定	差額原価収益分析	複数のオプションのなかから企業にとって最も有利なものを選択するために、比較して評価する短期的な意思決定のツール。機会損失・埋没原価の概念を用いる。
	利益計画	CVP分析	原価を変動費と固定費に区分し、損益分岐点（どれだけの売上を獲得すれば損益が均衡するか）を計算する分析
		プロダクトミックス・セールスミックス分析	現生産能力の範囲内で限界利益額を最大化するため、現状同様に出荷できる生産アイテム・数量の組み合わせを算出する分析

［2］自治体における管理会計の必要性

　自治体では，民間企業のように利益の拡大を目指す必要性はありませんが，自治体を取り巻く外部環境が悪化するにしたがって，主として財務改善やコスト管理の観点から，管理会計的な発想が求められるようになってきています。

　すなわち，自治体を運営し，住民に対して必要なサービス提供を行うためには，財源である歳入が必要となりますが，昨今の経済情勢下において十分に確保されているとはいえず，地方債等の負債への歳入依存が強まっています。一方で，財政規律の確保という別の命題も強く求められており，両者を同時に達成するために，既存の行政サービスを維持しながら，同時に歳出の削減に取り組むことが求められています。

　これらの目的を実現するためのツールとして，自治体にも管理会計を導入することが必要となっていると考えられます（**図表3－4**）。

◆図表3－4　管理会計の役割◆

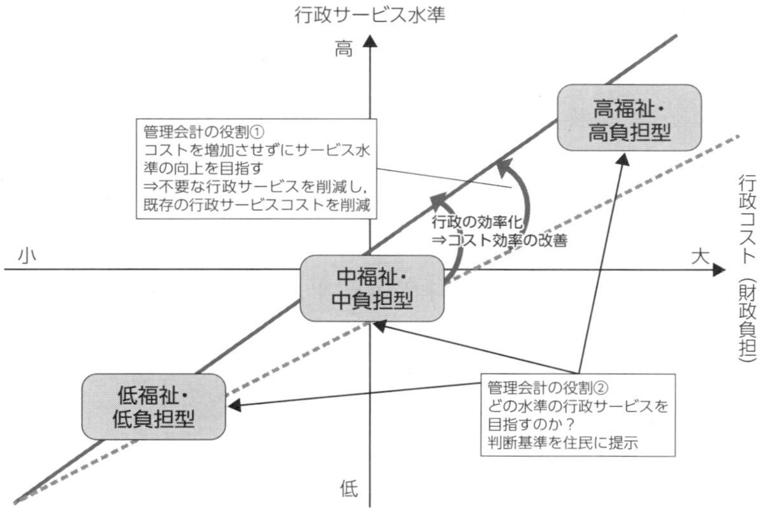

出所：青山ほか『すぐに役立つ公会計情報の使い方』ぎょうせい，2010年，p.185を参考に作成。

[3] 自治体における管理会計の現状

これまでも，管理会計的な取組みは自治体で進められてきており，以下のような手法が存在しています。今後，複式会計の導入によって，いっそうの活用が期待される手法です。

- 事業別行政コスト計算書

　事業別行政コストの把握は，財務会計面（外部へのディスクロージャー）の要素も含みますが，事業別のコストを把握して，行政施策としての優劣を判断するという側面に着目します。

- 行政評価

　行政評価の取組みにはさまざまな形態がありますが，一般的には，事務事業を行政コストや行政目的の達成度など多面的な観点から再評価を行い，今後の施策の在り方を検討するものです。

- 意思決定会計

　行政施策の実施主体の検討（直営／外注委託／指定管理者等），行政サービスの優先順位づけの検討，将来的なコスト負担も加味した公共投資など，行政の重要な意思決定にあたって，管理会計的な手法が取り入れられています。

- ファシリティ・マネジメント

　ファシリティ・マネジメントとは，所有する財産の有効活用のための管理であり，自治体が行政サービスのために真に必要とする財産を把握し，財産の有効活用を図る取組みを指します。老朽化したインフラ資産が増加し，莫大な更新費用が見込まれるなか，近年注目が集まっています。

　これらの管理会計手法を，マクロ—ミクロの軸／意思決定—モニタリングの軸で整理を試みると**図表3－5**のようになります。

1 自治体における管理会計の必要性

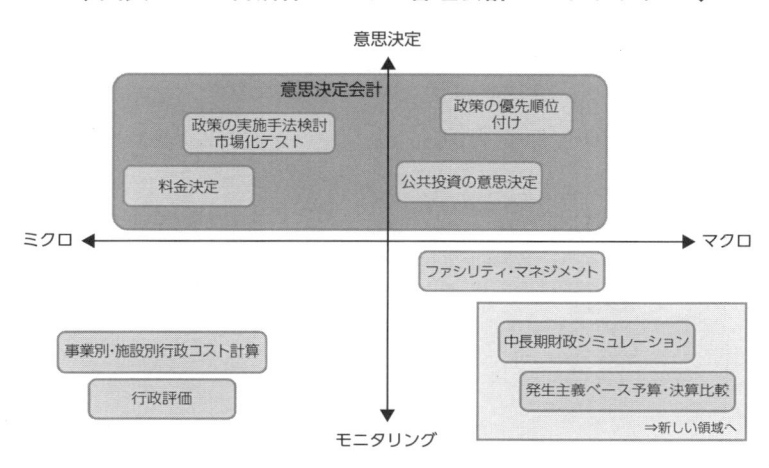

◆図表3-5 自治体における管理会計のマトリックス◆

```
                    意思決定
                      │
        意思決定会計    │
    ┌─────────────────┼─────────────────┐
    │ 政策の実施手法検討 │   政策の優先順位  │
    │   市場化テスト    │      付け        │
    │                  │                  │
    │   料金決定        │  公共投資の意思決定│
    └─────────────────┼─────────────────┘
ミクロ ←──────────────┼──────────────→ マクロ
                      │  ファシリティ・マネジメント
                      │  ┌─────────────────┐
                      │  │ 中長期財政シミュレーション│
    事業別・施設別行政コスト計算 │                     │
         行政評価      │  │発生主義ベース予算・決算比較│
                      │  │         ⇒新しい領域へ  │
                      │  └─────────────────┘
                   モニタリング
```

　これらの管理会計手法は，複式会計と関係なく導入が可能ですが，いずれも行政コストや減価償却費の把握など，複式会計情報が利用される場面が多いため，システム化された複式会計情報を用いることにより，いっそう高度な分析が可能ではないかと考えられます。

3 自治体運営におけるPDCAサイクル

　PDCAサイクルとは，P（計画）-D（実行）-C（評価）-A（見直し）の一連の流れを通じて，継続的な業務の見直しを進める考え方です。

　常に外部環境が変化し，また住民等利害関係者から求められる自治体の役割も変容するなか，自治体の運営においても，PDCAサイクルを意識し，また構築することは必須といえます。

　自治体とPDCAの関係を考えるにあたって，本章のテーマとなっている"複式会計を用いた管理会計"との相関でPDCAサイクルの構築例を示すと，**図表3-6**のようになります。

第3章　自治体における管理会計

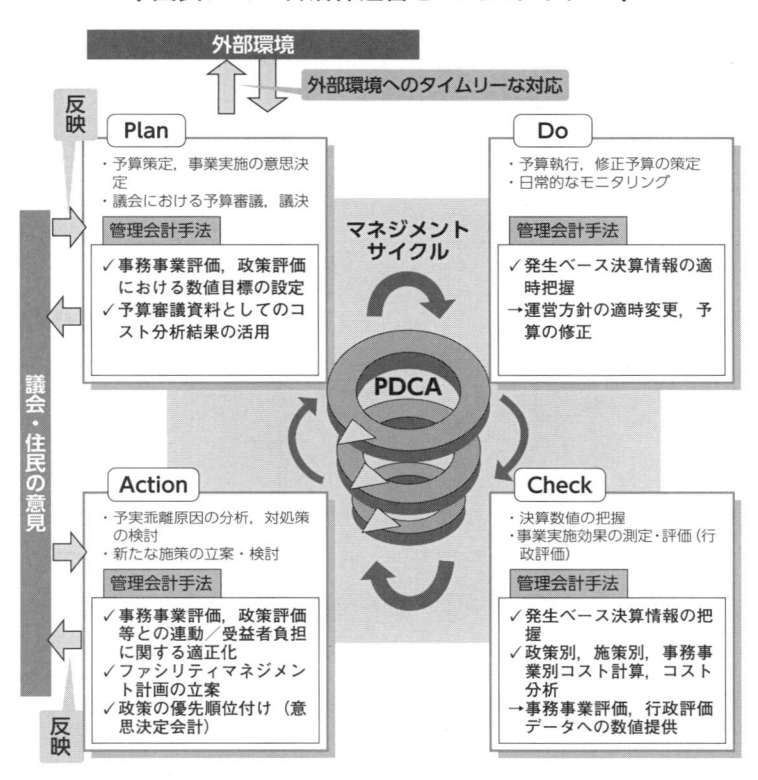

◆図表3-6　自治体運営とPDCAサイクル◆

外部環境 / 外部環境へのタイムリーな対応

Plan
・予算策定，事業実施の意思決定
・議会における予算審議，議決

管理会計手法
✓事務事業評価，政策評価における数値目標の設定
✓予算審議資料としてのコスト分析結果の活用

Do
・予算執行，修正予算の策定
・日常的なモニタリング

管理会計手法
✓発生ベース決算情報の適時把握
→運営方針の適時変更，予算の修正

Action
・予実乖離原因の分析，対処策の検討
・新たな施策の立案・検討

管理会計手法
✓事務事業評価，政策評価等との連動／受益者負担に関する適正化
✓ファシリティマネジメント計画の立案
✓政策の優先順位付け（意思決定会計）

Check
・決算数値の把握
・事業実施効果の測定・評価（行政評価）

管理会計手法
✓発生ベース決算情報の把握
✓政策別，施策別，事務事業別コスト計算，コスト分析
→事務事業評価，行政評価データへの数値提供

反映／議会・住民の意見／反映　マネジメントサイクル　PDCA

(1) Plan（計画）

　自治体運営における計画立案業務として，予算の策定をあげることができます。予算の策定は自治体運営において最も重要な意思決定であり，次年度の行政活動の多くを規定します。

　したがって予算編成にあたっては，前年度の予算をそのまま継続するのではなく，外部環境の変化に対応した予算配分が求められます。また，議会を通じて住民の意思を予算に反映させることも重要となります。

　管理会計との関係でいえば，予算審議の際の審議資料として歳入・歳出予算だけでなく，過年度の行政コスト実績など，発生ベースの分析資料もあわ

せて提示することによって，より深度のある予算審議につなげることができるのではないかと考えられます。

(2) Do（実行）

実行のフェーズは自治体でいえば，予算執行が当てはまります。
自治体では，計画段階で決定された予算に従った予算執行を行うことが通常ですが，環境の変化や計画段階で予見されなかった突発的な事象が発生した場合，当初予算をそのまま執行することが妥当なのか，予算額が十分なのか，補正予算によって事業費を加算する必要がないのか，日常的なモニタリングおよび機動的な対応が求められます。

(3) Check（評価）

評価のフェーズは，決算・行政評価などが該当します。1年間の行政活動を総括し，定量的な観点および定性的な観点から，計画段階に意図した行政目的が実現しているのかを検証します。

これまでの歳入・歳出ベースの決算はもちろん，発生ベースの決算情報もあわせて把握し，また決算情報をセグメント別に把握し，行政評価等に活用することによって，多面的な評価に活かすことが可能となります。

(4) Action（見直し）

見直しのフェーズは，前段の評価フェーズで検討された実績に対する評価結果をもとに，既存の予算・施策についてどのような見直しを行うのか，方向性を検討するものです。

具体的な行政活動に当てはめると，行政評価・事業レビュー，手数料・料金等の見直し作業，既存事業の改廃検討，新規施策の検討などが当てはまります。

これらは，自治体の財政状態や住民等の行政サービスに対するニーズ，社会情勢などを勘案して方向性を検討することになります。

見直し作業を行うにあたっても，管理会計的な計数を利用することは重要な役割を果たします。

　また，見直し作業を次年度の予算に適時に反映させるためには，スピード感をもって見直し作業にあたることが必要となるため，決算作業・決算報告の早期化についても検討することが必要となります。

② 管理会計＆PDCAサイクル構築のための考慮事項

🚹 管理会計制度の構築を進めるにあたってのキーワード

　公会計改革を更に推し進め，管理会計的な取組みを進めるにあたり，どのような観点に留意して進めればよいでしょうか。

　以下では，「適時性」，「正確性」，「明瞭性」，「管理可能性」，「財務面と非財務面の両立」というキーワードをもとに考えます。

[1] 適時性

　これまでの決算情報や公会計情報は，情報の開示時期が遅いという問題がありました。情報の開示が遅くなる理由として，以下の2つがあげられます。

①現金ベースの歳入歳出決算作業が2ヵ月間（4月初～5月末）の出納整理期間を経た後に実施され，また監査委員による決算審査等を経てからの開示となるため，通常9月頃まで開示されないこと

②歳入歳出決算をベースに作成される公会計情報は，歳入歳出決算の確定を待って算定が行われること

　実際の情報開示は秋頃～翌年当初となっており，決算情報が開示される時点では，情報の鮮度が大幅に低下した状態で開示されることになってしまいました。この決算情報の鮮度の低さが，決算情報や公会計情報の利用可能性を大きく低下させていたことは否めません。

　公会計改革によってもたらされる決算情報は，情報の鮮度，情報の利用可能性を重視し，情報開示の適時性が確保される必要があります。

[2] 正確性

　当然ながら，財務情報を活用し開示するためには，一定水準以上の正確性が求められることになります。正確性を欠いた情報は信頼してその情報を意

思決定等に用いることができず，利用可能性を低下させることになるからです。しかしながら，公会計改革によって導入が進められている複式会計情報は，減価償却や引当金の計上など，現金の出入りといった明確な事実から離れて，推計計算により数値を算出する要素を多く含んでいます。

したがって，一定水準以上の正確性を目指しつつも，算出のための労力等正確性を担保するための"コスト"との兼ね合いで，合理的な水準の正確性を目指すことになります。

[3] 明瞭性

これまでの自治体から提供される財務情報は，単式会計に基づく収支情報が主となっていました。単式会計の情報は，収入・支出の内容を科目別に集計したものであり，一見すると明瞭性のある情報のように思われますが，たとえば歳入であれば，税収や地方交付税収入など，自治体の運営のために外部に対して何ら返済義務を負わずに得られる収入もあれば，地方債など外部から借金をしただけの収入もあります。また，一時的に外部に貸し付けていた貸付金の返済額も含まれます。このような多様な収入項目が"歳入"という概念で一括りにされているため，かえって情報の明瞭性が損なわれている側面があります。

それに対し，複式会計情報は，これらを貸借対照表項目（ストック項目）と行政コスト計算書項目／純資産変動計算書項目（フロー項目）に区分しなおし，財務書類に表現することによって，情報の明瞭性を確保しています。

また，現在の単式会計情報では，さまざまな特別会計，法人の存在が自治体会計情報をわかりにくくし，また隠れ負債・隠れ含み損などの存在を疑わせる状況となっていますが，この点についても，新地方公会計制度は連結財務書類や自治体全体の財務書類を開示することによって，自治体の財政状態を一目でわかるようにしています。

情報の明瞭性に関する複式会計の優位性を考慮しつつ，より住民にとって身近なものとなるような情報開示の在り方を，今後も検討する必要があります。

[4] 管理可能性

　セグメント別行政コスト情報の開示など，管理会計的な複式会計情報の開示を考えるにあたり，管理可能性を考慮する必要があります。

　管理会計は，自治体がより効率的・効果的な行政活動を行うために，内部管理の観点で設計される会計ですが，内部管理をより有効に機能させるためには，算出されたセグメント別行政コストについて，管理者たる当該事業の責任者に対し算出数値に対するオーナーシップをもたせることが重要です。算出された行政コストが，単なる数値情報ではなく，管理責任者にとって判断のきっかけになるようなものでなければ，内部管理のために役立つものとはなりません。

　そこで重要となるのが，（管理責任者にとっての）数値の管理可能性です。行政コストの計算を行う場合，共通費の配賦計算等で配分が行われ，事務事業別の行政コストに加算されます。しかし，共通費については，各事務事業を管理する班長クラスの職員にとってはその増減を管理できないものであり，共通費の増減の責めを班長クラスの職員に負わせたところで，何ら効果はありません。逆に行政コストを計算することに対する班長の信頼性を失わせる

◆図表3－7　職階別の行政コスト管理可能性◆

職階	管理すべきコスト情報（例）
部長・局長	・部・局における全体の予算と行政コスト ・施策別の行政コスト総額 ・自治体全体で発生する共通費のうち部・局に配賦される額
課長	・課が所管する事務事業に要する行政コスト（人件費等を含むフルコストベース） ・課に所属する人件費，施設コスト（維持管理費，減価償却費）
班長・係長	・担当する事務事業について直接発生する物件費

▼

　　職階に応じたコスト管理責任の付与

ことにつながってしまいます。

　共通費の管理については，上位の管理者である部長・局長が責任を負うことが妥当であり，職階別の管理可能性を考慮して管理会計制度を構築することが，管理会計制度を定着させ，機能させるために必要であるといえます（**図表3－7**）。

[5] 財務面と非財務（サービス）面の両立

　本書において取り扱うのは，主として財務数値ですが，行政運営を行うにあたっては財務数値のみならずサービス水準（非財務面）についても検討を行い，両者の総合的な評価に基づき行政運営を行うことが必要であると考えます。

　財務情報と非財務情報は車の両輪であり，財務面から正確な情報を提供することが必要であることはいうまでもありません。

2 管理会計・PDCAサイクルを構築する際の考慮要件

　自治体運営においてPDCAサイクルを構築することは重要ですが，自治体の置かれている状況は千差万別であり，各団体の置かれた状況に対応したPDCAサイクルを構築することが必要です。

　PDCAサイクルを構築する際の考慮要件として，以下の事項があげられます。

[1] 住民のニーズ

　自治体は，地域住民のニーズに対応した行政サービスを提供することが求められます。住民のニーズは，市町村議会の議員選挙，首長選挙等を通じて表明されることになります。しかし，議員選挙，首長選挙では，行政サービスの大枠の方針についての判断が問われるのであって，個々の事務事業について住民の判断がなされる訳ではありません。

　したがって管理会計制度を構築し，個別の事業についての財務的なインパ

クトを把握し，それを住民に対してディスクローズし，住民からのフィードバックを得ることによって，住民のニーズに対してミクロのレベルでも対応できるのではないかと考えられます。

[2] 自治体の財政状態

　自治体の財政状態は，市町村によって状況に大きな違いがあります。

　財政状態がどのような状況であったとしても，最低限提供すべき行政サービスについては地方交付税等による国からの財政措置によって財源が確保され，全国一律に提供されることになりますが，各自治体の特徴が発揮される「プラスアルファ」の行政サービスの提供については，各自治体の財政状態による制限を受けることになります。

　たとえば，財政に余裕のある団体において，行政サービスの水準をどの程度に設定するのかについては，自治体に一定の裁量が存在するものといえます。すなわち，サービス水準を高めるために財政的に可能なかぎりの行政サービスを提供するのか（高福祉・高負担），サービス水準の向上は一定程度にとどめ，行政サービスの対価としての手数料負担や税負担を低くするのか（低福祉・低負担），自治体の住民の意思によって決定することができます。自治体の住民がどのような政策を指向するのか見極め，それを施策に反映させることがPDCAサイクルを構築するうえでも重要になると考えられます。

[3] 行政活動の性質と管理会計

　自治体における行政活動を考えた場合，管理会計の導入が行政運営の改善に役立つものとそうでない（管理会計が馴染まない）業務が存在すると思われます。

　管理会計は，自治体が，限りある財源を有効に利用し，最も効果的かつ住民のニーズに合致した行政サービスを提供するための判断指針を与えるためのものであるといえます。この観点からは，たとえば自治体において裁量の余地がなく，国が定めたとおりに補助金や交付金を交付するような業務につ

いては、管理会計を導入したとしても、導入の効果は限定的なものにならざるを得ないといえます。

したがって、管理会計を導入する際の制度設計として、管理会計の導入メリットが薄い領域、事務事業に係る部分については、粗めの制度設計を行い、管理会計による導入効果が発揮される領域については、きめ細やかな制度設計を行うことが効果的です（図表3-8）。

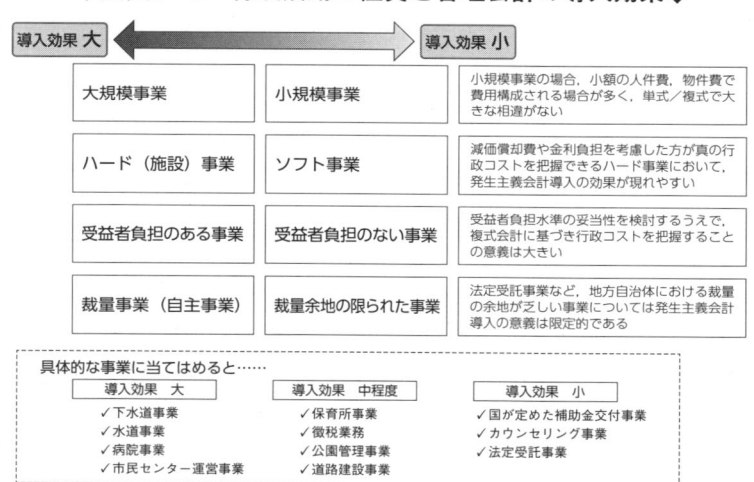

◆図表3-8　行政活動の性質と管理会計の導入効果◆

導入効果 大 ←―――――――→ 導入効果 小

大規模事業	小規模事業	小規模事業の場合、小額の人件費、物件費で費用構成される場合が多く、単式/複式で大きな相違がない
ハード（施設）事業	ソフト事業	減価償却費や金利負担を考慮した方が真の行政コストを把握できるハード事業において、発生主義会計導入の効果が現れやすい
受益者負担のある事業	受益者負担のない事業	受益者負担水準の妥当性を検討するうえで、複式会計に基づき行政コストを把握することの意義は大きい
裁量事業（自主事業）	裁量余地の限られた事業	法定受託事業など、地方自治体における裁量の余地が乏しい事業については発生主義会計導入の意義は限定的である

具体的な事業に当てはめると……

導入効果　大	導入効果　中程度	導入効果　小
✓下水道事業 ✓水道事業 ✓病院事業 ✓市民センター運営事業	✓保育所事業 ✓徴税業務 ✓公園管理事業 ✓道路建設事業	✓国が定めた補助金交付事業 ✓カウンセリング事業 ✓法定受託事業

（注）上記はあくまで一般的な例を示しているものであり、すべての自治体に当てはまる訳ではない。

また、先に紹介したとおり、管理会計にもさまざまな手法があり、どの行政分野においてどの管理会計手法を用いるのかについても、十分な検討が必要です。

3 自治体におけるPDCAサイクルと管理会計の適用

まず,先に示した自治体におけるPDCAサイクルをより具体的に検討します。

1 決算の早期化と予算編成改革(Plan)

[1] 現行の予算編成と編成スケジュール

現在の予算・決算は,図表3-9のようなサイクルで実施されています。

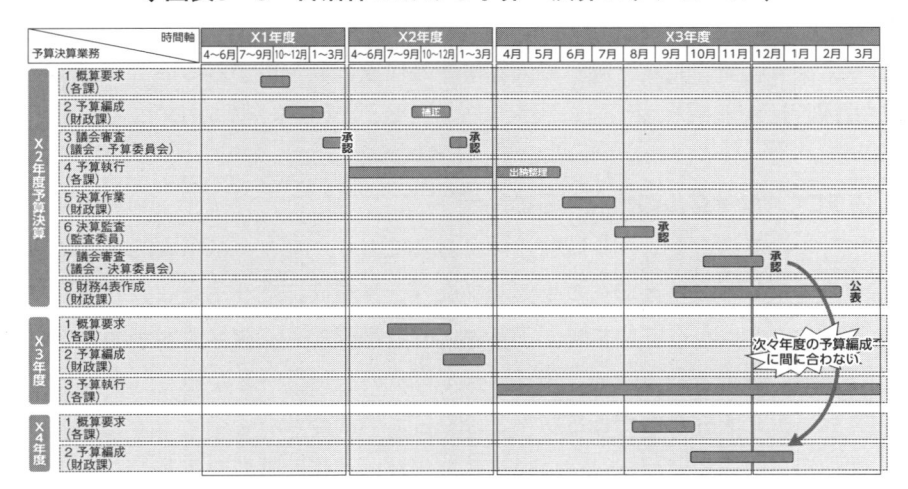

◆図表3-9 自治体における予算・決算スケジュール◆

(1) 歳入歳出決算

年度決算は,出納閉鎖される5月末から3ヵ月以内に実施され,自治体の長に提出されます(地方自治法233条Ⅰ)。決算は監査委員の審査に付され,監査委員の意見を付けて議会に提出されます(地方自治法233条ⅡⅢ)。議会

への決算の提出は，次の通常予算を審議する会議までに議会の認定を付さなければならないとされており，通常9月～12月議会に報告され，議会の認定を受けます。

(2) 発生主義ベースの決算

平成20年度決算から，総務省が提示した新地方公会計モデルに基づく発生主義ベースの決算情報が開示されています（注：人口3万人未満の市町村については経過措置あり）。情報開示の時期は，平成20年度決算についてみると，最も早い団体で平成21年10月頃，遅い団体では平成22年3月頃の開示となっています。

開示時期が遅い理由として，新制度の導入初年度であったことと，改訂モデルの場合は，「決算統計」と呼ばれる統計資料をベースとして作成されており，決算統計の完成を待って決算情報の作成に取り掛かっていることなどがあげられます。

(3) PDCAサイクルの観点からの評価

現行の決算スケジュールは前述のとおりであり，たとえば平成22年度における決算情報を2年後である平成24年度の予算編成に織り込むことも困難なスケジュールとなっています。予算編成時に把握できる決算情報が2年ないし3年前の情報となるため，PDCAサイクルの一巡ペースが遅く，環境変化のスピードに十分対応できる状況とはなっていません。

この点について，収支ベースの決算情報は，予算段階の数値と大きな差異を生じるものではなく，決算段階で得られる情報量は，予算情報と比較して相対的に少ないため，早期化することに大きな意義はないのではないか，という見解も一部にはあります。しかし，収支情報のうち，歳入情報については，予算段階での見積りから大きく乖離していることも多くあります。近年のように，民間企業における経済活動の浮沈が激しいなか，税収などは想定を上回って大きく変動している例が多くみられ，決算ベースで歳入額がいく

ら確保されたのかを適時に把握することは重要です。

また発生ベースの行政コスト情報は、行政サービスの提供に要したコストを表わすものであり、行政運営の状況を如実に表わすものといえます。したがって行政コスト情報は、タイムリーに行政運営を見直すためのツールとして重要であり、仮に誤った方向に行政運営が進んでいる場合に、決算ベースの情報を早期に把握することによって、軌道修正を早期に行うことが可能になります。

[2] あるべき予算編成（スケジュール）

現状を踏まえ、予算編成のあるべき姿を検討します。

(1) 決算作業の早期化

上記のとおり、決算情報の確定・公表は、決算日から半年以上経過した後となっており、PDCAサイクル構築の観点からは決算作業の早期化が求められます。また、歳入・歳出決算の確定とともに、発生ベース決算情報の確定作業についても同時並行で進めることが必要です。

また、決算を早期に確定・開示するという観点からは、財政課における早期化への取組みだけでなく、決算を監査する監査委員や決算を最終承認する議会等との協力関係も重要になります。

〈決算早期化のための検討事項〉

- 議会における決算審議スケジュールの前倒しによって、9月議会で決算承認まで済ませることはできないか
- 財務4表等発生主義決算情報の前倒し作成はできないか（ex 監査委員による決算審査と同時並行での発生主義決算情報作成）

(2) 前年度決算に基づく予算編成

決算早期化によって、把握された決算情報は、ただちにCheckのフェーズ

において行政評価・政策評価に活用され，事業実施の有効性を検討することが必要です。

通常秋から冬にかけて実施される予算編成作業に，前年度決算に基づく行政評価情報を反映することができれば，行政評価と予算編成の相関性を高めることができます。

(3) 海外における決算作業

後述するように，海外における自治体では，決算日から2ヵ月以内に決算数値が確定され，外部への情報提供が行われている例がみられます。

出納整理期間の制度が設けられていないことも関係していると思われますが，決算情報の開示に対する姿勢の違いも大きく影響しているものと思われます。

このように，決算情報を早期に確定し，情報開示することのメリットについて検討する必要があります。

[3] 発生主義予算の導入

諸外国では，発生主義に基づく予算編成を行っている例がみられます。現在は，制度上の要請により現金ベースの歳入・歳出に基づく予算編成を行っていますが，これを発生ベースの予算に拡張するものです。

後に紹介するように，ニュージーランドやイギリスなど海外において発生主義予算を導入している例があるほか，国内においても，企業会計を導入している独立行政法人や地方独立行政法人において，発生主義をベースとした予算（年度計画に含まれる「収支計画」）が開示され，決算時に決算情報との比較がなされています。

それでは，自治体において発生主義予算を導入するメリットは何でしょうか。

新地方公会計制度の定着によって，発生主義ベースの決算情報が作成・開示されることになりますが，決算情報は，それ自身を単独で評価することは

3 自治体におけるPDCAサイクルと管理会計の適用

容易ではありません。評価のための何らかの物差しが必要となります。第2章(85頁)でも触れたとおり，決算情報を評価するための方法として，①前年度，あるいは前々年度の数値との比較を時系列で行う趨勢分析や，②他の自治体との決算情報の比較を行う他団体比較という方法があります。それに加えて，年度当初において計画した予算数値と比較を行う予算―実績比較という方法があります。この予算―実績比較を行うために，発生主義予算が必要となるのです（**図表3-10**）。

少し観点が異なりますが，たとえば現金主義ベースであれば，次年度以降に使用される棚卸資産の取得については執行済みとして処理されますが，発生主義ベースではこれらは行政コストとはみなされず，未執行の扱いとなります。余った予算を使い切るために，不要な棚卸資産を購入したとしても，発生主義ベースの予算―決算ではこの手法は通用しないのです。このように，発生主義ベースでの予算統制を導入し，継続的に監視することによって，現金主義ベースの予算―決算比較を補完する予算執行管理を行うことが可能となります。

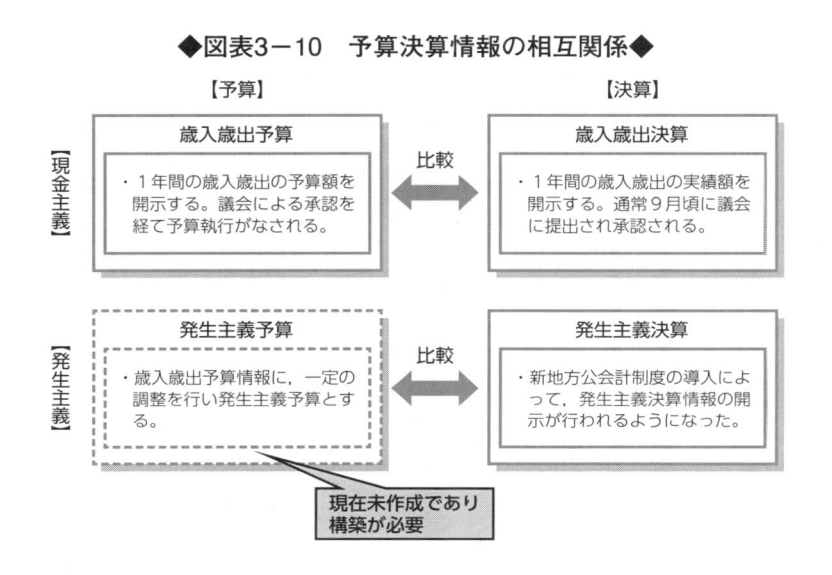

◆図表3-10　予算決算情報の相互関係◆

	【予算】		【決算】
現金主義	歳入歳出予算 ・1年間の歳入歳出の予算額を開示する。議会による承認を経て予算執行がなされる。	←比較→	歳入歳出決算 ・1年間の歳入歳出の実績額を開示する。通常9月頃に議会に提出され承認される。
発生主義	発生主義予算 ・歳入歳出予算情報に，一定の調整を行い発生主義予算とする。	←比較→	発生主義決算 ・新地方公会計制度の導入によって，発生主義決算情報の開示が行われるようになった。

（発生主義予算は）現在未作成であり構築が必要

また，発生主義予算は，市全体のマクロベースの予算のみならず，セグメント別情報についても予算額を把握することによって，事業別の予算―実績比較が可能となり，その有用性が高まります。

発生主義予算の事例については，第7章を参照ください。

[4] 複数年度予算の導入

諸外国では，複数年度予算制度に基づく予算編成を行っている例がみられます。複数年度予算とは，将来1年間のみの予算編成を行うのではなく，2～3年の複数年の予算編成を行うことをいいます。

複数年度予算のメリットについてですが，予算の年度繰越しが容易となり，予算執行における単年度使い切りの弊害を回避できることや，複数年度の予算を拘束することによって財政支出の抑制につなげ，財政健全化を実現するといったメリットのほか，以下のような見解があります。

〈複数年度予算について―小林麻理教授〉

> これまで単年度，現金主義の原則で運営されていたわが国の地方自治体の予算制度は，次の点で限界があった。すなわち，行政評価を実施している場合においても，予算，決算，行政評価のサイクルが整合せず，PDCAサイクルが効果的に機能しないという重大な問題点である。この問題点を解決するために，複数年度予算の仕組みによる予算制度改革の視点を強調したい。ここで提起する複数年度予算とは，図表3に示されるようなローリングによる業績評価と予算とのリンケージを実現する3年予算の仕組みである。この場合，2009年度の予算が既に執行されている状況で，2008年度の決算と施策評価が実施され，それに次いで2010年度の予算編成が実施される。この時点で2009年度から2011年度の予算がすでに編成されていれば，予算の執行状況を把握しながら，2010年度から2012年度の予算の改訂作業を実施することができる。単年度主義のもとで毎年議決される予算に加え，翌々年，さらにその翌年度の予算を編

> 成することにより、予算執行時に執行管理を行いながら、その翌年度予算、翌々年度予算をローリング方式で改定することが可能になる。

出所：日本地方自治研究学会編『地方自治の最前線』清文社，2009年，p.309。

　複数年度予算を導入し、適切に運用することによって、予算編成時における決算情報の陳腐化の問題を一定程度解消することができるのではないかと考えられます。

2 月次執行管理と予算修正（Do）

[1] 月次決算情報の把握

　これまで行政活動は、基本的に1年間を1サイクルとして行政活動が総括されてきましたが、行政活動のなかには、より短い周期で行政活動をモニターし、活動の方向性について見直しを図ることが必要な領域があります。

　たとえば、新規事業として実験的に行った取組みについては、1年間というスパンで検討するのではなく、より短い期間で活動状況をモニターし、必要であれば業務内容を見直すといった取組みが必要です。また、行政活動のなかでも経営的な要素が強い活動、たとえば、駐車場の運営管理、病院事業、水道・下水道事業等については、タイムリーに会計情報を把握し、業務運営の改善に活かすべきであるといえます。

3 行政評価，政策評価（Check）

[1] 行政評価の実施と事業の継続・廃止事業の決定

　行政サービスに対するニーズは、時代とともに常に変化しており、財源の増加が見込めないなかで新たな行政サービスを提供し、住民の期待に応えるためには、既存の行政サービスの取捨選択を行うことが必要となります。行政サービスの取捨選択に一定の合理性を与えるものとして、政策評価、行政評価といった取組みが多くの自治体で実施されています。

　行政評価とは、「政策、施策、事務事業について、事前・中間・事後を問

わず，一定の基準，指標をもって，妥当性，達成度や成果を判定するもの」と定義されており，行政活動を財務数値面と事業目標の達成状況から評価し，意図した効果が発生しているのかを検証するものです。

[2] 行政評価と新地方公会計の接点

　行政評価の際に必要となる情報として，一般的には，財務面の評価指標としての①行政コスト情報，業績面の評価指標としての②活動指標情報（実施件数，利用者数等）がありますが，新地方公会計制度は，このうち①行政コスト情報を提供することが可能です。

　行政コストを複式会計情報から把握することによるメリットとして，以下の点があげられます。

(1) タイムリーな情報把握

　行政評価を行う際に，定性的な目標の達成状況等の把握は，決算日後，それほど時間をかけることなく把握することができますが，定量評価指標としての行政コストの把握には手間取ることが多いようです。

　複式会計情報の生成方法（システムを用いるのか否か）にもよりますが，手作業計算を基本的に排除し，あらかじめ設定したロジックに基づいて行政コスト情報を集計する仕組みを構築することができれば，行政評価のための情報を適時に把握することができ，行政評価レビューの前倒し実施や，行政評価結果の決算議会における報告などが可能になるものと思われます。このことは，行政評価の取組み自体の有用性を高めるものと思われます。

(2) 整合性のとれた数値の把握

　手計算を行った場合の問題点として，数値の整合性という問題があります。手計算で行政コストを計算する場合，特定の事業について関係するコストを把握し，積上げで行政コストを計算することが一般的ですが，すべてのコス

トが各事業にもれなく計上されているのかについての検証が大変困難であり，共通費が計上されていない，特定の費用が重複して集計されるといったことが起こりえます。そのことは，数値情報の信頼性を低下させることにつながります。

この点，上記のように行政コスト計算の手続きを自動化することができれば，整合性のとれた行政コスト情報を行政評価に提供することができるものと思われます。

(3) 年に複数回の行政評価

行政評価の実施時期について，歳入・歳出決算数値が確定する9月頃から検討を開始し，秋頃に実施されるのが通常です。

タイムリーに発生ベースの決算情報を入手し，行政コストを算出する体制が整っている場合，たとえば，1年を上期・下期に分けて半年に1回の行政評価を行うことによって，施策の方針変更までの意思決定のリードタイムを短縮することができ，無駄な行政サービスの提供をより少なくすることができるのではないかと思われます。

このように，行政評価との関連で，複式会計情報の有用性は高いものと思われます。行政評価のために行政コストを把握する際の論点については，次節のセグメント別行政コスト計算（125頁）で検討します。

4 次年度予算編成に向けた見直し・アクションプランの作成（Action）

前のフェーズにおいて，1年間の行政活動が評価され，総括されます。計画段階よりも優れた成果を発揮できた事業もあれば，十分な成果を発揮できなかった事業も存在します。これらの評価結果を受けて，次年度以降あるいは，進行中の現年度業務をどのように見直すのか，検討するのがActionのフェーズです。

このフェーズで活用できる管理会計手法としては，意思決定会計がありま

第3章　自治体における管理会計

す。

　詳細については，意思決定会計（138頁）に譲りますが，意思決定会計が目的とするのは，各種の見直し作業（手数料体系，施策の実施手法等）にあたって，金額的な面から判断の合理性を説明づけることにあります。

　もちろん行政活動は，金額面・コスト面のみで判断できない部分も大きいですが，少ない財源をより有効に活用する観点から，行政コストを意識した意思決定は欠かせません。

　また，個々の行政施策の見直し（事業のスクラップ・アンド・ビルド）を進めながらも，全体的な自治体の将来像を描く作業も必要であり，現金主義ベースでの中長期財政シミュレーションの実施に加え，発生主義ベースの中長期シミュレーションの実施によって，より実態に即したアクションプランが立案できるのではないかと考えます。将来シミュレーションに関しては，将来シミュレーションの実施（154頁）を参照ください。

4 セグメント別行政コスト計算

1 セグメント別行政コスト計算とは

　セグメント別行政コスト計算とは，自治体の行政コストを「事務事業」，「組織」，「施設」といった一定のカテゴリーごとに区分して把握することをいいます。

　行政コストは，行政コスト計算書で自治体全体の情報を把握・開示することに加え，セグメント別に把握することによって，情報の活用可能性が高まります。

　この行政コストをセグメント別に把握することの意義を，**図表3-11**にまとめました。

◆図表3-11　セグメント別行政コスト計算を行うことによるメリット例◆

活用例	内容
行政評価への活用	行政評価のために多くの自治体で行政コスト計算を行っているが，その計算方法が適切である場合には，行政コスト計算結果をそのまま活用することができる。
料金設定への活用	事業ごとの行政コストを明確にすることにより，受益者負担として徴収すべき料金について合理的な説明を行うことができる。
管理者の評価	事業を管理する管理者の評価指標の1つとして行政コストを設定することにより，管理者の業績評価に活用することができる。
新規施策の適否判断への活用	新規に実施する施策を比較・検討するための基礎情報として，行政コスト情報を活用することができる。

　セグメント別の行政コストを把握し，開示することによって，事業の適否に関する金額面からの判断材料が初めて得られるともいえます。

とくに、行政コストの計算は、人件費や減価償却費といったコストも含む、いわゆるフルコスト計算であり、事業を実施するための真のコストを把握することができます。

2 セグメント別行政コスト計算実施上の課題

上記のとおり、活用可能性の高いセグメント情報ですが、実際にセグメント別に行政コストを算出しようとした場合、実務上さまざまな課題が存在します。以下では、検討すべき課題を紹介し、検討の方向性を提示します。

[1] セグメント区分の単位

行政コスト計算書をセグメント別に区分する場合のセグメントとしては、「組織」、「事業」、「施設」などが考えられます（**図表3−12、3−13**）。

セグメントを設定する際の考慮事項として、当該セグメントにおいて行政

◆図表3−12　セグメントの設定例◆

名称	内容
組織別セグメント	局・部・課といった、組織体系ごとにセグメントを設定するもの
事業別セグメント	施策として実施する事務事業ごとにセグメントを設定するもの
施設別セグメント	施設管理を行っている行政部門において、施設を1つのセグメント単位として設定するもの

◆図表3−13　セグメント区分の体系例◆

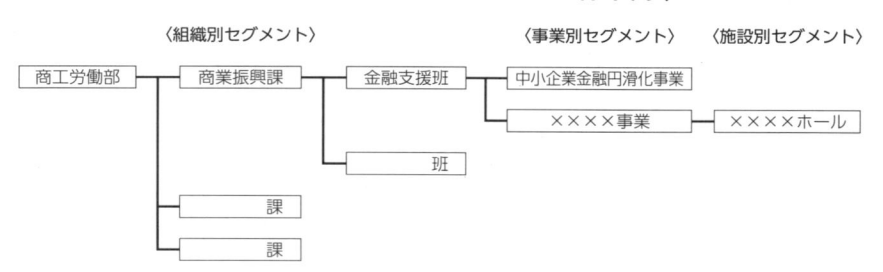

〈組織別セグメント〉　　　　　　　〈事業別セグメント〉　〈施設別セグメント〉

商工労働部 — 商業振興課 — 金融支援班 — 中小企業金融円滑化事業
　　　　　　　　　　　　　　　　　　　　××××事業 — ××××ホール
　　　　　　　　　　　　　　　班
　　　　　　　　課
　　　　　　　　課

コストを集計することができるか否か，という点がポイントとなります。

　組織別セグメントの場合は，予算が各組織に配分されることから，セグメント別の金額把握は比較的容易ではないかと考えられます。もっとも，課や班といった，小規模組織を1つのセグメントとして設定する場合には，たとえば総務課等で発生する共通コストをどのように各セグメントに配分するのかといった論点が発生します。

　事業別セグメントの場合も，事業が予算単位として設定されている場合には，金額集計が比較的容易にできるのではないかと考えられます。ただし，小規模な事業をセグメントとする場合は，より精緻な情報開示・事業の存廃についての有用な判断材料を提供することができる一方で，複数事業間に共通して発生するコストである「共通費」が多く発生することになります。

　共通費の按分計算には，以下に記載のとおり，さまざまな前提条件をおく必要があり，実務的に煩雑となるだけでなく，数値の信頼性も低下する側面があります。また，担当者の人件費を複数の事業に配分するといったことも必要となります。

　したがって，どのような事業単位をセグメントとするのかについては，これらの事項にも留意しながら慎重に決定することが必要です。

[2] 行政コストの範囲

　現在の新地方公会計制度における行政コストの範囲の違いを例示すると，**図表3−14**のようになります。なお，行政コストから経常収益を差し引いた「純経常行政コスト」という概念がありますが，ここでは経常収益は無視して考えます。

　行政コストの計算結果を行政評価等に活用する場合において，行政コストの範囲をどのように捉えるかによって，評価結果が大きく変わってくることになります。たとえば，基準モデルでは，インフラ資産にかかる減価償却費を行政コストの範囲外（損益外取引）と捉えていますが，インフラ資産に関する行政評価を行ううえでは，インフラ資産に関する減価償却費も「行政コ

スト」と捉えて計算する方が妥当であると考えられます。

行政コストの概念をどのようにおくのか，管理会計に公会計モデルの情報を使用する場合には，管理会計の目的を考慮しつつ，再定義が必要となる点に留意する必要があります。

◆図表3－14　モデル間の行政コスト概念の相違（例）◆

モデル	特徴
改訂モデル	●減価償却費はすべて行政コストと捉える。 ●資産売却損を行政コストに含めない。
基準モデル	●減価償却費のうち，インフラ資産に係るものは行政コストに含めない。 ●資産売却損を行政コストに含める。
東京都モデル	●減価償却費はすべて行政コストと捉える。

[3] 共通費の按分計算

すでに記載したとおり，セグメント別行政コストの計算を行うにあたっては，共通費の按分計算が重要となります。

以下で，具体例を使って説明します。

システム経費や人件費といった「共通費」をどのように按分するのかについて，方針を設定することが必要となります。

(1) 按分が必要となる「共通費」

行政コスト計算書において，どのような費目が共通費として按分対象となるのかを検討します。

基準モデルの行政コスト計算書の科目体系でいえば，「人件費」，「減価償却費」，「支払利息」については，「共通費」として按分計算が必要になる可能性が高いものといえます。

以下では，科目ごとに按分計算の方法を検討します。

4 セグメント別行政コスト計算

（住民票発行のためのコスト）

A市では，本庁舎のほかに住民票の発行等を行う窓口センターを2か所設けている。住民票の発行のために平成20年度から住民票発行システムを導入している。本庁舎および窓口センターにおける人員体制と支出の状況は，次のとおりである。

	本庁舎	Aセンター	Bセンター	合計
職員数	正職員10名 臨時職員2名	正職員2名 臨時職員4名	正職員3名 臨時職員3名	
行政コスト （単位：千円）				
物件費	6,500	3,800	3,300	13,600
建物減価償却費	4,000	2,000	1,600	7,600
システム経費	※1　5,000	──	──	5,000
人件費	※2　60,000	11,000	13,000	84,000
計	75,500	16,800	17,900	110,200

※1　本庁舎で発生するシステム経費
住民票発行システムに係る経費が本庁舎で発生しているが，システムを利用する便益は窓口センターにおいても享受しているため，窓口センターにもコストを負担させるべきである。その際に，「共通費」としてのシステム経費を，どの程度窓口センターに負担させるのかが問題となる。

※2　人件費
本庁舎で人件費が発生しているが，本庁舎で勤務する職員は，住民票の発行業務だけでなく，総務・企画などの間接業務も実施していた場合，住民票の発行業務に係る人件費をどのように算定するのかが問題となる。

(2) 人件費の按分計算

人件費は，自治体の支出費目として大きなウェイトを占めますが，既存の財務会計上は，大括りで処理されていることが多いようです。したがって，セグメント別に行政コストを計算する際には，各々のセグメントに紐づく人件費を集計する必要があります。

また，人件費を発生ベースで考える場合，本給だけでなく，複式会計特有の項目である「賞与引当金繰入額」，「退職給付費用」についても同様にセグ

メント按分する必要があります。

人件費を按分計算する際の論点として，以下の問題があります。
① 人件費の配分をどのように行うべきか
② 複数の業務に関与する一人の人件費をどのように業務別に按分すべきか

まず，①人件費の配分方法について検討を進めます。

①－1　実績値による配分

人件費を各セグメントに配分する方法として，実績金額を用いる方法があります。すなわち，当該セグメントに所属する職員の実績給与額を把握し，集計するものです。人事給与システムから，セグメント別の人件費を個別に集計することができる場合，採用可能な方法です。

この方法は，一見すると実態に即した方法とも捉えられますが，公務員の給与の特徴として，職能給よりも年功給の割合が高いという点があげられます。給与の額は年功による要素が大きいため，たとえ同じ業務内容であっても，人事ローテーションの関係で若手からベテランに入れ替わったとき，当該セグメントに配分される人件費が大きく変動することになります。

セグメント別の行政コストを評価するために，他のセグメントとの比較や時系列での比較を行いますが，差異の大きな要素は人件費単価の変動であった，ということにもなりかねず，一概に実績値を用いることが適切とはいえない可能性があります。

①－2　平均単価

上記の問題点を解消する方法として，人件費の平均単価を用いることが考えられます。たとえば正職員，非正規職員の別に，職員全体の一人当たり人件費を算出し，各セグメントに所属人数分配分する方法です。

この方法によれば，上記のように，職員が入れ替わったことによって，セグメントに配分される人件費が大幅に変動するような事態を回避することができます。

平均単価の算定に関して，たとえば，大阪府では府立学校を除く人件費の配賦方法として，「職階別平均給与額に基づく人件費の配賦」を検討しています。その考え方は，以下のとおりです。

〈府立学校を除く全庁に適用する配賦方法〉
職員の職階別平均給与額に当該組織・事業の職員数を乗じた額を計上する。
（考え方）
組織の編成は，各々の組織が担う事業目的を達成するための要員を設定した上で，個々の職員の配置は全庁的な人事異動によって行われる。
また，給与は職階に対応した体系的な較差が設けられているとともに，同一の職階でも年齢や昇給年次によって給与差が生じるものである。
組織・事業の管理者は，各々の組織が所期の目的を達成できるよう要員管理を行いながら事業の遂行に努めるが，当該組織に配置される職員の年齢差等に基づく給与差については，コントロールできない立場にある。
そこで，マネジメントに資する組織別・事業別の財務諸表を作成するために，管理者の責任と権限に着目し，コントロールできない要素を排除する観点から，人件費の配賦は，各々の職階ごとに，同一の単価（職階別の共通平均給与額）を用いることとする。
この配賦方法により，人事異動の結果生じる職員の年齢等による給与の変動をコストの変動に影響させないことができることから，コストの経年評価にも資する財務情報を得ることができる。
（以下略）

出所：大阪府「大阪府の新公会計制度（案）」2010年。

上記の方法は，平均単価を職階別に把握することによって，全職員を平均する場合よりも精度を向上させた方法であるといえます。

　このように，人件費は，セグメント別のコスト計算において大きな割合を占めるため，配分方法をどのように設定するのかについては，慎重な検討が必要であると考えます。

② 人件費の按分

　また，ある職員が複数の業務を実施している場合，どのように人件費を事業別に区分すべきかというのが問題となります。

> （例）
> 職員Ａは，国民健康保険課に所属しており，主に３つの業務を兼務して実施している。
> 年間の時間配分は，国県からの補助金交付申請業務に20％，保険料の賦課業務に70％，保険料滞納者に対する電話督促業務（繁忙期のみ）に10％従事している。

　このように，複数の業務を実施している場合に，業務別の正確な行政コスト計算を行うためには，一人の人件費を業務従事割合別に按分することが必要となります。

　人件費を合理的に配分するための管理会計手法として，活動基準原価計算（Activity Based Costing, ABC）があります。ABCは，コストの集計単位として活動（Activity）を設定し，各々の活動にどれだけの時間を費やしたかを集計することによって，人件費の把握をより精緻に行おうとするものです。

　行政コストのかなりの部分を人件費が占めている現状において，人件費のセグメント按分をどのように精緻に行うかによって，行政コスト計算の精度

が左右されるため，人件費の按分計算の手法は大きな検討課題であるといえます。

(3) 減価償却費の按分計算

たとえば，市役所の本庁舎はさまざまな組織の職員が勤務しており，また，住民票発行業務などの住民に直接行政サービスを提供する部署も含まれています。組織別に行政コストを計算する場合も，事業別に行政コストを計算する場合も，共通的に使用されている建物等の固定資産の減価償却費を，各セグメントに割り付ける作業が必要となります（図表3－15）。

・市役所本庁舎などさまざまな機能を有する施設

　自治体が所有している施設で，最も多くのセグメント（組織・事業）を含んでいるのが市役所本庁舎ではないでしょうか。

　このような施設についての適切な按分方法として，面積割があります。面積割とは，各セグメント（組織等）が使用している面積を算出し，各々の面積比で減価償却費を計上するものです。面積割は使用実態に即した方法といえますが，セグメント別の使用面積の算出が煩雑であることと，事務事業別のセグメント別計算となった場合に計算が煩雑となることが考えられます。代替的な按分基準として，人員数割を行うことが考えられます。セグメント別の人員数は，人件費の按分プロセスで別途把握されることになるので，その情報を流用して省力化を図ることができます。

・インフラ資産

　固定資産には，大きくインフラ資産と事業用資産が存在します。このうち，インフラ資産については，通常は特定の事業目的のために使用されていることから，原則として対象資産を管理する部署にすべて負担させることになります。

• その他の事業用資産

その他の事業用資産については，原則として対象資産を所管する所管課において減価償却費を計上させることが考えられます。対象資産の取得を判断したのは所管課であり，費用負担を所管課に求めることが合理的です。

もっとも，たとえば，情報システム部門における，全庁的な情報システムなど，全庁的な便益のために使用される資産については，その利用実態に応じて，すべてのセグメントに按分することも考えられます。

対象資産の利用実態を把握し，按分方法を個別に決定することが必要です。

◆図表3－15　固定資産の種別と減価償却費のセグメント別取り扱い◆

種別	科目例	特徴	取り扱い（例）
市役所庁舎 共用施設	建物 建物附属設備	財産管理は，管財課が所管するが使用実態は全庁に及ぶ	面積割 人数割
道路 水道施設等	インフラ資産	特定の行政目的で使用されている	特定事業に紐付けて負担
その他事業用資産	機械装置 備品 ソフトウェア	所管課が設定され，管理責任を有している	所管課において原則計上。全庁的な使用が行われる場合等は人数割等の按分方法を検討

(4) 支払利息の配賦計算

支払利息についてもさまざまなものが含まれています（**図表3－16**）。

事業別行政コスト計算を行うためには，支払利息の発生原因である，負債の性質を考慮して取り扱いを定めることが必要になります。セグメント別計算実施の観点から，負債の管理にあたってはセグメント区分との対応関係を整理し，システム上登録しておくことが必要です。

◆図表3−16　利息の種類と行政コスト計算上の取り扱い◆

種別	負債の例	内容	取り扱い（例）
公共事業関連地方債	一般公共事業債 公営住宅建設事業債など	特定の公共事業に直接関連して発生する利息	特定建設事業に紐づけて，負担させる
赤字地方債等	退職手当債 臨時財政対策債など	財政の全体的な補てんのために行った利息	全体按分（一般財源投入額等に比例して配分）
短期借入金利息	一時借入金	一時的な資金繰りのために行った借入金にかかる利息	〃

(5) その他の共通費

上記で取り上げた以外にも，共通的に発生する行政コストがあります。**図表3−17**で，基準モデルを例として科目別に按分計算を行う際の按分指針（例）を整理しました。

◆図表3-17 基準モデルにおける科目体系とセグメント按分指針◆

大科目	小科目	セグメント按分指針（例）
経常業務費用		
①人件費	議員歳費	本文参照
	職員給料	
	賞与引当金繰入	
	退職給付費用	
	その他の人件費	
②物件費	消耗品費	個々の事業に紐付けることが困難な場合は，人員数割りなどによる按分が考えられる
	維持補修費	庁舎の維持補修費などは，対象となる建物の減価償却費の按分方法に準じて按分することが考えられる
	減価償却費	本文参照
	その他の物件費	電気料等の光熱水費については，当該建物の減価償却費の按分方法に準じて按分することが考えられる
③経費	業務費	支出内容により個別判断
	委託費	〃
	貸倒引当金繰入	収入を計上したセグメントに直課することが原則的取扱い
	その他の経費	支出内容により個別判断
④業務関連費用	公債費（利払分）	本文参照
	借入金支払利息	
	資産売却損	売却対象資産を計上していたセグメントに直課
	のれん償却額	セグメント別直課が原則
	その他の業務関連費用	支出内容により個別判断
移転支出	他会計への移転支出	セグメント別直課が原則
	補助金等移転支出	〃
	社会保障関係費等移転支出	〃
	その他の移転支出	〃

[4] セグメント別行政コスト計算の留意事項

　これまでみたように，セグメント別の行政コスト計算を実際に行う場合，共通費の配賦計算が大きな課題として生じます。事務事業別のコスト計算を行うなど，詳細なセグメントを設定しようとすればするほど，その重要性は強まることになります。

　ここで留意すべきは，そもそもセグメント別計算を何のために行うのかという点です。行政評価のために使用するのであれば，行政評価を行う際に，評価者に誤解を与えない程度の精緻さで計算を行えばよいのです。

　小さなセグメントを設定した場合，発生する費用はほとんどが人件費ということもありますので，そのなかで共通費を細かく配賦したとしても大勢に影響はありません。共通費の配賦計算を行うにあたっては，一定程度の合理化（一定金額以下の予算規模の事業には配分しない，もしくは単純な配賦基準を採用する等）も検討すべきと考えます。

　何よりも，セグメント別行政コスト計算の当初の目的を見失わず，計算の細部にはこだわり過ぎない制度設計が必要です。

5 意思決定会計の公会計への応用

1 公会計における意思決定会計

[1] はじめに

　自治体では，さまざまな意思決定がなされ，政策が決定されます。

　首長および議会は，選挙の際に掲げた政策との整合性を考慮しながら，また自治体における財源の枠を考慮しながら，政策を取捨選択し，行政運営を行います。

　いわゆる義務的経費については，首長・議会の判断にかかわらず支出が必要となるものであるため，抜本的な歳出の組替えを行うことは困難ですが，自主事業など自治体の判断によって行政サービスの水準が決定される事業については，首長・議会のリーダーシップにより歳出の組替えが可能となります。

　事業のスクラップ・アンド・ビルドを行う際の自治体内部の意思決定過程について，近年は「事業仕分け」の実施などにより，外部に公開し，その決定過程をより透明にしようという動きがみられます。しかし，その際の判断基準は感覚的な要素が大きく，金額的な十分な裏づけなしに決定されているようにも見受けられます。

　民間企業では，このような意思決定を迫られた場合に，会計面から意思決定の判断材料を提供するものとして「意思決定会計」という管理会計手法があります。

　繰り返しますが，現状の地方自治において，正確な会計数値に基づいて行政サービスの取捨選択が審議されているケースは少ないものと思われます。政策決定の透明化が求められる現在，どのような積算根拠・将来予測に基づいて特定の政策を選択したのか，あるいは既存の政策を見直し・廃止するのかを説明することが，よりいっそう求められてくるものと思われます。

　以下では，政策決定にあたって金額的な裏づけを行うためのツールとしての，意思決定会計の活用方法について紹介します。

[2] 民間企業における意思決定会計

民間企業では，たとえばある投資案を採用する場合と採用しない場合における，将来キャッシュフロー（現金収支）の推移を把握して，投資の意思決定を行います。

民間企業の意思決定方針は明快であり，長期的な利益（もしくはキャッシュ・フロー）額の極大化をベンチマークとした意思決定が行われます。

[3] 公会計における意思決定会計

行政では民間企業のように，"利益"のみをベンチマークとした意思決定のみでは不十分となります。行政は収入（財源）を適切に配分し，効果的に行政活動を行うことが求められているのであって，自治体に"剰余金"を溜めこむことが目的ではないからです。

もっとも，同じ行政サービス提供を行うのであれば，より低いコストで行政サービスを提供することが求められています。また，財務面の健全性も考慮のうえ，意思決定されることが重要です。

2 意思決定会計の活用事例

では，どのような意思決定会計の手法が活用できるのかにつき，以下では，3事例を紹介します。

[1] 料金設定への活用
(1) 概要

自治体は，行政サービスの対価として手数料・使用料・負担金等を徴収することがあります（以下，これらを「料金」と総称します）。料金の設定方針は自治体によって千差万別ですが，どのような積算根拠で料金を設定し，住民から徴収しているのかを説明することは今後いっそう重要になるものと考えます。また，料金が過度に低く設定され，十分な料金が徴収されていない場合に，合理的な水準の料金設定を行うための積算根拠を整え，料金の適

正化を図ることも重要です。

このような場合にセグメント別行政コスト計算を行い，対象となる行政サービスについてのコストを明示することによって，料金設定水準に対する説明責任を果たすことができます。料金徴収額と行政コストを比較することによって，料金の負担割合を横並びで比較し，同種の行政サービスであるのに，料金負担割合の低いサービスについては料金を引き上げ，料金負担割合が高いサービスについては料金を引き下げるなど，受益者間の公平性を確保することができるといえます。

(2) 具体的な活用方法

以下では，料金設定への具体的な活用方法について整理します。

① 料金単位別行政コストの算出

自治体が徴収している一般的な料金としては**図表3－18**のような料金があげられますが，これらの料金単位別に行政コストを算出します。

料金単位別の行政コスト算定方法については，セグメント別行政コスト計算(125頁)の項を参照ください。

② 料金単位別収入の把握

受益者負担として徴収している料金を把握します。

料金収入は，通常，料金単位別にすでに把握されているため，追加的な作業は不要です。また，対象となる事業に直接紐づく補助金等が国・都道府県から交付される場合は，当該収入も把握します。

③ 自治体負担コストの把握

①から②を差し引くことにより，自治体が自ら負担している行政コスト（純経常行政コスト）を計算します。

5 意思決定会計の公会計への応用

◆図表3-18　自治体が徴収する一般的な料金◆

分野	料金等	徴収対象
福祉関係	保育所保育料	保護者（利用者）
	老人福祉施設利用負担金	〃
窓口サービス	住民票発行手数料	住民等
	戸籍謄本	〃
	印鑑証明	〃
施設等利用	スポーツ施設利用料	利用者
	会館使用料	〃
	駐車場利用料	〃
公共料金	水道料金	〃
	下水道料金	〃
	交通運賃（地下鉄，バス）	〃
不動産賃借	市営住宅使用料	〃
	卸売市場施設使用料	〃
その他	下水道設置負担金	〃

④　自治体負担割合の妥当性検討

　自治体が徴収する料金について，すべてを利用者/受益者の負担で賄う必要性は必ずしもありません。自治体が提供する行政サービスは，公共的な要素を含んでおり，必ずしも受益者のみにすべてを負担させることが正しいとは限らないからです。

　しかし，たとえば同種の行政目的のサービスがあった場合で，サービスの提供に必要な行政コストに対する料金の負担割合が大きく異なっている場合，料金の負担割合が大きいサービスを利用している利用者から不満が出ることも想定されます。

　このように，同一の行政目的にかかる行政サービスについては，行政がコスト負担する割合を同じにする方向で，料金設定水準を決定することが考えられます（**図表3-19**）。

◆図表3－19　サービス別の料金水準見直し（案）◆

	サービスA	サービスB	サービスC	サービスD
行政コスト(A)	50,000	34,000	100,000	50,000
料金(B)	10,000	3,400	40,000	15,000
料金負担割合（B/A）	20%	10%	40%	30%
平均的な負担割合	約29%			
料金見直しの方向性	引上げ	引上げ	引下げ	据え置き

　また，行政がコスト負担する割合の目安を，行政目的・必要性と照らしあわせて設定することも考えられます（**図表3－20**）。

◆図表3－20　行政分野と市民負担割合の設定方針例◆

行政分野	料金設定方針に関する検討例	負担割合例（住民に提示）
福祉関係	サービスの本来の趣旨が住民の生活権の保障にあり，行政として積極的に関与が求められる分野である。また，利用者においてもサービスを利用するための十分な資力がなく，料金設定においては，これらの状況を十分に勘案する必要がある。	10%
窓口手数料関係	住民に対するサービス提供の観点もあるが，行政として住民の異動情報を確実に把握するという行政上の必要性が強いサービスであり，利用者の負担割合は低廉に設定すべきである。	20%
スポーツ施設関係	住民に対するサービス提供の観点が強く，また民間においてもサービス提供される分野であり，行政としての関与の必要性度合は相対的に低い。但し，本市においては民間によって十分なスポーツ施設の供給がなされておらず，市として関与する必要性も一定は認められる。	60%

　これらの取組みを行うことによって，使用料・手数料水準の適正化についての説明責任履行や，サービス間の使用料・手数料の不公平感の解消に役立つのではないかと考えられます。

なお、浦安市では、使用料の設定水準に関して独自のガイドラインを設けており、検討に値します（**図表3－21**）。

◆**図表3－21　浦安市の事例（使用料設定および改定基準について）**◆

使用量等の公費・受益者負担（区分）基準

区分	内　容	具体的事例	受益者負担率
全面的に受益者が負担するもの	・特定の市民が対象であり、利用も特定されるサービス ・便益が特定されるサービス ・民間等と競合するサービス ・公営企業的なサービス	ケアハウス駐車場、自転車駐車場（指定有）、市営住宅駐車場、下水道、墓地公園、桟橋	100%
大部分を受益者が負担するもの	・一部の市民が対象であり、利用が特定されるサービス ・民間等との競合的なサービス	独居老人住宅、保育園、幼稚園	75%
公費と受益者で負担するもの	・全市民が対象で必要に応じて利用でき、広く地域の連帯、健康の増進や文化的生活に寄与するサービス ・民間等との競合性もあるサービス	保養所、自治会館、市民プラザ、文化会館、自転車駐車場（指定無）、公民館、野球場、テニスコート、サッカー場、ソフトボール場、スポーツコート、パターゴルフ、中央武道館、総合体育館、屋内水泳プール、東野プール	50%
大部分を公費で負担するもの	・全市民が対象であり、利用が特定されるサービス		25%
全面的に公費で負担するもの	・全市民が対象であり、広く地域の連帯、健康の増進や文化的生活に寄与するサービス	道路、公園、図書館等	0%

＊この基準については、基本的な使用料の負担区分を示すものであり、具体的に適用する場合は、各所管課において総合的に判断し決定すること。
出所：浦安市財政課「使用料等設定及び改定基準について（指針）」。

[2] 政策の比較検討
(1) 概要

複式会計情報を用いた政策比較について検討します。ここで，政策比較といった場合，①特定の行政目的について，複数の実現手段を比較することと，②異なる行政目的の施策を比較することの2パターンが考えられます。

① 政策の実現手段の比較

たとえば，下水道の普及を促進するという行政目的を達成するためには，各住戸における下水道接続工事費の補助を行うことが考えられますし，浄化槽の維持費に対する補助割合を引き下げて，間接的に下水道に移行させるという手段もあります。また，洪水被害を軽減するための行政施策としては，ダムの建設や河川の改修，近隣住戸に対する水害対策などが考えられます。

このように行政目的の実現のための施策が複数存在する場合の意思決定において，複式会計情報を活用することができるものと考えられます。

② 異なる行政目的の政策比較

複式会計情報を活用することによって，異なる行政目的の施策についても単年度の「行政コスト」という尺度に合わせることによって比較可能となります。とくに，複式会計を適用することが優れているのは，ハード事業とソフト事業を同じ土俵で比較することができる点です。

政策比較を行ううえで，現金（単式）ベースの比較を行った場合と発生（複式）ベースで比較した場合を図示すると**図表3－22**のようになります。単式ベースでの比較では，各年度における収支が大きく異なるため，比較が困難ですが，複式ベースで比較することにより，各年度別に比較が可能となるのです。

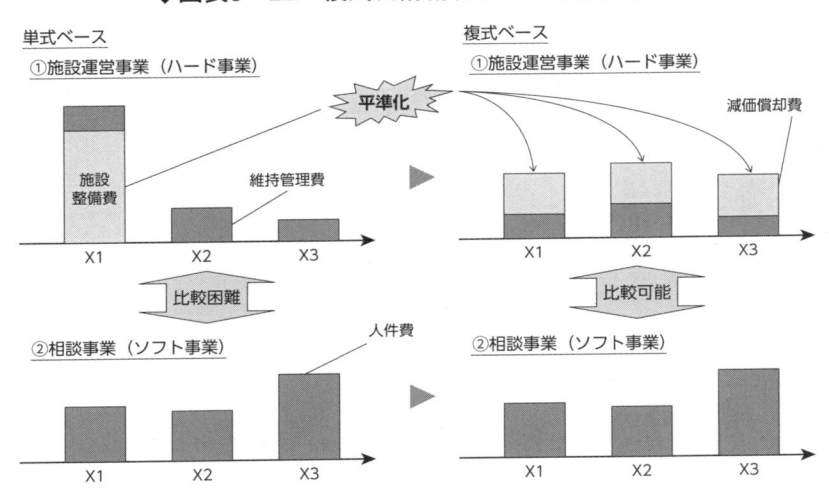

5　意思決定会計の公会計への応用

◆図表3-22　複式会計情報による政策比較◆

[単式ベース]
①施設運営事業（ハード事業）：施設整備費（X1）、維持管理費（X2、X3）
②相談事業（ソフト事業）：人件費（X1、X2、X3）
→比較困難

[複式ベース]
①施設運営事業（ハード事業）：減価償却費を平準化（X1、X2、X3）
②相談事業（ソフト事業）：（X1、X2、X3）
→比較可能

(2) 具体的な活用方法

複式会計情報を用いた政策比較の進め方を具体例に沿って検討します。

> （放置自転車対策にかかる政策比較）
> P市では，増加の一途を辿る駅前の放置自転車対策として，複数の施策を検討している。
> A案は，放置自転車の移動・撤去のための人員を増強し，撤去作業を強化する案である。人員の増強はX2年度から実施する予定である。B案は，駅前に新たに駐輪場を整備し，放置自転車を駐輪場に誘導する案である。施設整備はX1年度に実施し，供用開始はX2年度を予定している。

① A案を実施した場合に見込まれる将来収支は次のとおりである。なお，A案を採用した場合，現金ベースと発生ベースの金額に相違はない。

(単位：万円)

科目	X1年度	X2年度	X3年度
歳入（＝収益）	15,000	18,000	20,000
移動手数料※1	15,000	18,000	20,000
歳出（＝行政コスト）	22,500	27,000	30,000
人件費	7,500	9,000	10,000
委託費※2	15,000	18,000	20,000
一般財源投入額（＝純経常行政コスト）	7,500	9,000	10,000

※1 移動手数料：移動手数料は，撤去件数の増により増加が見込まれる。
※2 委託費：撤去件数の増加に伴い，撤去に係る委託料の増加が見込まれる。

②-1 B案を実施した場合に見込まれる将来収支は次のとおりである。

(単位：万円)

科目	X1年度	X2年度	X3年度
歳入	55,000	30,000	30,000
移動手数料	15,000	12,000	12,000
駐輪場使用料※1	──	18,000	18,000
補助金（駐輪場整備）※2	40,000	──	──
歳出	102,500	38,000	38,000
人件費	7,500	18,000	18,000
委託費	15,000	20,000	20,000
施設整備費※2	80,000	──	──
一般財源投入額	47,500	8,000	8,000

※1 駐輪場使用料：駐輪場の営業開始によって，駐輪場使用料の獲得が見込まれる。収容台数は1,000であり，フル稼働によって，30,000の収入獲得が見込まれるが，保守的に60%程度の利用率（年間収入額：18,000）で設定する。
※2 補助金，施設整備費：駐輪場の整備に係る支出である。なお，駐輪場の整備に対して，50%の国庫補助をうけることが可能である。

②-2　B案の収支情報を発生ベースに置き換えると以下のようになる。

(単位：万円)

科目	X1年度	X2年度	X3年度
収益	15,000	30,000	30,000
移動手数料	15,000	12,000	12,000
駐輪場使用料	───	18,000	18,000
行政コスト	22,500	42,000	42,000
人件費	7,500	18,000	18,000
委託費	15,000	20,000	20,000
減価償却費※1 　（補助金控除後）	───	4,000	4,000
純経常行政コスト	7,500	12,000	12,000

※1　減価償却費：駐輪場の耐用年数を10年と設定し，各年度に減価償却費を負担させる。なお，補助金については，施設整備費と相殺させ，純額ベース（P市負担分）に係る減価償却費を認識する。

③A案とB案の定量的比較を実施すると以下のようになる。

(単位：万円)

	X1年度	X2年度	X3年度	合計
A案				
純経常行政コスト	7,500	9,000	10,000	26,500
放置自転車見込数（台）	15,000	14,000	13,000	42,000
B案				
純経常行政コスト	7,500	12,000	12,000	31,500
放置自転車見込数（台）	15,000	9,000	9,000	33,000

① 施策の検討

　まず，行政目的を実現するための施策を検討します。行政目的実現のための施策として該当するものが複数存在することが前提です。なお，施策として想定されるものであっても，明らかに採算性に問題がある，実現可能性が低い施策については除外して考える必要があります。例示では，放置自転車対策として，撤去を強化する案と駐輪場を新設する案を提示しています。

② 施策の実施にともなう歳入・歳出の把握

複数の施策が想定される場合、各々の施策を実施するために必要となる歳出額を見積ります。また、当該施策を実施することによって獲得が可能な歳入額（補助金・手数料等）を見積ります。なお、比較にあたっては、単年度における歳入・歳出額だけでなく、5年〜10年程度の将来的な推移を含めて検討することが必要です。見積りが困難な事項については、複数の試算を行うことも考えられます（例示における駐輪場使用料等）。

③ 収支情報の複式化（行政コスト計算）

固定資産に係る減価償却費など、現金ベースと発生ベースで相違する点を修正します。例示では減価償却費のみを把握していますが、実際にはその他の項目についても調整を行う必要があります。

行政コスト計算の詳細は、セグメント別行政コスト計算(125頁)を参照してください。

④ 純経常行政コストの比較

行政コストから収益を差し引くことによって、"純経常行政コスト"を算出します。なお、具体例で計算している"純経常行政コスト"は、新地方公会計制度における"純経常行政コスト"とは異なります（補助金の取り扱いが異なります）。

政策判断を行ううえでは、補助金（および補助金に係る減価償却費の減額分）についても、純経常行政コストを構成するものとして検討した方が正しい判断を行うことができるため、敢えて含めて算出しています。

⑤ 定性的情報の把握および最終的意思決定

金額情報でみると、A案の方が3年間における純経常行政コスト合計が小額であり、金額面ではA案を選択することが妥当であるといえます。ただ、そもそも当該事業は放置自転車を減少させることを行政目的としているため、

放置自転車数の見込みについてもあわせて検討を行っています。その結果，放置自転車数にについてはＢ案の方がより削減効果が高いと判断されるので，これらの検討結果を踏まえ，最終的な意思決定を行います。

このように，コスト・ベネフィットのような金額情報だけでなく，放置自転車台数や住民満足度などの定性的情報についても把握し，金額情報と定性情報の総合判断として最終的な意思決定を行うことが必要です。

(3) 政策の比較検討における留意事項

政策の比較検討における留意事項について，以下に整理します。

① 見積情報のモニタリング

事業選択にあたって置かれた見積情報（行政コスト，収益）については，事業開始後も継続的にモニタリングすることが重要です。仮に当初の見込みよりもコストが増大した場合や，収益が低下した場合において，所管課に対して何らかのペナルティを課す（たとえば，財源不足分については，所管課内の予算で補てんする等）ことを検討すべきです。

事業採択時に所管課から提出される見積情報の精度が低いと，上記のような検討がまったく無駄になってしまうからです。

② 既存の会計制度に縛られない運用

上記の具体例でも示したとおり，政策判断を行ううえで新地方公会計制度など，既存の枠組みを必ずしも遵守する必要はありません。たとえ補助金等収入が純資産変動計算書に係る科目であったとしても，政策判断の俎上に乗せて検討すべき場合は，純経常行政コストを構成するものとして把握すべきです。管理会計制度は，既存の会計制度（財務会計）を基礎としつつも，意思決定のための独自の計算方法が認められており，その点を考慮して運用することになります。

③ 真水負担把握の必要性

　自治体が政策判断のために複数の施策のコスト比較を行う場合，何をベンチマークとすることがよいでしょうか。当該事業に要するフルコストをベンチマークとすることが考えられますが，現状の地方財政制度を考えたとき，国あるいは都道府県から事業の実施にともなって交付される補助金・交付金の存在を無視して意思決定することはできません。選択する事業実施手法によって，補助金の補助割合が大きく異なっていることもあり，これらの補助金・交付金の交付見込額を控除した，自治体における一般財源の投入額，すなわち"真水コスト"を意思決定におけるベンチマークとして捉えることが妥当であると思われます。当該事業の実施にともなって地方交付税交付金の算定に影響を及ぼすのであれば，当該交付見積額も考慮することが必要です。

　国民経済的な観点から考えれば，国や都道府県が交付する補助金も国民の税金であるため，フルコストでのコスト比較を行うことが妥当ですが，現状では多くの国・都道府県からの移転財源が存在することを考慮すれば，当面はこれらの移転収入を控除した"真水コスト"ベースでの意思決定を行わざるを得ないものと考えられます。

④ 発生ベース情報の特性を考慮した運用

　上記のとおり，意思決定に際して発生ベースのコスト情報を考慮することによって，意思決定の合理性が高まりますが，一方で発生ベースの行政コスト情報では反映できない部分もあります。たとえば，施設整備にあたって，土地の取得を行った場合，現金ベースの収支上はキャッシュアウトとして土地の取得支出が反映されますが，土地は，発生主義会計上は非償却資産と分類されており，土地から減価償却費が発生することはありません。つまり，発生ベースの行政コストには土地の取得に要した支出が何ら考慮されないことになります。実際の意思決定にあたっては，発生ベースの行政コスト情報をそのまま鵜呑みにするのではなく，発生主義会計の特徴を考慮して意思決定することが必要です。

[3] 市場化テスト
(1) 概要

市場化テストとは，新公共経営（New Public Management：NPM）の流れで生み出された行政改革手法の1つです。ある公共サービスの提供について，官と民が対等な立場で競争入札に参加し，価格・質の両面で最も優れた者が，そのサービスの提供を担うという考え方を指します[1]。

市場化テストは，平成18年に総務省から出された「地方公共団体における行政改革の更なる推進のための指針」において，今後取組みを強化すべきものとされており，平成18年の競争の導入による公共サービスの改革に関する法律の成立によって，市場化テストの実施が法制化されています。以下に，同指針（一部）を掲げます。

第2　公共サービス改革

地方公共団体における公共サービス改革については，行政改革推進法，公共サービス改革法および「基本方針2006」を踏まえ，各団体において，以下の各項目について取組みを行うこと。

1　公共サービスの見直し

新地方行革指針においては，行政組織運営全般について，住民等の意見を反映する仕組みを整えた上で，計画策定（Plan）→実施（Do）→検証（Check）→見直し（Action）のサイクルに基づき不断に事務事業等の正当性の検証を行なうこと等を助言したところであり，既に地方公共団体においては，様々な手法により事務・事業の再編・整理，廃止・統合に積極的に取り組んでいるものと承知している。

今般，行政改革推進法第55条第4項において「その事務および事業の必要性の有無および実施主体の在り方について事務および事業の内容および性質に応じた分類，整理等の仕分けを踏まえた検討を行う」と規定さ

---

[1] 内閣府「平成20年度地方公共団体との研究会報告書」2009年，p.3。

れたことを踏まえて，住民に対するサービスの提供その他の公共の利益の増進に資する業務（以下「公共サービス」という。）として行なう必要のないもの，その実施を民間が担うことができるものについては，廃止，民営化，民間譲渡，民間委託等の措置を講ずること。
2　市場化テストの積極的な活用
上記1の公共サービスの見直しに当たっては，地方公共団体の公共サービスについて，公共サービスの質の維持向上および経費の削減を図る観点から，透明かつ公正な競争の下で地方公共団体と民間事業者との間または民間事業者の間において，これを実施する者を決定するための手続（公共サービス改革法に規定する官民競争入札および民間競争入札（以下「官民競争入札等」という。）を含む。以下「市場化テスト」という。）の積極的な活用に取り組むこと。この場合において，地方公社，地方独立行政法人，第三セクターが実施している地方公共団体の公共サービスについてもその対象であること。
（略）

出所：総務省「地方公共団体における行政改革の更なる推進のための指針」2006年。

(2) 市場化テストとコスト情報

　市場化テストを行うためには，民間企業と官におけるコスト比較を行うことが必要となりますが，現状の官庁会計のもとでは，**図表3-23**のように，現金主義に基づく自治体におけるコストと，民間事業者のコストを比較する際に，調整計算を行う必要があります。複式会計情報が整備されることで，下記のような調整計算の一部は自動的に行われることになるため，より官民のコスト比較が容易になるものといえます。
　具体的には，セグメント別行政コスト計算において述べた「事業別行政コスト」の算定結果を自治体におけるコストとし，民間事業者における入札額と比較することが可能となります。

5 意思決定会計の公会計への応用

◆図表3－23　官民競争入札の際のコスト比較◆

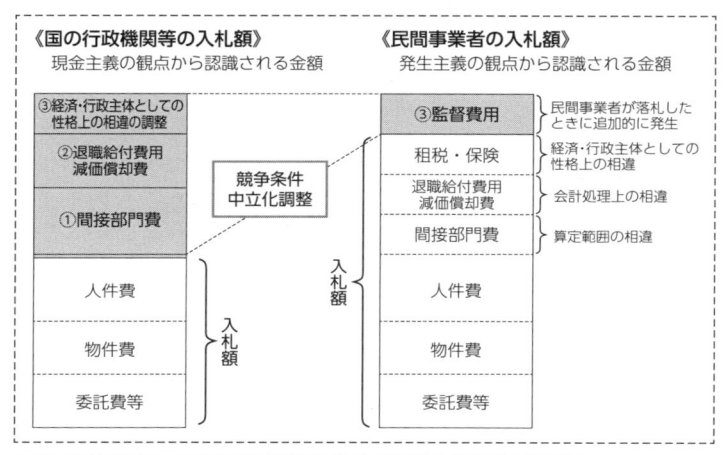

《国の行政機関等の入札額》
現金主義の観点から認識される金額

- ③経済・行政主体としての性格上の相違の調整
- ②退職給付費用・減価償却費
- ①間接部門費
- 人件費
- 物件費
- 委託費等

競争条件中立化調整

《民間事業者の入札額》
発生主義の観点から認識される金額

- ③監督費用 ─ 民間事業者が落札したときに追加的に発生
- 租税・保険 ─ 経済・行政主体としての性格上の相違
- 退職給付費用・減価償却費 ─ 会計処理上の相違
- 間接部門費 ─ 算定範囲の相違
- 人件費
- 物件費
- 委託費等

出所：内閣府「平成20年度地方公共団体との研究会報告書」2009年。

6 将来シミュレーションの実施

1 はじめに

　自治体会計の特徴として，人件費や公債費の割合が高いため，硬直的な財政運営になりやすい点をあげることができます。

　また，自治体が提供する行政サービスは，中長期的な人口動態や都市の活性化度合いに対応して，都市インフラや教育・福祉サービスの提供など，中長期的な視点で提供されるサービスがその大半を占めています。そのため，財政運営にあたっても，中長期的な状況を見据えて行うことが必要です。

　さらに，行政サービスの特徴として，現在の意思決定が将来の財政負担を拘束することがあげられます。たとえば，ある福祉サービスの提供を意思決定した場合，たとえ自治体の財政状態が悪化したとしても，住民からの反対があるため容易に福祉サービスを廃止することはできません。また，一度あるインフラを整備した場合，インフラの整備に必要となるコストを負担するのみならず，インフラの維持管理のために多くの後年度負担を生み出すことになります。

　このように，サービスを提供するにせよ，インフラを整備するにせよ，特定の施策を行うに際しては，中長期的な財政への影響も見極めながら，慎重に意思決定することが重要となります。そのため，現在の意思決定が現時点の財政状況に対する影響を把握するのみならず，現在の意思決定が将来どのように財政にインパクトを与えるのか，将来シミュレーションを行うことが大変重要となるのです。

　現在も，多くの自治体で歳入・歳出（現金ベース）に係る中長期財政計画が策定され，財政健全化のための指針とされています。現金ベースの将来収支シミュレーションに加え，複式会計における将来シミュレーションを行うメリットをここで整理しておきたいと思います（**図表3－24**）。

6 将来シミュレーションの実施

◆図表3-24　複式会計で将来シミュレーションを行うメリット◆

種別	内容
マクロ・シミュレーション （自治体全体）	複式会計におけるシミュレーションは，フロー面（行政コスト）のみならずストック面（貸借対照表）も対象とするため，地方債残高の削減目標など，ストック面の目標とフロー面の目標を整合性をもって定めることができる。
ミクロ・シミュレーション （事業別）	公共投資関連の新規事業を行う場合において，将来シミュレーションを発生ベースで行うことによって，事業の採算性がより明確となる。 行政コストの推移等は事業開始後もシミュレーション上の予測値と実績比較を行い，乖離に関する検証を行うことによって，事業実施主体（所管課）の責任を明確にすることができる。

2 マクロ面での将来シミュレーション

[1] 概要・必要性

　現在，実施されている現金ベースの中長期収支シミュレーションに加えて，発生主義ベースの収支シミュレーション（損益シミュレーション）と貸借対照表の将来シミュレーションを導入するものです。

　現金ベースの収支シミュレーションは，毎年の資金繰りが行えるのか，どの程度の財源不足が存在するのかを明確にすることができます。地方債の返済スケジュールも考慮され，地方債の大量償還に向けてどのような財源を確保するか，という検討をすすめることができます。

　一方，発生ベースの収支シミュレーションは，1年間の行政サービスのために必要とした行政コストと収益を計算し，その差額を把握することによって，将来的に収益の範囲内で行政サービスが提供できているか，言い換えれば，将来世代に先送りすることなく行政運営ができるかどうかを検討することができます。

　貸借対照表の将来シミュレーションは，現金ベースおよび発生ベースの収支シミュレーション結果が，資産と負債のバランスなど，自治体の財政状態

にどのような影響を与えるのか明確にすることができます。貸借対照表シミュレーションの結果を勘案しつつ，収支シミュレーションの見直しを行う必要があります。

また，貸借対照表シミュレーションは，現金ベースと発生ベースの収支シミュレーションの調整弁の役割を果たします。すなわち，現金ベースの収支シミュレーションで計算される資金残高・未収金残高・地方債残高の変動は，貸借対照表における増減項目として整理されます。また，発生ベースの収支シミュレーションで計算される減価償却費，引当金繰入額の情報も固定資産残高，引当金残高の増減項目として貸借対照表における増減項目として整理され，貸借対照表を介して両者の整合性が担保されます。

このように，現金ベースの将来収支シミュレーションに加えて，発生主義会計を導入した貸借対照表の将来シミュレーション，発生ベース将来収支シミュレーション情報を作成・開示することによって，自治体の将来の財政状態について，より立体的に説明することができます（**図表3－25**）。

◆図表3－25　マクロ面での将来シミュレーション◆

種別	内容
現金ベース収支シミュレーション	現在多くの団体で作成されている中長期財政計画が該当。自治体の資金繰りが持続可能かどうかの検討にも資する
発生ベース収支シミュレーション	複式情報を活用して，将来世代への負担の先送りなしに行政運営ができるかどうかを把握する
貸借対照表シミュレーション	ストック情報（固定資産，負債等）の将来推移を把握し，自治体財政に与える影響を把握する

[2] 活用方法

マクロ面の将来シミュレーションに係る活用方法を紹介します。

6 将来シミュレーションの実施

(1) サザーランド市アニュアルレポートにおける開示

オーストラリアのサザーランド市のアニュアルレポートでは、発生ベースの予測収支情報を掲載しています（**図表3-26**）。予測収支情報は、財務書類外の特別情報（Special Schedule）として公表されています。

当該データはオーストラリア統計局、オーストラリア政府地方政府部門等において、補助金配分等の政策立案目的で使用されています。

◆図表3-26　サザーランド市　財務見通し◆

	実際[1] 09/10 (1,000 $)	予測 10/11 (1,000 $)	予測 11/12 (1,000 $)	予測[3] 12/13 (1,000 $)	予測[3] 13/14 (1,000 $)
(i) 経常的収支予算					
経常的業務に係る収入	189,473	187,097	188,677	191,997	196,418
経常的業務に係る支出	172,580	178,694	184,012	188,451	193,604
経常的業務に係る収支	16,893	8,403	4,665	3,546	2,814
(ii) 資本的予算					
新規公共投資[2]	37,535	29,278	27,692	32,084	21,697
資本的予算合計	37,535	29,278	27,692	32,084	21,697
財源					
－借入金	6,813	3,770	3,900	―	―
－資産売却収入	925	1,000	1,000	1,000	1,000
－剰余金	5,822	100	100	100	100
－補助金等	15,167	9,153	9,500	8,468	4,982
－収益	8,808	15,255	13,192	15,516	15,615
－その他				7,000	
	37,535	29,278	27,692	32,084	21,697

注記：(1)09/10損益計算書に基づく
　　　(2)新規公共投資は、主要な経常的収支（例：遊戯施設、図書館、スイミングプール等）に係るものである。
　　　(3)議会が3年間の収支予測のみを承認した場合、3年間分のみ開示する。
出所：豪 サザーランド市「アニュアルレポート2009/2010」2010年。

(2) ファシリティ・マネジメントへの活用

マクロベースの将来シミュレーションの活用方法として、ファシリティ・マネジメントへの活用があげられます。ファシリティ・マネジメントとは、所有する財産の有効活用のための管理であり、自治体が行政サービスのために真に必要とする財産を把握し、財産の有効活用を図る取組みを指します。

複式会計モデルによって把握された固定資産データを活用し，既存の固定資産が与える将来的な財務インパクトを事前に把握することが可能です。

詳細については，第4章で解説することとします。

3 ミクロ面での将来シミュレーション

[1] 概要・必要性

将来シミュレーションは，ミクロ面（各事業等）においても必要となります（図表3－27）。

新規事業を実施しようとする場合，単年度の収支だけでなく，中長期的な収支を把握したうえで，事業実施の可否を検討することが必要です。とくに，施設整備をともなう事業を実施する場合には，当該事業における将来シミュレーションを現金ベースおよび発生ベースで実施し，ライフサイクルコストを把握するとともに，資金繰りの観点および行政経営の効率性の観点から，事業の適否を検討することが必要です。

前に記載した政策の実施方法の比較やハード事業とソフト事業の比較を行ううえでも，発生ベースの将来シミュレーションを行うことによって，比較可能性が確保されます。

◆図表3－27　ミクロ面での将来シミュレーション◆

種別	内容
政策比較	新規施策を実施する場合に，将来シミュレーションを実施することによって施策の実施可否の判断材料とする
行政評価	計画段階における将来シミュレーションを実績値と比較することによって，行政評価に活用する
個別事業の経営改善	個別事業の経営改善を行ううえで，将来シミュレーションを実施することにより，経営改善に必要な追加投資額を把握し事業整理の方針を策定する

[2] 活用方法

ミクロ面の将来シミュレーションに係る活用方法を紹介します。

(1) 政策比較

政策比較を行うにあたって発生ベースの行政コスト情報を把握し，政策を実施した場合の複数年のシミュレーションを実施することにより，政策の採用・不採用に係る意思決定をより合理的なものとすることができます。

シミュレーションの実施結果を意思決定に活用する際には，発生ベースの行政コストのみならず，現金ベースの収支情報についても把握し，総合的な検討を行うことが必要です。

詳細については，意思決定会計の活用事例（139頁）をご参照ください。

(2) 財政健全化法に基づく将来収支計画立案

財政健全化法の施行によって，いわゆる4指標について財政健全化法が要求する水準を下回った場合，健全化計画の立案が求められています。大阪市では，平成21年度決算において，大阪市中央卸売市場事業会計の「資金不足比率」が経営健全化基準を下回ったため，財政健全化法個別外部監査の実施および，自主的な改善による「経営健全化計画」を，議会の議決を経て策定・公表することが求められています。

図表3－28は，「経営健全化計画」で示された，平成28年度までの収支計画（発生ベース）です。大阪市中央卸売市場特別会計は，公営企業会計に基づく決算を行っており，上記の収支計画は発生ベースの計画となっています。

計画の立案にあたっては，投資的経費の見直しや人件費の見直しなど，経営健全化のための施策が織り込まれています。減価償却費や固定資産除却損など，現金収支に関連しない項目も考慮された発生ベースの収支計画を策定することにより，卸売市場事業の経営を健全化するためのより詳細な情報が把握されています。

第3章　自治体における管理会計

◆図表3－28　大阪市中央卸売市場事業会計　経営健全化計画◆

大阪市中央卸売市場事業会計収支計画（各年度ごとの方策と効果額）

【収益的収支】

(単位：百万円)

中央卸売市場事業会計			計画初年度の前年度	平成21年度 (計画初年度)	平成22年度 (第2年度)	平成23年度 (第3年度)	平成24年度 (第4年度)	平成25年度 (第5年度)	平成26年度 (第6年度)	平成27年度 (第7年度)	平成28年度 (第8年度)
収益			7,617	7,585	7,373	7,255	7,234	7,090	6,939	6,782	6,647
	営業収益		6,367	6,175	6,078	6,067	6,117	6,016	5,920	5,828	5,740
		売上高割使用料	858	815	782	751	722	694	668	644	620
		施設使用料	4,226	4,099	4,051	4,084	4,176	4,115	4,057	4,000	3,946
		雑収益	1,283	1,260	1,246	1,232	1,219	1,207	1,195	1,184	1,173
	営業外収益		1,250	1,253	1,217	1,188	1,117	1,073	1,019	954	907
		受取利息及び配当金	1	1	1	0	0	0	0	0	0
		一般会計補助金	1,241	1,247	1,212	1,183	1,112	1,069	1,014	950	903
		雑収益	9	5	5	4	4	4	4	4	4
	特別利益		0	158	77	0	0	0	0	0	0
費用			8,944	8,750	8,599	8,356	8,558	8,235	8,060	7,648	7,483
	営業費用		6,973	6,737	6,565	6,470	6,653	6,411	6,312	5,960	5,797
		人件費	1,352	1,161	984	1,011	939	1,011	921	981	891
		物件費	2,334	2,409	2,429	2,422	2,377	2,371	2,377	2,407	2,404
		減価償却費	3,254	3,160	3,152	3,038	3,337	3,029	3,014	2,572	2,502
		資産減耗費	33	5	0	0	0	0	0	0	0
	営業外費用		1,971	1,990	1,869	1,866	1,905	1,824	1,748	1,688	1,686
		支払利息及び企業債取扱諸費	1,966	1,984	1,865	1,857	1,894	1,810	1,732	1,670	1,663
		企業債利息	1,888	1,764	1,676	1,687	1,749	1,684	1,629	1,589	1,615
		長期借入金利息	6	4	3	2	1	1	1	1	1
		一時借入金利息	57	201	165	147	123	105	82	60	28
		企業債手数料及び取扱諸費	16	15	21	21	21	21	21	21	21
		繰延勘定償却	4	4	4	8	10	13	15	17	22
		雑支出	1	1	1	1	1	1	1	1	1
	特別損失		0	24	165	20	0	0	0	0	0
経常損益			△1,327	△1,298	△1,138	△1,082	△1,324	△1,145	△1,121	△866	△836
当期純損益			△1,327	△1,165	△1,226	△1,102	△1,324	△1,145	△1,121	△866	△836
繰越利益剰余金			△28,517	△29,681	△30,908	△32,009	△33,334	△34,479	△35,600	△36,466	△37,302
資金不足額			12,658	11,722	9,998	8,346	7,111	5,585	4,073	1,870	—
資金不足比率(％)			198.7	189.8	164.4	137.5	116.2	92.8	68.7	32.0	—

【各年度ごとの方策と効果額】

	計画初年度の前年度	平成21年度	平成22年度	平成23年度	平成24年度	平成25年度	平成26年度	平成27年度	平成28年度
東部市場再整備事業に伴う施設使用料改定					100	100	100	100	100
本場業務管理棟入居促進			33	131	131	131	131	131	131
未利用地の処分		164	80						
人員削減計画	143	353	538	538	597	614	614	614	614

※　項目別四捨五入のため合計と合致しないことがある。

出所：大阪市中央卸売市場「経営健全化計画」2009年。

[3] 将来シミュレーション実施とモニタリングの必要性

　将来シミュレーションが必要となる場面と，その具体例について紹介しました。精緻な将来シミュレーションの実施は，事業実施における説明責任を果すうえで活用可能性の高い手法ですが，一方で将来予測には不確実性がともなうため，場合によっては恣意的な予測が提示される可能性があります。

　最近の例でいえば，地方空港の開設にあたっての需要予測が軒並み大幅な計画未達となりました。需要予測を行うにあたっては，審議会等による十分な検討が行われており，予測に恣意性が働いていたかについては一概にはいえませんが，将来予測の不確実性を顕著に現した例であるといえます。

　シミュレーションには不確実性がつきものとはいえ，一定程度の信頼性を付与しなければ，シミュレーションの実施が形骸化してしまい，政策判断の信頼性・客観性を高めるという本来の役割を果すことはできません。

　将来シミュレーションの信頼性を向上させる観点から以下の取組みが必要であると考えます。

- 将来シミュレーション数値を事後的に検証し，予測手法に継続的な修正を加える
- 将来シミュレーションに偏りがある場合（常に，予測値を下回るなど）や，内的要因に基づくシミュレーションの乖離が顕著である場合，シミュレーションを実施した部門に対して一定のペナルティを課す
- 将来シミュレーション実施のための仮定や前提条件についての信頼性を担保するため，シミュレーションについての第三者評価あるいは監査を実施する

第3章　自治体における管理会計

⑦ 管理会計の導入とシステムの活用

■1 新地方公会計制度と複式会計システム

　ここでは，新地方公会計制度を導入するにあたって活用されるシステム（以下，「複式会計システム」と呼びます）の役割について検討します。

　新地方公会計に関するモデルとして，総務省方式改訂モデル，基準モデル，東京都モデル等があります。このうち，総務省方式改訂モデルは，決算統計を基礎として総務省が提供している各種スプレッドシート等によって作成することを意図しており，複式会計システムを使用しなくても作成ができる仕組みとなっています。

　一方，基準モデルと東京都モデルについては，複式会計システムを使用することを前提としており，歳入歳出決算情報を複式仕訳に変換し，別途非資金取引にかかる複式仕訳を追加することによって作成する仕組みとなっています[2]。

　このように，複式会計システムを用いて伝票の単位から複式化を図ることによって，より厳密に複式処理を行うことができるほか，管理会計制度への活用など，新たな取組みのための情報基盤として，複式データを活用することが可能となります。

　本項では，複式会計システムを用いた財務書類生成プロセスを概観した後，どのような情報を把握・整理すれば，管理会計へのアプローチを容易にすることができるのかについて検討を進めていきます。

---

[2] 基準モデルについては，年度末一括複式変換仕訳を行うことにより，複式会計システムを導入しなくても作成する方法も提案されています。

7 管理会計の導入とシステムの活用

2 財務書類の生成プロセス

[1] 財務書類の一般的な生成方法

　複式会計システムを使用した財務書類の生成プロセスにはさまざまな形態があると思われますが，総務省の報告書で示された複式情報への変換プロセスを紹介します。なお，**図表3－29**は，既存の財務会計システム（歳入・歳出決算用）がシステム化されており，かつ当該データを外部出力することによって，複式会計システムに取込むことを前提としています。

◆図表3－29　歳入歳出データの複式帳簿への変換（基準モデル）◆

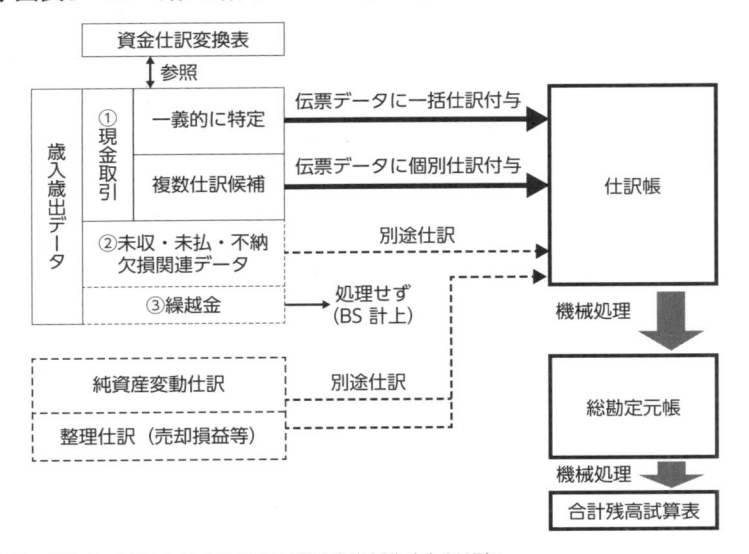

出所：総務省「新地方公会計制度実務研究会報告書」2007年。

　財務書類作成プロセスは，以下に区分されます。
- 資金取引（現金取引）を複式仕訳に変換するプロセス
- 未収，未払，引当金処理等の非資金取引を複式仕訳で生成するプロセス
- 純資産変動に係る複式仕訳生成プロセス

163

- 仕訳帳における科目別集約プロセス
- 総勘定元帳への転記プロセス
- 合計残高試算表，財務諸表の作成プロセス

　以下では，このうち管理会計への展開するうえで重要なポイントとなる，資金取引・非資金取引の取扱いについて紹介します。

[2] 資金取引（現金取引）

　資金取引については，歳入歳出決算書を作成するために，（官庁会計の）財務会計システムにおいて個別取引が起票・入力されています。この個別取引データを複式仕訳に変換して，複式会計システムに取り込みます。資金取引は，複式仕訳でいえば，相手勘定が「現金・預金」勘定で固定された仕訳ということになります。比較的容易に仕訳生成が可能であり，財務会計システムの情報とマスタ登録された複式仕訳パターンで容易に仕訳が生成されます。

　ここで留意しなければならないのが，官庁会計の科目（主に節区分）と，複式会計での科目区分が一致していない点です。この点は，第2章でも言及されているため詳細は省略しますが，一部の取引については，複式仕訳の変換にあたって，個別判断を要することになるという点に留意が必要です。

[3] 非資金取引

　非資金取引は，その名のとおり，資金の増減に関係しない，発生ベースでのみ認識が必要な取引のことをいいます。固定資産の減価償却が代表的な例です。

　非資金取引については，財務会計システムとは別に仕訳を別途生成し，複式会計システムに入力することが必要です。もっとも，減価償却費に係る仕訳など，複式会計システム内で自動生成される仕訳も存在しており，すべてを手作業で起票する必要があるわけではありません。

これら資金取引と非資金取引を科目別に集約し，財務書類を生成することになります。

3 複式会計情報と活用可能性

複式会計情報を更に管理会計目的で活用するためには，財務会計目的で財務書類を作成する場合には必要とされなかった情報を追加で把握することが必要となります。

以下では，管理会計目的で活用するうえでどのように情報を把握すべきかについて検討します。

[1] セグメント別行政コスト計算・行政評価

行政評価等に活用するために，セグメント別に行政コスト計算を行う場合，あらゆるコストをセグメント別に把握することが必要となります。また，セグメントに直課できないコストについては，共通費として按分計算を行って配分することが必要となります。

共通費として按分する場合であっても，自治体全体で按分計算するのか，一定の事業範囲内で按分するのか等，さまざまな情報を付与しておくことが必要となります。

（主な追加把握情報）
- セグメント単位（事業・部門・施設等）
- 各々のコストに「セグメント」の情報を付与する必要性
- 減価償却費を生ずる償却資産について，セグメントの情報を付与する必要性
- 支払利息を生ずる地方債・有利子負債について，セグメントの情報を付与する必要性
- 人件費について，セグメント別に把握する必要性
- 1つのセグメントに紐付けできないコスト（共通費コスト）について，

どのセグメント範囲に関係するコストなのか決定する必要性
- 共通費コストの各セグメントへの按分計算に係る按分基準
- 未収金,未払金等の貸借対照表項目についてもセグメント別に把握する必要性

[2] 歳出予算体系をキーとした複式情報管理体制の構築

　上記のとおり,複式会計システムを用いてセグメント別情報を生成するためには,かなりの労力を要することになりますが,業務負荷を軽減する方法として,既存の歳出予算体系を活用することが考えられます（図表3－30）。

　自治体の個々の事業は歳出予算によって管理されており,予算管理責任者は,対象事業を予算内で実施する責任を有しています。この歳出予算をセグメント区分の基礎として運用することには,以下のようなメリットがあります。

- 予算―決算の比較が前提とされており,発生ベースの収益／行政コストについても予算―決算比較の体系を構築することが可能
- 歳出予算は組織に紐づいて管理されており,人件費や共通費など,組織全体で把握される歳出を各セグメントに配分することが比較的容易
- 歳出予算に対しては,歳入が財源として充当されており（地方自治法施行規則15条の2）,国庫支出金,県支出金,地方債等の特定財源と歳出との関連づけがあらかじめ実施されている
- 予算単位を行政評価単位としている場合には,行政評価のために必要な行政コスト情報も効率的に作成することが可能

　固定資産（公有財産）についても,資産管理単位別コードの設定（施設単位別・機能別）と,歳出予算単位とをリンクさせることによって,ファシリティ・マネジメントへの展開も容易となります。なお,固定資産については,所管課別に財産管理されることが通常であるため,組織別セグメントに紐づ

7 管理会計の導入とシステムの活用

けて管理を行い，減価償却費の配賦計算についても組織別の集計結果を各事業に配分する方法も合理的であると思われます。

なお，歳出予算上，事業別に管理されない正規職員に係る人件費や本庁舎に係る維持管理費などの支出項目については，予算事業単位別の行政コスト算出のために別途按分計算を要することになります。

上記のように，現金ベースおよび発生ベースの予算・決算情報を横断的に管理することによって，セグメント別集計の精度が高まり，また管理会計上必要な情報収集が容易になるものと思われますが，場合によっては予算単位をどのようにすべきか，再検討を行う必要性も生じますので，その点も考慮して検討する必要があります。

◆図表3－30　事業予算を軸にしたセグメント情報管理体系（例）◆

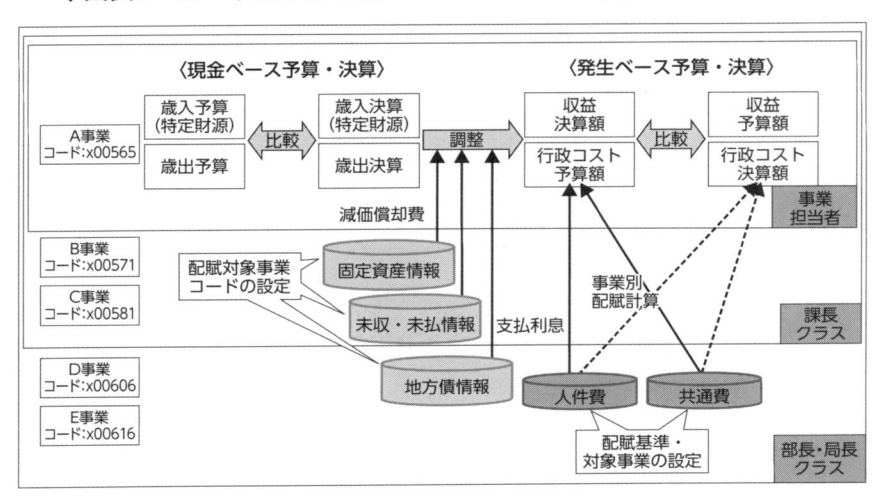

8 会計監査の導入

1 会計監査とは

会計監査とは，独立した公正な第三者たる監査人が，財務諸表の利用者に代わって，法人（組織）の作成する財務諸表が適正に作成されているかどうかについて検証し，意見の表明を行うことによって，組織の財務内容や経営成績（運営状況）に社会的信用を付与し，もって財務諸表の利用者の判断を誤らせないようにすることをいいます。

民間企業においては，証券市場に上場している企業および資本金等が一定規模以上の企業について，金融商品取引法または会社法に基づく会計監査が義務づけられています。

2 会計監査導入の必要性

[1] 複式会計情報と会計監査

複式会計情報は，歳入・歳出情報とは異なり，さまざまな仮定に基づいて数値が作成されます。たとえば，固定資産の減価償却費を決める際に，耐用年数は大きなファクターとなりますが，耐用年数を何年に設定するのかについては，複式会計情報を作成する自治体自身の判断によることになります。

このような，さまざまな仮定に基づき数値を作成しているため，自治体自身が偏った数値，見せかけのよい数値を作ってしまう可能性があります。

そのような問題を防止し，複式会計情報がより客観的で，信頼に足ることを保証する制度として，会計監査の導入を行うことが考えられます。

[2] 予算・将来予測情報に対する監査の必要性

将来シミュレーションを行うことの必要性についてすでに述べましたが，将来予測には大きな不確実性が存在します。そのため，ややもすると事業の

推進に都合のよい将来予測数値が作成されてしまう可能性もあります。

　将来予測の適切性については，PDCAサイクルにのっとり，予測-実績値の事後評価を行うことによって，モニタリングが行われることになりますが，いくら事後的に予測の誤りが指摘されたところで，ある程度事業が進んでいるステージにおいては，事業の停止・廃止を行うことには大きなコストを生じることになってしまいます。

　そのため，より早い段階におけるモニタリングとして，予算に対する監査もしくは予算の根拠となる将来シミュレーションの監査を行うことも，検討に値します。

〈参考文献〉

青山伸一・鵜川正樹・小俣雅弘・白山真一・宮本和之『すぐに役立つ公会計情報の使い方』ぎょうせい，2010年。

あずさ監査法人パブリックセクター本部『パブリックセクターにおけるコストマネジメント』ぎょうせい，2004年。

稲沢克祐『自治体における公会計改革』同文舘出版，2009年。

大阪府「大阪府の新公会計制度（案）」2010年。

大西淳也『公的組織の管理会計―効果性重視の公共経営をめざして』同文舘出版，2010年。

小林麻理『政府管理会計』敬文堂，2002年。

櫻井通晴『管理会計（第4版）』同文舘出版，2009年。

櫻井通晴編著『ＡＢＣの基礎とケーススタディ（改訂版）』東洋経済新報社，2004年。

桜内文城『公会計―国家の意思決定とガバナンス』NTT出版，2004年。

柴健次・宗岡徹・鵜飼康東『公会計と政策情報システム』多賀出版，2007年。

鈴木豊・兼村高文編著『公会計講義』税務経理協会，2010年。

総務省「新地方公会計制度研究会報告書」2006年。

総務省「新地方公会計制度実務研究会報告書」2007年。

総務省「新地方公会計モデルにおける連結財務書類作成実務手引」地方公会計の整備促進に関するワーキンググループ，2009年。

総務省「地方公共団体における財務書類の活用および公表について」地方公会計の整備促進に関するワーキンググループ，2010年。

第3章　自治体における管理会計

東京都・大阪府『公会計改革白書』2010年。
東京都新地方公会計制度研究会『新地方公会計の実務―東京都における財務諸表の作成と活用』都政新報社，2008年。
日本地方自治研究学会編『地方自治の最前線』清文社，2009年。
松本英昭『要説地方自治法（第6次改訂版）』ぎょうせい，2009年。
吉田博・小島卓弥『自治体の予算要求　考え方つくり方』学陽書房，2009年。

第4章

財務諸表を活用した PRE（Public Real Estate）マネジメント

1 自治体の不動産管理の現状と問題点

1 自治体が保有する有形固定資産

　内閣府が公表している国民経済計算（SNA）によれば，平成21暦年末におけるわが国の一般政府部門（中央政府，地方政府，社会保障基金の合計）が有する固定資産残高（土地を除く）は335兆円，同じく土地残高は129兆円を超え，合計すると日本の年間GDP（国内総生産）とほぼ同水準の規模となっています（固定資産については地方政府保有分の内訳は不明ですが，土地については地方政府保有分が95兆円を占めています）。これは，民間の非金融法人部門が平成21暦年末において保有する固定資産残高が565兆円，同じく土地残高が307兆円であること，さらに一般政府部門には公共下水道を除く地方公営企業の数値が除外されていることを踏まえると，相当な規模であるといえます。

　また，ほぼすべての自治体において資産全体に占める有形固定資産の割合は非常に高くなっており，すでにバランスシートを作成している自治体においては，その割合は概ね90％を超えるものと思われます。**図表4－1**は財務諸表を公表している自治体における，有形固定資産の上位自治体となります。トップの東京都になると，普通会計だけで20兆円を超える有形固定資産を有していることになります。

　また，国が金融資産を多額に保有しているのとは異なり，自治体の資産においては有形固定資産の比重が非常に高く，またその金額も非常に大きいことから，自治体においてはとりわけ固定資産のマネジメントが非常に重要となることはいうまでもありません。

第4章 財務諸表を活用したPRE（Public Real Estate）マネジメント

◆図表4-1　有形固定資産の上位自治体（平成20年度　普通会計のみ）◆

	普通会計有形固定資産（平成20年度）	
（単位：億円）		有形固定資産計上額
1	東京都	236,968
2	北海道	107,644
3	横浜市	90,270
4	大阪市	70,443
5	大阪府	66,915
6	兵庫県	65,113
7	愛知県	64,228
8	埼玉県	52,111
9	静岡県	50,475
10	新潟県	47,387

出所：各自治体の平成20年度普通会計財務諸表。

2 自治体不動産（PRE）の維持管理コスト

　ところで，自治体が保有・賃借する不動産（PRE: Public Real Estate）の維持管理にはどのくらいコストがかかっているのでしょうか（一般に，PREは公的不動産を指しますが，本書ではPREを自治体が保有・賃借する不動産の意義で使用します）。残念ながら明確に読み取ることができる資料はありませんが，自治体財務諸表（総務省改訂モデル）を利用すれば，「物にかかるコスト」（減価償却費や修繕費，管理委託費等が含まれます）から，自治体間比較や経年推移による傾向をみることが可能です。

　図表4-2は，沖縄県を除く全都道府県の平成20年度普通会計における住民1人当たり有形固定資産と住民1人当たり行政コストの関係を示したものですが，1人当たり有形固定資産が大きいほど行政コスト全体も大きくなる傾向が明確に読み取れます。主に減価償却費と維持管理コストが影響しているものと考えられます。なお，都道府県別で住民1人当たり有形固定資産は

1 自治体の不動産管理の現状と問題点

47〜424万円，同じく住民1人当たり行政コスト（総額）は18〜52万円と，相当な差が生じているのがわかります。

◆図表4-2　住民1人当たり有形固定資産と行政コストの関係◆

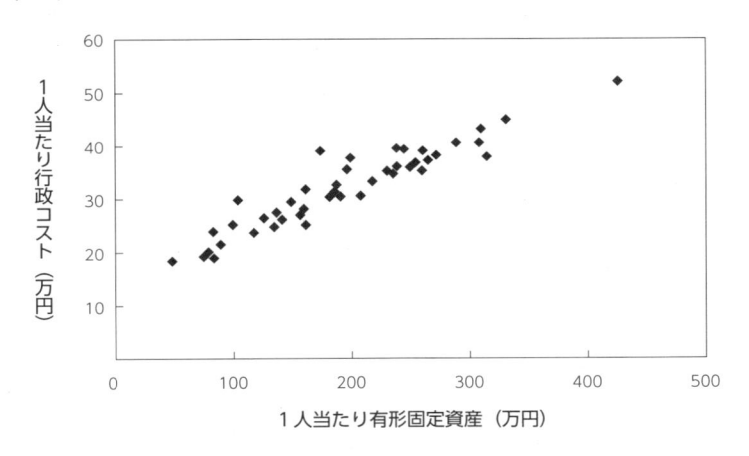

出所：各自治体の平成20年度普通会計財務諸表。

一般に，施設はその建設費の数倍もの維持管理コストが使用期間に渡り発生するといわれます。一方，建設時や建設債務の償還には補助金や地方交付税があっても，維持管理コストは通常自己財源で賄わなければなりません。それにもかかわらず，いまだに主要施設でさえライフサイクルコスト（将来の大規模修繕や建替・更新支出がどのくらい必要となるのか）の把握や大規模修繕計画の策定が実施できていないケースが多いものと思われます。

施設のライフサイクルコストの把握事例として，たとえば千葉県習志野市では，基準モデルを活用して一定の前提条件を置いたうえで**図表4-3**のとおり将来の資産更新必要額を公表しています。習志野市では，平成20年度の連結貸借対照表における公共資産額が5,571億円であるのに対して，2008〜2058年度における更新に必要な額は3,785億円との試算結果になっています。

第4章　財務諸表を活用したPRE（Public Real Estate）マネジメント

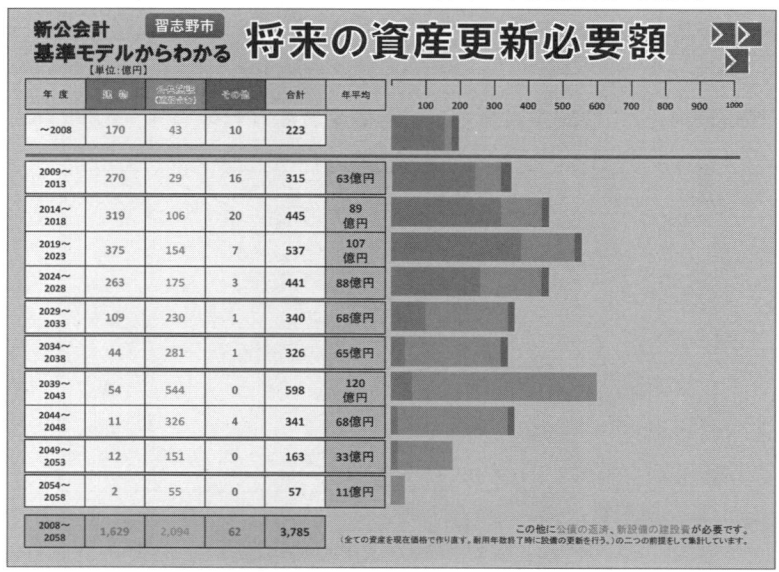

◆図表4－3　習志野市における将来の資産更新必要額◆

新公会計基準モデルからわかる　習志野市　将来の資産更新必要額
（単位：億円）

年度	道路	公共建築物（建築系）	その他	合計	年平均
～2008	170	43	10	223	
2009～2013	270	29	16	315	63億円
2014～2018	319	106	20	445	89億円
2019～2023	375	154	7	537	107億円
2024～2028	263	175	3	441	88億円
2029～2033	109	230	1	340	68億円
2034～2038	44	281	1	326	65億円
2039～2043	54	544	0	598	120億円
2044～2048	11	326	4	341	68億円
2049～2053	12	151	0	163	33億円
2054～2058	2	55	0	57	11億円
2008～2058	1,629	2,094	62	3,785	

この他に公債の返済、新設備の建設費が必要です。（全ての資産を現在価格で作り直す。耐用年数終了時に設備の更新を行う。）の二つの前提をもとに算出しています。

出所：習志野市「習志野市財務報告書2008」。

3　PREの管理上における課題

　それでは、自治体自身では不動産の維持管理についてどのような課題を認識しているのでしょうか。図表4－4は、国土交通省PRE研究会が実施したアンケート結果を要約したものですが、これによれば、自治体が保有する不動産の課題として①施設の老朽化への対応、②既存施設の維持管理費用の増加、③資産・債務改革への対応、④公債費による財政圧迫、⑤低未利用地等の荒廃、⑥余剰施設の発生といった点があげられています。
　また、包括外部監査においても自治体不動産をはじめとする公有財産が監査テーマとして取り上げられることが多くなっていますが、やはり大規模修繕計画を策定していない、施設別の収支が把握できていない、管理委託事業者の選定に際して外郭団体への随意契約等により落札率が高止まりしている、といった指摘が多く見受けられます。

◆図表4－4　自治体が認識するPREの課題◆

5年以内に優先的な対応が求められる課題
- 既存施設の老朽化に伴う更新・改修需要の増加　74.1%
- 既存施設の維持管理費用の増加　58.1%
- 資産・債務改革に伴う公有財産の資産評価への対応　49.6%
- 施設整備時の起債償還に充てる公債費の財政圧迫　45.0%
- 廃止された施設や低未利用地の荒廃　35.4%
- 市町村合併や機能統合等に伴う余剰施設の発生　27.1%

5年以内に優先的な対応が求められている課題に対する取り組み方策
- 未利用地売却等の処分を促進　39.8%
- 施設の活用・保全情報をデータベースに一元化　34.4%
- 保有施設全体が対象の体系的な長期保全計画，更新計画等を策定　29.9%
- 一元的に不動産を管理する組織体制を構築　18.5%
- 民間事業者とのパートナーシップによる資産活用手法を検討　18.4%

出所：国土交通省PRE研究会「公的不動産の合理的な所有・利用に関するアンケート調査結果」。

4 指定管理者制度の導入

　自治体が公の施設をより効率的かつ効果的に管理できるよう，「地方自治法の一部を改正する法律（平成15年法律第81号）」により指定管理者制度が導入されています。これにより，民間事業者にも公の施設の包括的な管理運営について門戸が開かれたことになります。

　しかし，平成21年４月１日現在における総務省の調査結果によれば，指定管理者制度導入施設は７万を超えていますが，その実態は**図表4－5**のとおりです。従前の管理受託者を公募の方法によることなく選定している施設が全体の半数近くに上る等，現状においては民間活力を積極的に導入して品質向上とコスト削減に資するための制度趣旨が活かされていないように思われます。

第4章 財務諸表を活用したPRE（Public Real Estate）マネジメント

◆図表4−5　指定管理者制度の導入状況◆

項目	全体	都道府県	指定都市	市区町村
指定管理者制度が導入されている施設数	70,022	6,882	6,327	56,813
民間企業等（株式会社，NPO等）が指定管理者となっている施設	29.3%	22.8%	24.7%	30.5%
公募により指定管理者を選定している施設	40.0%	57.9%	55.8%	36.0%

出所：総務省「平成21年10月23日　公の施設の指定管理者制度の導入状況等に関する調査結果」。

5 自治体が抱える「埋蔵金」

　さて，このように有形固定資産が太宗を占める自治体資産ゆえに，国のように金融資産等，新たな財源となるいわゆる「埋蔵金」が眠っている余地は一見少ないように思われます。では，本当に自治体には「埋蔵金」はないのでしょうか。筆者の見解としては，自治体によっては少なからずPREに「埋蔵金」があるものと推察しています。その代表格が「売却可能資産」の存在です。**図表4−6**は貸借対照表に計上している「売却可能資産」の上位自治体ですが，財務諸表作成上における売却可能資産の判定は自治体の判断に委ねられるため，実際にはさらに多くの資産を処分・活用することにより新たな財源にまわせる自治体も少なくないと思われます。

　また，「売却可能資産」以外にも，自治体が保有を継続しつつも創意工夫を加えて新たな利活用の高度化や民間活用の推進を図ることにより，新たな財源を生み出す可能性もあります。これらも自治体財政の新たな財源という意味では，やはり「埋蔵金」であるといえます。もちろん，普通会計だけではなく，土地分譲や再開発等を行う地方公営企業や土地開発公社，住宅供給公社等を連結することにより，これら「埋蔵金」を捻出できる可能性はさらに増えることになります。

1 自治体の不動産管理の現状と問題点

◆図表4-6　売却可能資産の上位自治体（平成20年度　普通会計のみ）◆

普通会計売却可能資産（平成20年度）	
（単位：億円）	売却可能資産計上額
1　神奈川県	1,655
2　大阪市	1,268
3　名古屋市	606
4　宮崎県	451
5　栃木県	342
6　横浜市	341
7　愛知県	302
8　愛媛県	237
9　兵庫県	221
10　北海道	209
（参考）	
東京都（普通財産）	11,299
岐阜県（普通財産・目的外）	329

出所：各自治体の平成20年度普通会計財務諸表。

第4章 財務諸表を活用したPRE（Public Real Estate）マネジメント

2 これから求められるPREマネジメントの手法

1 PREマネジメントの意義と手法

　企業活動においては，企業不動産（CRE: Corporate Real Estate）マネジメントと呼ばれる考え方により，企業が保有および賃借する不動産を有効活用してキャッシュ・フローおよび資産価値を向上させること等により企業価値を増加させる，さまざまな取組みが行われています。CREマネジメントとは，CREの有効活用を通したバランスシートの効率性改善，売上増加やコスト削減および効果的なCRE管理体制の構築を実現していく取組みを指します。

　PREマネジメントは，このCREマネジメントに倣って，行政活動においても同様の取組みを行っていこうとするものです。

　それでは，PREマネジメントには，どのような手法があるのでしょうか。PREマネジメント自体は比較的新しい概念であり，現段階において決まった考え方があるわけではありませんが，主な手法として次のものがあげられます。本節では下記①〜⑥を説明します。

　①PREマネジメントを担う組織体制の整備
　②PREの整理・たな卸
　③PREのポジショニング（方向性の検討）・評価の実施
　④PRE利活用の高度化・民間活用の推進
　⑤PRE維持管理の効率化
　⑥モニタリングとフィードバック

2 PREマネジメントサイクルと組織体制の整備

　実際にPREマネジメントを推進していくにあたっては，上記で掲げた①〜⑥を組織的・継続的に取り組んでいく必要があります。一時的，部分的に

2 これから求められるPREマネジメントの手法

◆図表4-7 戦略的PREマネジメントに向けた組織再編案◆

現状	
財政課	全庁的な予算編成・財政計画策定等を行うが、必ずしもPREに焦点を当てていない
管財・財産管理課	予算に基づく維持管理・修繕・処分が中心であり、必ずしも企画・立案機能を有さない
企画課	特定プロジェクトが主体であり、必ずしもPRE全体に焦点を当てていない
建築・土木・まちづくり	必ずしも財政の有利性やコスト削減に焦点を当てていない

プロジェクト・チームの組成	
財政課（リーダー）	全庁的な財政計画の観点からPRE戦略の立案・とりまとめを行う
管財・財産管理課	システム整備、情報整理、コスト削減策、収入増大策等を含めた実務面を主に担う
企画課	特定プロジェクト、先進的手法の検討、行政評価への展開等を中心に参画
建築・土木・まちづくり	大規模修繕、LCC縮減、土地開発公社等の土地利活用等について、技術・ノウハウを活用
PREアドバイザー（財務・法務・まちづくり）	効果的かつ効率的な利活用・維持管理等について、専門家の視点からアドバイス（当初はPT事務局としての機能も）

◆図表4-8 望ましいPREマネジメントサイクル◆

1. **PRE組織体制の整備**
財政及び自治体不動産の通じた部局・担当者が中心となった一元的な組織体制を整備した上で、自治体幹部の強力なリーダーシップの下、自治体全体にPREマネジメントを浸透させていくことが必要。

2. **PREの整理・たな卸**
PREの全体像、種類別残高、維持管理コスト、利用状況（遊休資産の抽出も含む）等の重要情報の一元的・網羅的な把握の実施。

3. **PREのポジショニング・評価の実施**
PREの持つ必要性と経済性の両面から、PREごとの方向性の検討を実施。その際、適切な指標と判断基準によるPREの評価が必要。

4. **PRE利活用の高度化**
PREのポジショニングを適切に行った上で、PFI、指定管理者制度、定期借地権の活用、公設民営等、施設・用地ごとの特性を踏まえ、財政効果等を勘案した高度化手法の選択し、PRE利活用の高度化を図る。

5. **PRE維持管理の効率化**
継続保有する財産について、効率的な管理手法の検討と実行。特に、①運営合理化による年間維持管理コストの削減、②収益力の向上、③LCC（ライフサイクルコスト）縮小のための計画的な修繕等の実施、④民間活用推進による合理化等が重要。

6. **モニタリングとフィードバック**
第三者評価等の手法による定期的なモニタリングの実施し、行政評価や予算編成等と連動させることによりPREマネジメントにフィードバックさせる。

PREのポジショニングや利活用の高度化を図っても、効果は限定的なものにすぎず、逆に、組織的・継続的なPREマネジメントに取り組むことにより自

第4章　財務諸表を活用したPRE（Public Real Estate）マネジメント

治体不動産全体の整理および利活用や処分の方向性が包括的かつ適切に図られ、自治体財政や地域経済にもプラスに働くものと考えられます。

PREマネジメントに対して組織的・継続的に取り組むためには、**図表4－7**のような、財政および自治体不動産に通じた部局・担当者が中心となった一元的な組織体制を整備したうえで、自治体幹部の強力なリーダーシップの下、PREマネジメントを自治体全体に浸透させていくことが不可欠です。このような組織体制の整備を経たうえで、**図表4－8**のようなPDCA（Plan-Do-Check-Action）サイクルを念頭に置いたマネジメントサイクルを構築・実践していくことが望まれます。

3 PREの整理・たな卸

PREマネジメントの最初のステップとなるのが、PREの整理・たな卸です。なぜなら、PREの整理・たな卸を実行して情報を整理することは、PRE全体の「見える化」につながるからです。逆にPREの「見える化」が図らなければ、PREの全体像や種類別残高、維持管理コスト、利用状況（遊休資産の抽出も含む）といった重要情報の一元的・網羅的な把握が困難となり、その先の的確なマネジメントにつなげることができません。

それでは、PREの整理・たな卸を図るにはどのようなデータが必要でしょうか。多くの自治体において、現状でも公有財産台帳や財務諸表作成に必要となる固定資産台帳、インフラ資産を技術的に管理するための道路台帳、下水道台帳といった各種台帳を整備しており、それぞれシステム化を進めている自治体も多くなっています。しかし、これらの台帳間においてはデータの連動性がない場合も多いうえ、たとえば公有財産台帳に取得価格や時価の記載がないといった、基礎的な情報が欠けている場合も多くあります。

的確なPREマネジメントを進めていくためには、主要なPREについては次のデータを備えておくとともに、システムの導入等により一元的かつ情報がタイムリーに反映される管理体制を構築することが望まれます。

- 取得時期

- 取得・利用目的
- 種別・面積
- 取得原価
- 直近の時価
- 利用年数および耐用年数
- 現況・利用状況（遊休状態か判別できる情報）
- 修繕履歴
- 年間維持管理費用（できれば人件費や利息等も含めたコスト情報）
- （できれば）将来のライフサイクルコスト

　なお，国内でもPREマネジメントに本格的に取り組んでいる自治体はすでに出始めていますが，そのうちの1つである既述の習志野市においては，「公共施設マネジメント白書」を作成し，公共施設の現状についてコスト情報とストック情報の両面から捕え，公共施設についてコストも含めた「見える化」を図り，課題の認識と今後の方向性の検討が行われています。

4 PREのポジショニング（方向性の検討）・評価の実施

[1] ポジショニングの必要性
　前述のとおり，自治体は膨大なPREを抱える一方，財政の悪化によりPREコストの絞り込みや，PREを有効活用してより積極的に財政を支援する必要が年々高まっています。また，少子高齢化の進展等の環境変化にともない，廃校の増加や高齢者福祉施設の不足といった現状のPREのポートフォリオ（財産構成）に関する構造的な問題が全国的に生じてきており，これらの問題に適切に対処していくためにもPREのポジショニング（方向性の検討）の仕組みが必要となります。

[2] ポジショニングの実施
　それでは，どのようにポジショニングを行うかについてですが，PREのも

第4章　財務諸表を活用したPRE（Public Real Estate）マネジメント

つ公的な役割を踏まえると，PREごとに，その必要性と経済性の両面からの検討が必要と考えます。必要性は，施設をそもそも行政が保有・管理していくべきものなのかという観点であり，また，経済性は，収益力やコスト面から施設の優位性を測るものであり，この両面を比較検討することにより，費用対効果や保有・管理の優先度を測っていくことが望まれます。このポジショニングのマトリックス例について，**図表4－9**をご参照ください。

　ポジショニングの結果，あるPREの必要性が低いと判断された場合，少なくとも現状のままPREを保有・利用し続けることは，住民全体にとってのメリットは薄いものとなります。この場合でも，PREの経済性が高ければ，現状では住民全体へのメリットは薄いものの，その経済性を活かすことにより自治体財政に貢献させるような方向性が考えられます。具体的には，民間事業者等への貸付や売却，民営化といった手法が考えられます。その際，見合いの借入金が存在するのであれば財源の確保の検討，また処分後の地域環境や地域経済に与える影響も考慮して，これらの手法を実行する必要があります。なお，現状では必要性が低くても，住民ニーズの高い他の用途へ転用す

◆**図表4－9　公有財産（施設・用地）の方向性マトリックス例**◆

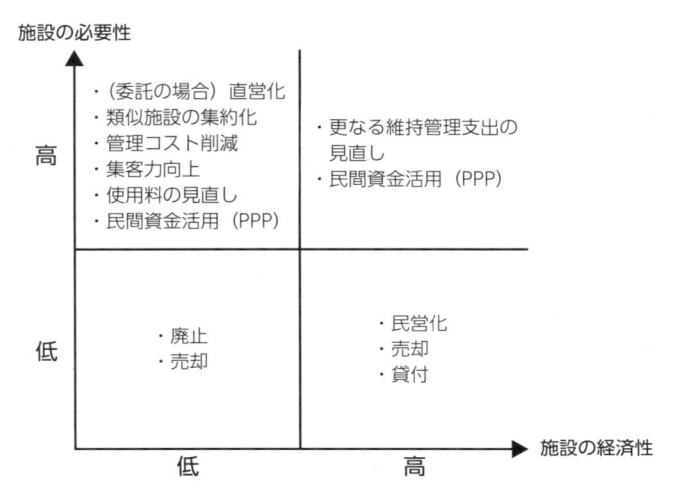

施設の必要性	施設の経済性（低）	施設の経済性（高）
高	・（委託の場合）直営化 ・類似施設の集約化 ・管理コスト削減 ・集客力向上 ・使用料の見直し ・民間資金活用（PPP）	・更なる維持管理支出の見直し ・民間資金活用（PPP）
低	・廃止 ・売却	・民営化 ・売却 ・貸付

2 これから求められるPREマネジメントの手法

ることにより有効活用が図られる可能性についても検討しておくことが望まれます。PREの経済性も低い場合には，PREの売却や廃止といった方向性も考える必要があり，経済性が高い場合と比べて売却の難度が高くなる点には留意が必要です。

一方，PREの必要性が高い場合であっても，PREの経済性が低ければ，維持管理コストの削減や収益力・集客力の向上，類似施設の集約化，後ほど説明する官民連携の取組み（PPP: Public Private Partnership）といった手法により経済性を高めていく，あるいは低下を食い止めるための取組みが求められます。PREの経済性も高い場合であっても，現状で満足することなく，さらなる経済性の向上に向けた取組みが求められるのはいうまでもありません。

[3] PREの評価指標

PREのポジショニングに際してはPREの必要性や経済性についての施設ごとの評価が必要となります。ここでは，その評価の指標や判断基準について説明します。まずPREの必要性についてですが，住民ニーズの高さや，民間施設との競合状況といった指標が考えられます。その他の指標および判断基準とあわせて，図表4-10をご参照ください。

◆図表4-10　PREの必要性の評価指標と判断基準の例◆

指標	判断基準
・設置の義務づけ ・セーフティネットとしての機能 ・住民ニーズの高さ ・受益者が制限されていないか	・法令等による義務づけの状況 ・社会的弱者への対応状況 ・顕在需要・潜在需要と供給のバランス ・受益者層が特定の階層のみではなく住民全般に及んでいるか
・民間施設と競合していないか ・他の公共施設と重複していないか ・設置目的が形骸化していないか	・民間施設と競合状況が生じていないか ・他の公共施設と重複状況が生じていないか ・現在においても，当初の設置目的を有するものと認められるか
・実際に利用・活用されているか	・施設の利用率は，当初計画，類似施設の標準，もしくは一定の数値を超えているか。

次にPREの経済性の評価指標についてですが，施設の収益力や利用者（住民）1人当たりコスト，民間が運営する場合と比較してコストが下回っているか（VFM: Value For Money）といった指標が考えられます。その他の指標および判断基準とあわせて，**図表4－11**をご参照ください。

◆図表4－11　PREの経済性の評価指標と判断基準の例◆

指標	判断基準
・施設の収益力	・発生コストの一定水準以上を使用料収入で賄えているか
・利用者1人当たり（単位当たり）コスト	・利用者1人当たり（単位当たり）発生ベースコストが類似施設平均を下回っているか
・住民1人当たりライフサイクルコスト	・住民1人当たりライフサイクルコストが類似施設平均を下回っているか
・含み損益の状況	・不動産鑑定評価額等の時価が，当初取得価額を上回っているか
・VFM（Value For Money）の発生状況	・公共で管理運営している場合，使用期間に渡るコストが民間による管理運営コストを下回っているか（民間が管理運営している場合は，その逆）

評価の結果，たとえば，住民ニーズはあるものの今後の少子化によりニーズの減少が見込まれ，さらに老朽化が進み現状の経済性が必ずしも高くないPREが検出された場合，同種施設の集約化や一部の他用途への転用，建替に際してのコンパクト化（建替時にありがちな過剰仕様や規模増大の排除）といった方向性が考えられます。

[4] キャンベルタウンの施設評価

海外の施設評価事例としては，オーストラリアのキャンベルタウン市の例がよく知られています（**図表4－12，4－13**）。同市では，「Conquest」という施設管理ソフトを活用して保有するすべての施設について年間の維持管理費用とライフサイクルコストを把握しており，複数の視点から点数化を行う

2 これから求められるPREマネジメントの手法

ことにより，毎年限られた予算のなかで大規模修繕の優先順位を付けています。固定資産台帳とライフサイクルコストや修繕情報等をシステム上で連携

◆図表4－12　キャンベルタウン市の施設評価のプロセス◆

資産情報の登録／更新	Conquestによる優先順位付け	予算との擦り合わせ	承認
情報登録 ●各物件竣工後，アセットマネジメントソフト「Conquest」に資産情報が登録される。 ●キャンベルタウン市では現在14種類のアセットタイプ，276,086件もの資産が登録されている。(2010年9月7日現在) ●アセットマネジメント課には8名のスタッフがおり，それぞれが異なる種類の資産の管理を担当している。 **情報更新のための調査** ●登録情報の更新は，建物は2年に一度，調査員によって行われる。 ●資産の現状の確認と不具合の調査という2種類の調査を実施している。 ●資産によっては調査が困難なものもあり，外部コンサルタントに調査を依頼する場合もある。	**優先順位付け** ●予算の作成に先立ち，システム上の各基準を更新し，全種類の資産について横断的に修繕対象物件の優先順位付けを行う。 ●通常は各基準から算出されたポイントを加重平均し，優先順位付けに用いる点数も計算する。 ●全ての基準を使用するのではなく，物件により必要な基準をカスタマイズさせることができる。 ●各基準の中でも，「全体の状態」と「リスクレベル」の二項目は重要度が最も高い。 ●政治的要因（議員の選挙など）は他の基準に優先して修繕対象となる場合がある。（ただし，予算の10%程度とのこと）	**対象物件の決定** ●異なる種類の資産に対して横断的に優先順位付けすることができる。 ●優先順位が高い資産から予算枠が埋まる分までを修繕対象に選定している。 ●予算を越える修繕は行われず，予算枠を越えた修繕対象資産については，翌年に繰り越す方針となっている。	**承認プロセス** ●アセットマネジメント課から，市議会への最終提案を行う担当者へ意見書を提出する。その後，市議会が最終的な承認を下すとのこと。

出所：キャンベルタウン市に対するKPMG FASによるヒアリング。

◆図表4－13　キャンベルタウン市の施設評価システムのイメージ◆

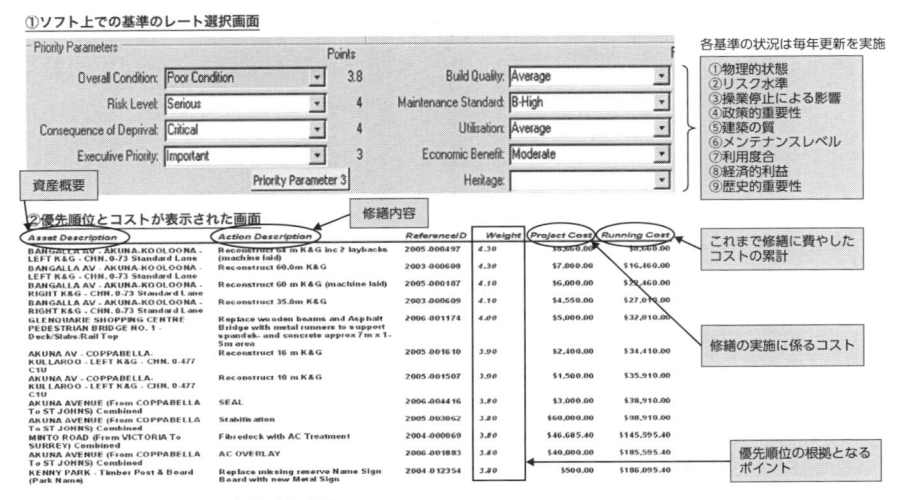

①ソフト上での基準のレート選択画面

各基準の状況は毎年更新を実施
①物理的状態
②リスク水準
③操業停止による影響
④政策的重要性
⑤建築の質
⑥メンテナンスレベル
⑦利用度合
⑧経済的利益
⑨歴史的重要性

②優先順位とコストが表示された画面

これまで修繕に費やしたコストの累計

修繕の実施に係るコスト

優先順位の根拠となるポイント

出所：キャンベルタウン市公表資料等。

第4章 財務諸表を活用したPRE（Public Real Estate）マネジメント

させることにより，このような大規模修繕計画や予算編成への活用が行いやすくなるといえます。

5 PRE利活用の高度化・民間活用の促進

[1] PRE利活用高度化の必要性

　前述のポジショニング結果に基づき，PREの経済性をより高めようとする場合，いっそうの利活用の高度化や民間活用の検討が，多くの場合において必要となってくるものと思われます。たとえば，遊休状態にあるPREの有効活用化や既存施設の集約化といった手法に加え，PFIや指定管理者制度，民間施設との複合施設運営といった，公共と民間が連携することによる手法も選択肢に加えることにより，PRE全体のコスト縮減や，より積極的な収益拡大により，自治体財政の改善に結びつく可能性が高まります。このような公共と民間が連携することにより公共サービスを提供する仕組みは，一般にPPP（Public Private Partnership）と呼ばれます。

[2] PREの利活用を高度化させる手法

　前述のPPPをはじめ，PREの利活用を高度化するためには，次のような手法が考えられます。紙面の都合により，本節では概略を**図表4－14**に記載するにとどめますが，PREのポジショニングを適切に行ったうえで，施設・用地ごとの特性を踏まえた手法を比較選択することが望まれます。たとえば，大規模・長期活用を行う公共施設の整備・運営に関してはPFI，既存施設の管理運営を中心で行うのであれば指定管理者制度，保有を続けたい（売却できない）土地の有効活用に関しては定期借地権，当初負担が大きく二の足を踏む民間事業者の参入を促進したいのであれば公設民営といった手法の検討が考えられます。

2 これから求められるPREマネジメントの手法

◆図表4−14　主なPRE利活用手法の概要◆

PRE利活用手法	施設・用地規模	市場規模	制度概要・財政効果等
PFI	中型・大型	総事業費 3.2兆円 約366案件	民間の資金・ノウハウを活用した，公共施設の建設から維持管理までを一括して民間に発注する手法。VFM（Value for Money）の創出により長期的な財政効果が見込める（現状では建設費の分割払いといえるケースも多い）。
指定管理者制度	小型・中型	約70,000施設 民間委託 約30%	公共施設の維持管理を中期（3〜10年程度）に渡り包括的に民間に発注する方法。中期効率運営による財政効果が見込める（現状では外郭団体活用が多く，財政効果は不完全なケースも多い）。
定期借地権・貸付	小型〜大型		定期借地権契約により，地域，容積率の優位性を活かして，一部を民間活用することにより建設費等の財源捻出。PREの売却が困難な場合，有力な手法。
公設民営 （上下分離）	小型〜大型		保育園，鉄道等の施設の設置のみ行政が行い，運営は民間に委ねる手法。管理の効率化による財政効果が見込める一方，当初は施設設置のコストを行政が負うことになる。
売却・流動化	小型〜大型		売却収入の計上と売却後の維持管理費の削減効果がある。流動化は，投資家にPREの利用権を小口化して販売する手法で，投資家を集めやすいメリットがある。
信託	中型・大型		公有地を信託銀行等に信託し，その運用により配当収入が見込める（但し，配当が当初計画を下回るケースも多い）。
暫定利用	小型・中型		福祉・文化施設，駐車場，イベント施設等への活用により，増収・コスト減の可能性。
コンバージョン	小型・中型		福祉施設，文化施設，インキュベーション施設等への転用により，増収・コスト減の可能性。
ネーミングライツ （名称使用権）	集客施設		スポーツ施設，文化ホール等限定的ではあるが，公共施設に名称使用権を与えて利用料を徴収する。維持管理費の財源捻出の可能性。

出所：内閣府「PFIに関する年次報告（平成21年度）」；総務省「平成21年10月23日　公の施設の指定管理者制度の導入状況等に関する調査結果」。

[3] PREの高度利活用の実践例

　PPPの手法の1つとして，定期借地権を活用したスキームがあります。これは，施設の建替等の際，行政が保有する土地について民間事業者と定期借地権契約を締結し，民間建物の併設等により行政の負担コストの軽減を図るものです。地域活性化等の効果も見込める反面，秩序ある土地の活用や景観保持等への配慮も必要です。

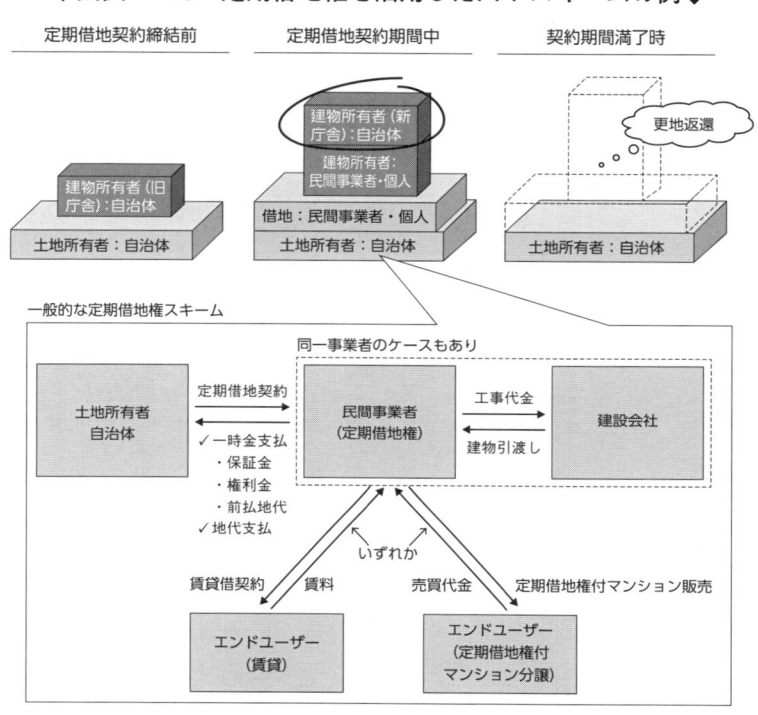

第4章 財務諸表を活用したPRE（Public Real Estate）マネジメント

◆図表4－15 定期借地権を活用したPPPスキームの例◆

| 定期借地契約締結前 | 定期借地契約期間中 | 契約期間満了時 |

定期借地契約締結前
- 建物所有者（旧庁舎）：自治体
- 土地所有者：自治体

定期借地契約期間中
- 建物所有者（新庁舎）：自治体
- 建物所有者：民間事業者・個人
- 借地：民間事業者・個人
- 土地所有者：自治体

契約期間満了時
- 更地返還
- 土地所有者：自治体

一般的な定期借地権スキーム

土地所有者 自治体 ←定期借地契約→ 民間事業者（定期借地権） ←工事代金／建物引渡し→ 建設会社

- ✓一時金支払
  ・保証金
  ・権利金
  ・前払地代
- ✓地代支払

同一事業者のケースもあり

賃貸借契約／賃料 → エンドユーザー（賃貸）
売買代金／定期借地権付マンション販売 → エンドユーザー（定期借地権付マンション分譲）
いずれか

　たとえば，最近におけるKPMG FASのアドバイザリー関与案件には，ある国の在日大使館において，**図表4－15**のスキームにそって，庁舎の建替時に民間事業者により分譲型の共同住宅を併設し，定期借地権者を当該共同住宅の管理組合，建物の区分所有者を各購入者として，定期借地権の権利金及び借地料を活用することにより，当該国政府が負担する建替コストおよび維持管理コストの大幅な縮減を試みようとしている事例があります。

6 PRE維持管理の効率化

　ポジショニングの結果，保有を継続することとなったPREについても，必要な管理品質の維持や向上を図りつつも，一方で維持管理の効率化を徹底す

2 これから求められるPREマネジメントの手法

ることによってコスト削減や収益向上を図り，自治体への財政負担を少しでも軽くしていくための努力が望まれます。

維持管理の効率化を図るための手法としては，どのようなものがあるのでしょうか。大きくは次の点が考えられます。

① PREの正確かつ比較可能なコスト情報の把握
② 個々のPREの運営合理化によるコスト削減の徹底
③ 個々のPREの適切な集客努力や使用料収入の見直し等による，収益力の向上
④ 適切な大規模修繕や長寿命化を図ることによる，個々のPREのライフサイクルコストの圧縮
⑤ 指定管理者制度やPFI等，民間活用の推進とモニタリングの強化による維持管理の効率化
⑥ 自治体全体，あるいは類似施設共通の維持管理方針を定め，実行することによる自治体全体のPRE維持管理の効率化

ここでは，紙面の都合ですべての説明はできませんが（①と③については第3節で説明します），②のコスト削減の徹底については，たとえば**図表4-16**のような方法に取り組むことにより，相応の効果が期待できるものと思われます。

④のPREのライフサイクルコストの圧縮については，多くの自治体にとって重要な課題であると思われます。そのためには，適切な計画に基づき，耐用年数や大規模修繕回数・内容等で保有・建替形態を数パターンに区分し，それぞれのライフサイクルコストについてのシミュレーションの実施や，賃借と保有での経済合理性の比較検討，適用可能なPPP手法の比較検討等，さまざまな視点から必要性と経済性をバランスよく満たせる方法を検討していく必要があります。

また，⑤の民間活用に際しては，品質の無駄をなくし維持・向上を図ることは当然ですが，それとあわせて自治体の財政負担の圧縮も図っていくこと

第4章　財務諸表を活用したPRE（Public Real Estate）マネジメント

◆図表4－16　維持管理コストの削減方法の例◆

A　仕様の簡素化
　不必要に過剰仕様とせず，建設費，維持管理費の両面から簡素化を図る（例）長野県栄村の道路建設例：国庫補助基準11万円／㎡⇒独自仕様2万円／㎡よって補助率50％であっても独自仕様の方が安くなる。
B　仕様の共通化・共同発注
　清掃，植栽，警備，備品購入等，使用を共通化したほうが管理が行いやすく施設ごとのムダも排除しやすくなる。また，共同発注により規模の効果を発揮し，総コストの引き下げにもつながると考えられる。
C　保守点検等の簡素化
　（例）エレベーターの保守点検一般的にはフルメンテナンス契約で設置事業者系と随意契約。
　⇒基本的に保守料が高いので，POG契約（Parts,Oil,Greece 消耗部品と定期点検のみ）とも比較検討すべき。
D　シルバー人材派遣センターの活用（清掃，植栽，警備等）
E　財務コンサルタントの活用（成功報酬の導入も一案）

が望まれます。ここでは，そのための概念としてVFM（Value For Money）について説明します。VFMは「民間に事業を任せることにより，行政が実施する場合と比較してどのくらいコストを節約できるのか」を示す概念です。PFIの実施検討時において用いられますが，指定管理者制度やその他のPPP手法においても，従来の行政が直接公有財産を保有・運営する場合とコストの比較検討を行う際に，有用な概念です。

図表4－17は指定管理者制度のVFM算定フォーム案ですが，契約期間全体の行政が直接実施する場合のコスト（PSC：Public Sector Comparator）と指定管理者制度によった場合のコスト（指定管理者LCC：Life Cycle Cost）を比較し，VFMが発生する場合（指定管理者LCCがPSCより小さい場合，あるいは指定管理者LCCとPSCが同等かつ指定管理者によるサービスの方が優れている場合）であれば，積極的に指定管理者制度を採用すべきといえます。その際，行政サービス品質の低下防止や，行政に余剰人員が発生しないような定員管理等にも留意すべきです。

2 これから求められるPREマネジメントの手法

◆図表4－17　指定管理者制度におけるVFMの算定フォーム案◆

(直営のPSC算定)

年　度			1年度	2年度	……	最終年度	合計
管理運営費用	直接費	人件費					
		物件費					
		計					
	間接費	人件費					
		物件費					
		計					
	その他の費用						
事業費用合計A							
(控除) 事業収入B							
実質事業費用 (C＝A－B)							
リスクD							
総費用 (E＝C＋D)							

※PSC (Public Sector Comparator)
　行政が直接管理運営を行う場合における，事業期間全体で発生するコストの合計であり，自治体が負担するリスクについても定量化したうえで算定する。なお，指定管理者制度LCCと比較することが目的の指標であるため，ここでは「事業期間」＝「指定管理者制度によった場合の契約期間と同じ期間」を想定している。

(指定管理者制度のLCC算定)

年　度			1年度	2年度	……	最終年度	合計
管理運営費用	直接費	人件費					
		物件費					
		計					
	間接費	人件費					
		物件費					
		計					
	その他の費用						
モニタリング費用	人件費						
	物件費						
	計						
事業費用合計A							
(控除) 事業収入B							
実質事業費用 (C＝A－B)							
適正利益D							
総費用 (E＝C＋D)							
余剰人件費F							
総費用＋余剰人件費 (G＝E＋F)							

※LCC (Life Cycle Cost)
　通常，施設の建設から維持管理，解体撤去までの施設の存続する全期間にわたるコストの合計を指すが，ここでは事業期間（＝指定管理者によった場合の契約期間）にわたるコストの合計を想定している。
　なお，指定管理者自身に発生するコストのほか，自治体がモニタリングを行うためのコストも含まれるが，ここではさらに，指定管理者を導入することにより発生すると見込まれる余剰人件費も含めている。

出所：地域政策研究第31号「指定管理者制度はコスト削減につながるのか？」。

第4章　財務諸表を活用したPRE（Public Real Estate）マネジメント

7 モニタリングとフィードバック

　PREマネジメントサイクルを継続させていくには，定期的なモニタリングによるチェックと，その結果をPREマネジメントにフィードバックさせていくための仕組みの構築，実行が必要となります。

　モニタリングについては，たとえば次のような仕組みを構築・活用し，さらに少なくとも数年に一度は，ポジショニングや施設評価を再実施し，思い切った見直しも含めて行政の無駄を極力省いていくことも必要と考えます。

- 予算―実績分析（収支状況，利用状況，管理体制等について）
- 住民・利用者に対する施設の満足度調査
- コスト分析（他自治体との比較や自治体内の同種施設同士の比較，経年比較等の実施）
- 外部専門家による第三者評価（品質面，財務面）

　フィードバックについては，これらのモニタリング結果をPREマネジメントに反映させ，改善につなげるための仕組みが必要となります。たとえば，行政評価や予算編成等の仕組みと連携させることにより，行政評価をモニタリングの一環として組み込んだり，評価結果を予算編成にタイムリーに反映させる仕組みの構築が考えられます。

　これらのモニタリングやフィードバックの仕組みを有効に機能させるためには，自治体における各職員の強い改善意識の徹底に加えて，首長や自治体幹部による強力なリーダーシップ，さらには必要に応じてPREや行政評価に関する専門家の活用を図ることも有用と思われます。

3 PREマネジメントへの財務諸表の活用

1 財務諸表を活用する必要性

　自治体、あるいは政策やPREごとの貸借対照表（バランスシート）および行政コスト計算書を精査し分析していくことにより、新たな財源のタネや効率性改善のためのヒントを発見する可能性が高まると考えられます。PREの視点からみたバランスシートと行政コストの関係では**図表4-18**のとおりであり、たとえばバランスシート上の資産であるPREの増加は、負債である地方債の増大に加え、行政コストである減価償却費や維持管理費、支払利息等の増大にもつながります。そのため、自治体財政の安定化を図るためにはバランスシートと行政コストのあるべき水準、将来像を踏まえたうえでのPREマネジメントが求められます。

◆図表4-18　PREの視点からみたバランスシートと行政コスト計算書の関係◆

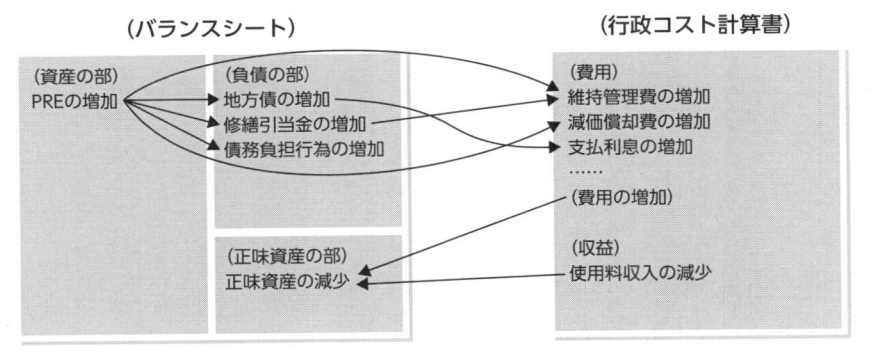

（バランスシート）

（資産の部）
PREの増加

（負債の部）
地方債の増加
修繕引当金の増加
債務負担行為の増加

（正味資産の部）
正味資産の減少

（行政コスト計算書）

（費用）
維持管理費の増加
減価償却費の増加
支払利息の増加
……
（費用の増加）

（収益）
使用料収入の減少

2 バランスシートの活用

　バランスシートについてもう少し詳しくみていきますと、PREの視点からはバランスシートの構造は**図表4-19**のとおりとなります。

第4章　財務諸表を活用したPRE（Public Real Estate）マネジメント

◆図表4－19　自治体バランスシートにおける「埋蔵金」◆

バランスシート	
（資産の部） （金融資産） ①PRE関連基金（土地造成，庁舎建替等） ②未収債権 ③出資金 （非金融資産） ④売却可能資産 ⑤有形固定資産 　土地 　建物 　…	（負債の部） ⑥地方債 ⑦修繕引当金 ⑧債務負担行為 （正味財産の部）

　バランスシートを精査し分析を行うことにより，たとえば次の可能性を発見し，財源捻出に活用することが可能となります。
①目的が曖昧，あるいは使命の終了した基金の有無
②未収使用料等について，徴収体制の強化，使用料水準の見直し等の可能性
③PREの保有・運営等を行う外郭団体（第三セクター）についての財務体質の改善，持ち分売却等の可能性
④処分もしくは有効活用の可能性
⑤ポジショニング・施設評価による，集約化，民間活用による高度利用化，売却可能資産への振替等の可能性
⑥高利率地方債の繰上償還および低利地方債への借り換えの可能性
⑦PREの大規模修繕に係る将来コストの低減の可能性
⑧債務保証・損失補償先の破たん回避の可能性

　上記のうち②については，後述するように施設別の正確なコスト計算を行い，そのうえで利用者の負担水準と住民の負担水準をどのようなバランスとするのか，自治体ごとにポリシーを設けて検討すべき課題と考えます。⑥に

3 PREマネジメントへの財務諸表の活用

ついて、臨時財政対策債等の例外を除けば、そもそも地方債の発行は建設投資目的によるものです。高利回りの地方債残高が多いとPREコストがそれだけ膨らむことになってしまうため、可能なかぎり借り換えや低利地方債への借り換えを行っていくことが、財政健全化の観点から求められます。また、PRE整備に関して国庫補助がある場合でも、それを活用することにより地方債残高も大きく増えるのであれば、やはり当該国庫補助の活用には慎重であるべきといえます。

なお、さらに本格的にPREの見直しにより財政改善につなげるためには、次のような方策も有用と考えられます。

- 主要PREについて不動産鑑定等による時価評価を行ったうえでの、住民へのベネフィットに見合った価値といえるかどうかの検討
- 利活用の高度化や民間活用等による、経済性の向上の可能性の検討
- 減価償却累計額等を活用した、将来に渡る大規模修繕・建替コストの予測検討

3 コスト情報の活用

次に、コスト情報の活用に付いて説明します。PREの効果的・継続的なコスト改善に結び付けていくためには、自治体全体、事業別、施設別それぞれの段階ごとに適切なコスト情報を活用することが有用です。コスト情報の算定にあたっては、コスト集計の網羅性や正確性、集計可能性等を考慮し、施設同士や経年、あるいは他自治体との比較可能性を確保することが望まれます。コスト集計にあたっては、完全でなくてもよいので、たとえば**図表4-20**のような項目を可能な範囲でできるだけPRE別に把握していくことが望まれます。なお、機会費用はなじみの薄い概念と思われますが、もし当該PREを通常考えうる範囲で最も経済的な活用をしていれば生じたであろう収入額であり、この機会費用を放棄することは、ある意味当該PREが果たす公益性の対価であるともいえます。この概念は、地方独立行政法人等の財務諸表で用いられています。

第4章　財務諸表を活用したPRE（Public Real Estate）マネジメント

◆図表4－20　PREコストの集計項目例◆

集計項目	説明
（直接費用） ・人件費 ・委託費 ・修繕費 ・維持管理費 ・支払利息 ・減価償却費 ・大規模修繕引当金繰入額　等	・当該PREに係る職員等の人件費 ・当該PREの管理等に係る委託費 ・当該PREに係る修繕費 ・当該PREに係る維持管理費 ・当該PREに係る地方債等の支払利息 ・当該PREの減価償却費 ・当該PREの将来の大規模修繕に係る引当金繰入額
（共通経費） ・本庁人件費　等	・当該PREを所管する本庁部局の人件費等
（控除収益） ・使用料収入　等	・当該PREに係る使用料収入
（機会費用） ・使用料収入の減免額 ・民間に賃貸した場合の収入　等	・当該PREに係る使用料減免額（本来であれば収入となりえた額） ・当該PREを民間に賃貸した場合に得られたであろう収入額

　参考事例として，既述の習志野市においては，PREごとのコスト集計を行ったうえで，同種施設間におけるコストの比較・分析を実施しています（**図表4－21**）。

3 PREマネジメントへの財務諸表の活用

◆図表4－21　施設別行政コスト計算の例（習志野市）◆

⑤　コスト状況

2006年度（H18年度）の図書館全5館の1年間にかかるコストは、3億974万円です。その内訳は、事業運営にかかるコストが2億5,009万円（81%）、施設にかかるコストが5,965万円（19%）となっています。

事業運営にかかるコストのうち、人件費が約1億7,780万円（59%）、図書資料購入費が約2,631万円（9%）、事業費が約3,003万円（10%）となっています。

施設にかかるコストのうち、建物に経常的にかかるコスト（小破修繕費や光熱水費、建物管理委託費、賃借料）が約3,444万円、減価償却費が約2,521万円であり、施設にかかるコストは全て毎年経常的にかかるコストとなっています。

表　図書館全施設の行政コスト計算書（2006年度）

Ⅰ．現金収支を伴うもの

(千円)

	コストの部	大久保図書館	東習志野図書館	新習志野図書館	藤崎図書館	谷津図書館	図書館合計
施設にかかるコスト	小破修繕費	1,500	250	1,508	788	566	4,612
	大規模的修繕	0	0	0	0	0	0
	その他修繕費（備品＋その他）	271	0	0	0	0	271
	光熱水費	3,308	1,037	1,814	1,566	2,851	10,576
	建物管理委託費	4,137	1,499	2,787	4,134	4,167	16,724
	使用料及び賃借料	584	305	336	326	712	2,263
	施設にかかるコスト　計	9,800	3,091	6,445	6,814	8,296	34,446
事業運営にかかるコスト	人件費	65,047	28,450	30,146	24,790	29,370	177,803
	市職員人件費	40,991	23,076	23,076	15,384	23,076	125,603
	臨時的任用職員報酬	15,521	2,395	2,615	7,234	2,427	30,192
	再任用職員人件費	5,160	0	0	0	0	5,160
	賃金	3,375	2,979	4,455	2,172	3,867	16,848
	図書購入費	8,423	4,075	5,508	3,447	4,854	26,307
	図書館システム費	17,768	0	0	0	0	17,768
	その他事業費	301	0	0	0	0	301
	視聴覚資料購入費	1,674	0	0	0	0	1,674
	移動図書館購入費	10,285	0	0	0	0	10,285
	負担金補助及び交付金	64	0	0	0	0	64
	備品購入費	0	415	3,360	0	0	3,775
	その他物件費	3,359	2,196	1,759	2,016	2,782	12,112
	事業運営にかかるコスト　計	106,921	35,136	40,773	30,253	37,006	250,089
	現金収支を伴うコスト　計	116,721	38,227	47,218	37,067	45,302	284,535

Ⅱ．現金収支を伴わないもの

コストの部						
減価償却費	4,928	1,363	4,812	5,270	8,832	25,206

Ⅲ．総括

| コストの部合計（トータルコスト） | 121,649 | 39,590 | 52,030 | 42,337 | 54,134 | 309,741 |

図　図書館全施設トータルコスト（2006年度）

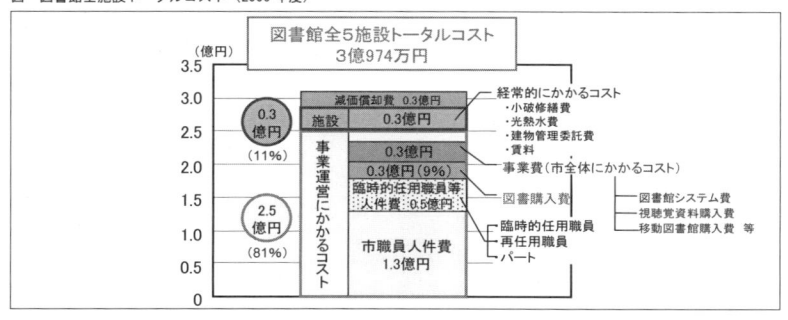

```
図書館全5施設トータルコスト
3億974万円
```

（億円）
- 施設　0.3億円（11%）
  - 減価償却費　0.3億円
  - 経常的にかかるコスト
    - 小破修繕費
    - 光熱水費
    - 建物管理委託費
    - 資料
- 事業運営にかかるコスト　2.5億円（81%）
  - 事業費（市全体にかかるコスト）　0.3億円（9%）
  - 図書購入費　0.3億円
    - 図書館システム費
    - 視聴覚資料購入費
    - 移動図書館購入費　等
  - 臨時的任用職員等人件費　0.5億円
    - 臨時的任用職員
    - 再任用職員
    - パート
  - 市職員人件費　1.3億円

出所：習志野市『公共施設マネジメント白書―施設の現状と運営状況の分析―』2009年3月。

第4章 財務諸表を活用したPRE (Public Real Estate) マネジメント

　また，収益についても，利用者からすれば使用料水準は安いに越したことはありませんが，負担率の水準についてどの程度が適切かをあらかじめ想定しておくことで，当該PREにおける妥当な使用料水準を検討することも可能となります。たとえば，KPMGの関与事例として，包括外部監査において複数のPREのコスト分析および使用料収入による回収率の分析を行った例があります（**図表4－22**）。

◆**図表4－22　施設別行政コスト計算と料金回収率分析のサンプル**◆

施設別行政コスト計算と料金回収率分析の例				
（単位：千円）	a図書館	bスポーツセンター	c美術館	d生涯学習センター
（行政コスト）	620,000	820,000	374,000	740,000
Ⅰ人に係るコスト	300,000	282,000	152,000	236,000
Ⅱ物に係るコスト	310,000	532,000	180,000	500,000
Ⅲその他のコスト	10,000	6,000	42,000	4,000
（収入項目）	132,000	55,000	17,000	84,000
（差引行政コスト）	488,000	765,000	357,000	656,000
（単位：円）				
住民1人当たり差引行政コスト	80	120	60	110
利用者1人当たり差引行政コスト	4,200	1,100	2,600	1,600
料金回収率	21.29%	6.71%	4.55%	11.35%

コストがかかりすぎ？
or 利用者少なすぎ？

回収率少なすぎ？
低回収率⇒純コスト高
となることに要注意

出所：B県包括外部監査報告書を基に筆者作成。

4 まとめ

本章では、PREマネジメントを公会計の観点から説明してきましたが、重要なポイントは次のとおりです。

- 一般的にPREが多ければ行政コストも増大する傾向があり、財政の安定化の観点からは財務諸表や公会計の考え方も活用して妥当なPREと行政コストの水準を探っていくことが有用。
- PREの効果的・効率的な利活用を図っていくためには、自治体全体で次のマネジメントサイクルを継続して実行していくことが重要。
  ①PREマネジメントを担う組織体制の整備
  ②PREの整理・たな卸
  ③PREのポジショニング（方向性の検討）・評価の実施
  ④PRE利活用の高度化・民間活用の推進
  ⑤PRE維持管理の効率化
  ⑥モニタリングとフィードバック
- PREの利活用の高度化にはPPPと呼ばれる手法を含めてさまざまな手法があり（PFI、指定管理者制度、定期借地権、公設民営等）、PREのポジショニングを適切に行ったうえで、施設・用地ごとの特性を踏まえた手法を比較選択することが望ましい。

第5章

地域主権社会実現のための内部統制と公会計

1 内部統制の欠如の実情

1 住民からの信頼を勝ち得るために

　少子高齢化社会をむかえ税収の確保が困難になるなかで，地域の実情に合わせた行政サービスを提供すべく地域主権社会の実現が目指されています。この地域主権社会の実現は，財源を国から移譲されただけでは成り立ちません。住民からの信頼が不可欠です。

　地域主権の必要性が社会的にも理解されるなかで，昨今，全国的に不正経理事件が発生しています。この不適正経理事件は，自治体に対する住民の信頼を著しく傷つけています。このような事件が報道されるたびに住民からの信頼は遠のき，「地域主権など，とんでもない。とてもではないが，地方公共団体には任せられない」という状況になっていきます。上場企業では，J-SOXと呼ばれる内部統制監査制度がありますが，これについては「もう少し制度設計を緩やかにしてもいいのではないか」という声が挙がっており，まるで対照的です。

　さらにその少し前には，相次いで自治体のトップ層が収賄などで逮捕されるという未だかつてない不祥事が続発していました。このような状況では，住民からの信頼を勝ち得ることは到底できません。

2 内部統制の構築の必要性

　トップ層におけるコンプライアンスの欠如は論外ですが，これら不祥事のなかには，適切なチェック体制が構築されていれば予防できた事件もあると思われます。

　この適切なチェック体制が，「内部統制」です。

　不正は，「動機」，「機会」，「正当化」の3つが揃うと，その発生可能性が高まります。このうち，適切なチェック体制，すなわち内部統制を構築し，

第5章　地域主権社会実現のための内部統制と公会計

不正の「機会」をなくすことは，当該事業を担当する管理者の重要な責務です。

3 内部統制について

　内部統制は，民間企業に限らず，およそいかなる組織においても求められるものです。

　ここで内部統制とは，「基本的に，業務の有効性及び効率性，財務報告の信頼性，事業活動にかかわる法令等の遵守並びに資産の保全の4つの目的が達成されているとの合理的な保証を得るために，業務に組み込まれ，組織内のすべての者によって遂行されるプロセスをいい，統制環境，リスクの評価と対応，統制活動，情報と伝達，モニタリング（監視活動）及びIT（情報技術）への対応の6つの基本的要素から構成される。」（「財務報告に係る内部統制の評価及び監査の基準」企業会計審議会平成19年2月15日より）ものです。

　この定義は民間企業（金融商品取引法適用会社）におけるものですが，そのまま自治体にも当てはまるものといえます。

　すなわち，内部統制の4つの目的である「業務の有効性・効率性」，「財務報告の信頼性」，「法令遵守」，「資産の保全」は，そのいずれもが自治体においても当然求められるものですし，実際すでに何らかの形で，法令等で手当てされています。

　たとえば，「業務の有効性・効率性」については地方自治法第2条第14項の「最少経費で最大の効果を挙げる原則」があり，「財務報告の信頼性の確保」については地方自治法において「会計管理者による決算の調製」が，「法令遵守」については「地方公務員法の法令遵守義務規定や信用失墜行為の禁止」があり，「資産の保全」については地方財政法第8条において「地方公共団体の財産は，常に良好の状態においてこれを管理し，その所有の目的に応じて最も効率的に，これを運用しなければならない。」とあります。

　このように，自治体において「内部統制」という用語が使用されるずっと以前から，その目的自体は法令等で掲げられてきました。

② 内部統制と公会計

1 現在の公会計における内部統制

　現在の法制度下における公会計は，いわゆる現金主義会計です。もちろん自治体も，民間企業と同様に債権債務を有していますが，債権債務を含む資産負債を一覧した貸借対照表のような決算書は，現法令下では要求されていません。年度末に，各担当の有する財産（公有財産等）について棚卸をし，その数量等をまとめて報告している程度です。

　このように，自治体では，その有する重要な債権債務を一元的に継続記録法による管理をしていません。

　たとえば，債権を管理する各担当者は，それぞれのシステム等で債権金額を把握はしているものの，それは発生主義会計に基づく複式簿記ではないために，会計記録とは直結していない状況です。会計記録と直結せず，日常的に第三者によるモニタリングによる正確性等のチェックを行うことが困難なことから，内部統制としては欠陥があるといえます。

　つまり，自治体は，資産・負債を一元的に管理する帳簿がないために，不十分な管理状況となっているということを認識する必要があります。

2 資産・負債を管理する内部統制の必要性

　現状の公会計において要求される決算報告の主な内容は，現金収支の状況と，財産の状況です。これは，法令上公会計で求められている「財務報告の信頼性」を確保するための内部統制としては，現状もそれなりには機能しているといえます。

　一方で，総務省通知により，財務書類の作成は求められてはいますが，法律で強制されているわけではありませんし，作成するにしても年に一度です。言い換えれば，年に一度，資産や負債の棚卸しをしてそれを集計し組みかえ

ている財務書類にすぎないため，資産，負債も含めた日常的な内部統制を構築するまでには至っていない状況です。

　自治体も1つの事業体として，当然ながら資産，負債を有しており，「資産の保全」も求められます。

　今回の複式簿記・発生主義による公会計の導入は，これら資産，負債に関する内部統制を見直す機会になります。たとえば，資産の適切な管理が行われていないために生じうる横領や，購買手続の不徹底による「預け」，「差し替え」など，公会計を導入する際に，日常の業務を見直すことで，これらの不正等の防止に役立つ可能性をもっています。

　包括外部監査が実施されている自治体においては，包括外部監査人から内部統制について指摘・意見を受けることもあるかと思いますが，公会計の導入，整備に際して，公認会計士等の外部の会計専門家のアドバイスを受けることで，内部統制の整備構築に役立つことがあります。

3 内部統制に関連する事例

　残念ながら，自治体のホームページをみると，不正にともなう「お詫び」が，多数掲載されています。
　これらの情報は，限定された内容の記載であることが多いため，一概にはいえませんが，内部統制が適切に整備されていれば防げたのではないか，と思われる事象も数多く見受けられます。
　以下では，3つの観点（現金出納管理，債権管理，売却可能資産の管理）における実際の事例を参考に，内部統制上の問題を提起するとともに，公会計を整備する際の参考にしていただければと思います。

1 現金出納の管理の必要性

> 事例（A市ホームページより抜粋）
> 市職員による公金着服事件について（お詫び）
> この度，○○総合支所職員による公金着服の事実が判明しました。
> 市民の皆様の信頼を裏切る不祥事として，衷心よりお詫び申し上げますとともに，その概要についてご報告申し上げます。
> この職員は，今年の3月まで同総合支所において，市税の収納事務等を担当しておりましたが，平成20年度から平成21年度にかけて，窓口等で納税者の方が納めた税金を適正な収納処理をせずに着服していたものです。
> 着服金額につきましては，98万2千800円でありますが，すでに7月26日に職員から市に対して全額弁済されております。
> 市では，この職員を7月28日付けで，地方公務員法第29条に基づき，懲戒免職処分とするとともに，関係上司9名についても減給等の処分を行いました。（以下略）

> 事例（B市ホームページより抜粋）
> 事実概要
> 平成×年×月×日，区役所住民情報担当において，郵送請求に伴い収受した金券をチェックしたところ，未処理分として残っているべき金券が紛失していることが判明しました。直ちに金券の捜索，事実関係の調査を始めたところ，平成×年×月△日，事実関係の調査過程において，当該業務を担当している職員が横領について認めたものであります。（以下略）

　この2件は，金銭もしくは金券の横領事件でありますが，金銭等を取り扱う窓口業務においては，とくに出納管理事務に関する内部統制を適切に構築しておく必要があります。

　金銭等の横領については，金銭等の取扱者と帳簿の記載担当者が同一であること，長年にわたり同一の担当者が金銭等に業務に従事することなどがリスク要因となり，多額の横領等につながるケースが見受けられます。

　上述のようなリスクに対応するため，金銭等の管理に関しては，一般的に，以下のような内部統制を整備する必要があると考えます。

- 現金出納帳は適時に記帳する体制にする。
- 日に数度，少なくとも1度は，第三者が現金と帳簿残高とを照合（実査）する。
- 必要最低額以上を現金で所有しない（銀行等に預ける）。
- 出納担当者と記帳担当者および承認者の職務分掌を徹底する。
- 担当者の定期的なローテーションを実施する。
- 実査結果について，上長がモニタリングする。
- 領収書(控)については連番管理を付し，領収書(控)と収納金額を日々照合する。

さらに、企業会計の発想を活用すると、よりいっそう、効率的・効果的なモニタリングも可能となります。

たとえば住民票の発行は、手数料が入ると同時に住民票用紙が減ります。次に、住民票の証明書発行手数料がすべてレジに入力されているということについて、証明書用紙の厳重な保管と同時にモニタリングできる可能性を示唆している外部監査報告書を紹介します。

（C区包括外部監査報告書より抜粋）
証明書用紙の受払管理

① 事実の概要

　住民票の写し及び印鑑登録証明書は、それが使用される場合に、関係者にそれが真正なる証明書であることに疑念を持たせない必要がある。この信頼性を担保するため、証明書用紙自体には「すかし」があるほか、複写防止機能が付いている。

　このような安全措置が施された証明書用紙は、倉庫に保管されており、区民課の職員がそれを持ち出す際には、在庫確認表に受払数を記載する。

② 監査の結果
　A．未使用の証明書用紙の保管状況

　未使用の証明書用紙は、各課倉庫の中の棚に保管されているが、各課倉庫には職員であれば誰でも入ることが可能である。そのため、区民課以外の職員であっても、未使用の重要用紙に触れることが可能な状況である。

（中略）
③ 意見

　言うまでもなく、これらの証明書用紙は極めて重要なものである。証明書用紙自体を紛失してしまっては、いかに「すかし」や複写防止機能

があるといっても、パソコンやプリンターがあれば、容易に偽造が可能となってしまう。一度このような事態となると、C区の交付するこれらの証明書自体に信頼性がなくなってしまうこととなる。

証明書用紙の実際使用枚数と使用に関連するデータと突合を行い、証明書用紙の不正使用等を防止する体制を構築することが必要である。すなわち下図のように、交付用に使用したものは入金データと突合し（転出の際に使用の場合には、転出データと突合）、テストや仕損したものは管理者立会いのもと記録の上廃棄することが必要である。また、証明書用紙の在庫については定期的に棚卸しを行い受払表と突合すべきである。

証明書用紙の使用は1件の交付に1枚とは限らず、2枚以上の複数になる場合も多いので、用紙のデータ件数との照合は現在のシステムでは実務上簡単ではない。したがって、運用にあたっては、本来、1枚ごとの管理が理想であるが事務負担も考慮すると、次善の策として証明用紙に連番を付して管理すること等、管理の効果と手間・コストとの関係を考慮して可能な策をとる必要がある。

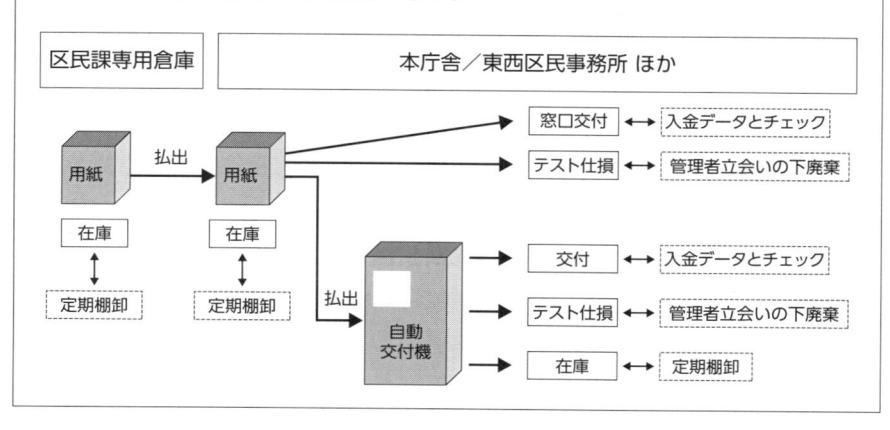

区民課専用倉庫	本庁舎／東西区民事務所 ほか

（図：用紙の払出・在庫管理フロー。区民課専用倉庫の用紙（在庫→定期棚卸）から本庁舎等へ払出され、用紙（在庫→定期棚卸）となり、窓口交付（入金データとチェック）、テスト仕損（管理者立会いの下廃棄）、自動交付機へ払出され、交付（入金データとチェック）、テスト仕損（管理者立会いの下廃棄）、在庫（定期棚卸）となる。）

住民票の発行手数料と住民票用紙の使用枚数との関係に類似するものとして、次のような事例もあります。

こちらは、ペットの犬の登録手数料と鑑札の使用枚数との関係です。

> （D町ホームページより抜粋）
> 職員による公金横領に対するお詫びについて
> この度、本町住民課環境保全係長が、皆様から納めて頂いた畜犬登録手数料及び狂犬病予防注射済票交付手数料とM町地区衛生推進協議会運営資金を横領するという、決してあってはならない不祥事を起こしました。
> （中略）
> この度、その職員を懲戒免職処分、管理監督者の住民課長を減給処分といたしました。今後このような事件が再び起こらないよう、職員の法令遵守を徹底し、チェック体制の強化を図り、町民の皆様の信頼回復に向けて、職員一同全力をあげて取り組んでまいります。（以下略）

登録手数料と鑑札の使用枚数、予防注射済票交付手数料と予防注射済票の使用枚数は金額的にチェックが可能なものであると同時に、鑑札や予防注射済票について、万が一にも不正な横流しがないよう厳重に管理すべきものといえます。

具体的には、鑑札等の現物の受払台帳などの記録簿と現物棚卸数量との照合、記録簿に記載された払出数量と入金記録との照合といった作業を定期的に、記録者とは別の第三者がチェックを行うといった作業があります。

2 債権管理の必要性

自治体は、税債権、使用料手数料債権、貸付金といった多種多様な債権を、不特定多数の債務者に対して有しており、当該債権を正確に管理することは、きわめて重要な業務の1つです。とくに、適時に回収できない滞留債権について必要な措置をとることは、実務上多くの困難をともないます。

通常、債権管理においては、徴収・回収できず不納欠損となるリスク、すなわち貸倒リスクが存在します。適切な債権管理を行い、不納欠損を減らす

ことは，財政状況を直接改善することにも貢献します。

　税債権には時効があるため，これを放置することにより徴収権を失うことや，適時に徴収しないことにより滞納者が資力を失っているといった問題があげられます。当該問題に対しては，定期的に債権残高に対し確認手続を実施する，回収方針を定めたマニュアルを作成し第三者によるモニタリングを行うといった内部統制を構築することが望まれます。

[1] 未収金の部署別管理について

　多くの自治体では，未収金を統括して管理する部署が無く，代わりに部署別に管理されており，そのほとんどの部署において，日常業務とともに未収金回収業務を行っています。そのため，部署によっては，過去の慣習，独自の方針や判断で回収業務を行っており，各部署または各職員により回収方針や回収意識が大きく異なっている，ということが見受けられます。

　未収金の回収業務は，組織としての回収の判断や，専門的な知識・経験等を要するものです。動産，不動産の差し押さえ，公売など，そもそもその手続きに慣れている職員は多くはないと思われます。日常業務を行いながら，その傍らで各部署独自の判断で未収金回収業務を行っても，その効率性は高まらず回収実績も上がりません。回収業務が効率よく実施されない結果，未収金の滞留するリスクが増大するともいえます。

　また，回収業務の方針が統一されないことで，未収金の残高の正確性が担保されない可能性があります。

　回収業務を効率的に行うことにより滞留等が減少し，また回収可能性の判断が統一されることで，債権の残高管理が適時適切に実行できるようになり，回収可能性を反映した妥当な金額を未収計上することができると考えられます。

[2] 債権管理の手法について

　未収金を手書き（および表計算ソフト）台帳で管理しているため，債権の

回収状況，延滞状況などをリアルタイムで一覧して，継続的にモニタリングする仕組みが整備されていないことがあります。また，継続的に担保や保証人の状況を適切に把握していない部署もあり，多数の債権管理を行うための適切な事務が行われていないことがあります。

このように，未収金の回収状況を適時適切に把握できないために，滞留の発生等に対する発見・対応が遅くなるリスクがあります。

[3] 滞留債権管理票の作成について

いわゆる滞留債権管理票を適切に作成していない，あるいは，適時に更新していないことがあります。

滞留債権管理票の作成により，上席者は担当者に対して個々の滞留債権につき適時適切な折衝等の対応を指示することが可能となります。したがって，当該管理票が適切に作成されていない場合には，実効性ある債権管理が実施されていないおそれがあることを意味します。

[4] 債権分類と貸倒引当金の設定について

ある自治体では，滞納債権の法律体系を踏まえて区分していますが，同じ債務者が複数の未納を生じさせる可能性は高いため，それぞれの債権を所管部署ごとに別個に債権管理することは非効率であると考えられます。

債権管理の観点からは，名寄せを行い，債権の回収可能性に鑑みて区分することが必要です。

税の債権については，これを放置して時効となり徴収権を失ったことにつき損害賠償請求を追及された事例があります。

> 裁判所ホームページより引用
> 判示事項
> 　市の納税課職員が市民税の徴収権を時効消滅させて市民税の徴収を違法に怠ったことについて同職員の財務会計上の違法行為を阻止すべき指

> 揮監督上の義務を怠っていたとして，地方自治法242条の2第1項4号に基づき市長個人に対してされた損害賠償請求が，認容された事例

　民間企業の多くは，債権債務の残高について，債権者・債務者に対して定期的に書類による確認を行っています。さらに会計監査では，会計監査人が，主な債権や債務の残高について，会社の債務者や債権者に対して直接的に残高を確認する手続きを行っています。これらの確認手続は異常な残高の発見のきっかけになることもありますが，会社の担当者にとっても，第三者によるチェックが行われているという意識づけのきっかけとなっています。

> 事例（E市ホームページより抜粋）
> 市職員による不祥事に対する市長コメント（お詫び文）
> この度，公金取扱事務において，お詫びを申し上げなければならない事態が判明いたしました。市民・納税者の皆様の現金を，市税務課職員が横領するという，決してあってはならない公金横領の不正が発覚いたしました。
> 横領が判明したのは，納税者に届いた催告書に対する疑義の問合せがあり，この件が発覚し，本人も不正を認めたことから，本件横領の事実が明らかとなりました。（以下略）

　今回の事例では，催告書に記載されている金額が発見の糸口となったようですが，催告書の発送は，未納金額を提示するという点で，確認手続きと似たような効果があります。

> 事例（F市ホームページより抜粋）
> 市職員互助会義務貯金貸付会計使途不明金に係る調査報告及び懲戒処分等について
> 市職員互助会義務貯金貸付会計に係る使途不明金については，これまで，

3　内部統制に関連する事例

> 調査体制を強化するとともに，更なる情報の収集及び確認のため，退職者や当時の互助会関係者等にまで広げて調査を続けて参りました。これらの調査の結果，出納簿上では未償還扱いとなっている職員数名が，返済時の受領書を保管していたことが判明する等，当時の担当職員の著しく不適正な事務処理がより明らかとなりました。（以下略）

このような貸付金についても，貸付先に対して残高確認書を発送し，残高確認書と帳簿残高とを照合する手続きが行うことが考えられます。

3 売却可能資産（遊休地）

自治体を取り巻く財政状況は年々厳しくなっています。こうした状況のなか，多くの自治体において，財政健全化のため資産の有効活用，売却等の動きがみられるようになっています。自治体のなかには，未利用等の有効活用に関する基本方針を定め，早急に有効活用に向け取り組んでいるところもあります。

一方で，資産売却に対して後ろ向きの自治体が多いのも事実です。原因としては，資産売却を行ってもその財源が自分たちの所管する事業もしくは部署の財源にならないことが多く，資産売却に関心が薄いことにあります。

未利用地のなかには，住宅地や商業地として活用可能なポテンシャルをもっているにもかかわらず，未利用であるため地域の経済活動を妨げてしまうような土地も存在すると考えられます。

こうした機会損失は，自治体にとっても大きな問題となることを，改めて認識する必要があると思われます。

> （G市　外部監査の事例）
> 普通財産の棚卸・現物調査について
> 　土地等の固定資産の棚卸・現物調査は，内部管理上必須の手続である。現状，すべての土地について網羅的に棚卸・現物調査を実施できている

> とは言い難い。そもそも，多数の普通財産の土地を抱えており，すべての土地を網羅して定期的に調査を実施すること自体，現状の組織・人員体制では困難である。

　売却可能な資産を処分することは，負債を圧縮させ，財政の健全化に資するものです。
　新地方公会計の導入（売却可能資産の選定と時価評価）と歩調を揃えつつ効果的に行うために，まず組織体制を整備する必要があると思われます。
　また，利用目的が明確ではない土地の管理に要する費用は，無駄なコストであるといえます。
　したがって，棚卸・現物調査の際には，売却可能資産の判定に限らず，今後の利用可能性についても吟味し，今後の利用目的が明確ではない土地については，積極的に処分すべきであるといえます。

> （H市　外部監査の事例）
> 普通財産の土地の処分について
> 　普通財産の土地は売却が基本であると考えられるが，売却処分が進んでいない物件がある。たとえば，現在の貸付先である民間会社が，売却対象としては一番可能性があるものの，交渉等が進んでいない物件がある。

　遊休地については，使途や売却等の意思決定に関して方針が明確でなかったり，検討が疎かにされることにより，意思決定が遅延したり経済的合理性のない決定がなされるリスクがあります。その結果，不必要な保管コストや機会コストが発生している懸念があります。
　こうした遊休地については，公会計が整備・導入されることで，売却可能な土地という形で，貸借対照表に表示されることになります。この売却可能資産を長期間保有するということは，それだけ潜在的資金が眠っているとい

3 内部統制に関連する事例

う見方になり，財務的に批判される１つの要因となります。全庁あげて，遊休地を売却していく体制を構築していく必要があります。

> （Ｉ市　外部監査の事例）
> 入札の実施状況について
> 　未利用財産登録後，入札は一度も実施されておらず長期にわたっているというケースがありました。
> 　未利用地として長期化している主な理由は，この土地が都市計画法上，用途地域が工業地域となっており，工場等の企業誘致が望ましいことから企業進出を期待していたが，情勢の変化により，大規模な企業進出等が徐々に見込めなくなってきたことにあります。
> 　早期の売却を実現するため，普通財産台帳等に売却できない原因等を記載し，原因解消に向けて管理していく必要があると考えられます。

このような，資産の処分に関する方針を決定した後に，環境等の変化に応じてその方針を適時に見直していかないことにより，保管コストが発生し続けてしまうというケースは少なからずあり，現地調査の結果，未利用財産となってから，数年間にわたり放置されている事例が目立ちます。

公会計の整備・運用にともなって，未利用地の長期化を防ぐよう，定期的にモニタリングを行う必要があります。

第5章 地域主権社会実現のための内部統制と公会計

④ 財務書類が内部統制に与える効果

　財務書類を導入することにより，外部公表や内部管理への活用といったことがよくいわれますが，そもそも財務書類を作成する過程において，上記のようなさまざまな資産，負債の管理状況を再点検することになります。

　すなわち，財務書類の作成プロセスにおいては，内部統制の整備・運用状況を確かめることができます。担当者はもちろん，第三者によるいわゆる「見える化」が行われる機会が生じます。そしてその整備・運用状況に問題があればそれを改善して未然に事故の発生を防ぐといった効果があります。

　地域主権社会の実現が，不正といったつまらない事件で妨げられてしまうようなことは避けなければなりません。首長をはじめ職員が一丸となって，真摯に行財政改革に取り組んでいる最中に，ごく一部の者によるコンプライアンス違反で冷や水を浴びせられるのはたまりません。公会計の整備によりこのような不祥事の発生をすべて防ぐことができるわけではありません。しかし，その発生可能性を減らすことはできます。

　今回の公会計の整備が，地域住民の信頼獲得に貢献し，ひいては，真の地域主権社会の実現を支えるという側面があることを，是非ご理解いただければと思います。

第6章

国際公会計基準（IPSAS）と日本公認会計士協会の動き

1 国際公会計基準

1 国際公会計基準の概要

[1] 国際公会計基準とは

国際公会計基準（International Public Sector Accounting Standard／略称＝IPSAS）とは，世界中の公的主体の会計基準を収斂させ，財務報告の品質と統一性を強化することを目的として，国際会計士連盟（International Federation of Accountants／略称＝IFAC）により設立された国際公会計基準審議会（International Public Sector Accounting Standards Board／略称＝IPSASB）が設定主体となって作成・公表している会計基準です。

(1) IPSASの適用範囲

IPSASの適用範囲は，すべての公的部門の一般目的財務諸表とされています。

公的部門とは，中央政府，地域政府（たとえば州，地域），地方政府（たとえば市町村）およびそれらを構成する主体（たとえば部，庁，委員会）を指し，政府系企業は含まれません。

一般目的財務諸表とは，「自己の特別な情報ニーズに合うように作成された報告書を要求する立場にない利用者のニーズを満たすことを意図した財務諸表」（IPSAS第1号「財務諸表の表示」）のことです。ここでいう利用者とは，市民，有権者，それらの代表者等を指し，具体的には，納税者，公共料金支払者，立法機関の当事者，債権者，供給業者，メディア，従業員などがあげられています。

(2) IPSASの権限

IPSASBは，各国の政府および国内基準設定主体が当該法域における会計

基準などを設定する権限を認めており，IPSASの採用・遵守を各国に強制する権限はありません。ただし，これらの主体が新たな会計基準を設定し，また，既存の会計基準を変更する局面においては，比較可能性の向上および財務諸表の質の向上のため，IPSASの採用および国内の会計基準のIPSASとの調和を強く推奨しています。これにより，政府による資源配分がより正確な情報に基づいた評価が可能となり，透明性の向上と説明責任の向上につながると考えているからです。

[2] 国際公会計基準の概要
(1) 財務諸表の目的

IPSAS第1号において，財務諸表の目的は以下のように示されています。

> ①さまざまな利用者の意思決定に有用な情報を提供すること
> ②付託された資源について説明責任を果たすこと

上記の目的は，以下の情報を提供することにより達成されるものとされています。
　(a)財務資源の源泉・配分・使途についての情報
　(b)各活動に対する資金調達方法についての情報
　(c)資金調達能力・支払能力の評価に有用な情報
　(d)財政状態とその変動についての情報
　(e)サービス提供コスト・効率性・成果の観点から業績評価に有用な総合的情報

財務諸表は，ある主体の財政状態と財務業績についての表示を体系的に行うものであり，基本的には上記の情報提供目的に適っていますが，これらすべてが満たされるとはかぎりません。なぜなら，主体の管理者には財務目的だけでなく，サービス提供の成果についても説明責任があると考えられるか

らです。そのため，利用者が主体の活動についてよりよい全体像を描けるように，財務諸表以外の補足情報も財務諸表とともに報告されることがあります。

(2) 財務諸表の構成要素

財務諸表の目的を達成するために，財務諸表には**図表6-1**の構成要素についての情報を記載します。

◆図表6-1　財務諸表の構成要素◆

構成要素	定義
資産	過去の事象の結果として主体が支配し，かつ，将来の経済的便益又はサービス提供能力が，主体に流入することが期待される資源
負債	過去の事象から発生した当該主体の現在の債務であり，その決済により，経済的便益又はサービス提供能力を有する資源が主体から流出する結果となることが予想されるもの
純資産・持分	負債総額を控除した後の主体の資産に対する残余持分
収益	所有者からの拠出に関連するもの以外で，純資産・持分の増加をもたらす一定期間中の主体の通常の事業過程で生ずる経済的便益又はサービス提供能力の総流入
費用	当該報告期間中の資産の流出若しくは消費又は負債の発生の形をとる経済的便益又はサービス提供能力の減少であり，所有者への分配に関連するもの以外の持分の減少を生じさせるもの
キャッシュ・フロー	現金及び現金同等物の流入と流出

(3) 財務諸表の構成部分

財務諸表は以下によって構成されています。

①財政状態計算書
②財務業績計算書

③純資産・持分変動計算書
④キャッシュ・フロー計算書
⑤注記

なお，①〜④の構成部分は，他の会計基準において**図表6−2**の構成部分に相当するものです。

◆図表6−2　財務諸表の構成部分◆

IPSAS	日本の新地方公会計	日本の企業会計
財政状態計算書	貸借対照表	貸借対照表
財務業績計算書	行政コスト計算書	損益計算書
純資産・持分変動計算書	純資産変動計算書	株主資本等変動計算書
キャッシュ・フロー計算書	資金収支計算書	キャッシュ・フロー計算書

(4) 各構成部分の主な内容

IPSASの各構成部分の主な内容は以下のとおりです。

① 財政状態計算書（A statement of financial position）

一定の報告期間末日における主体の財政状態について，「資産」，「負債」，「純資産・持分」とその主要な内訳を表示する計算書です。

原則として，資産は流動資産と非流動資産に，負債は流動負債と非流動負債に区分して表示しなければなりません。

流動・非流動の区分は，正常営業循環基準または一年基準に該当するものは流動に区分し，それ以外はすべて非流動に区分する，という考え方をとっています。

② 財務業績計算書（A statement of financial performance）

一定の報告期間（通常は1年）内における主体の財務業績について，「収

益」,「費用」とその主要な内訳,その差額である「余剰又は欠損」を表示する計算書です。

原則として,当該報告期間に認識される収益と費用はすべての項目について計上しなければなりません。

③ 純資産・持分変動計算書(A statement of changes in net assets/equity)
一定の報告期間内における主体の「純資産・持分」の変動内容を,開示された構成の範囲において,期首・期末日における残高およびその間の変動額に区分して表示する計算書です。

変動にかかる表示項目としては,当期の余剰又は欠損のほか,純資産・持分を直接変動させる項目が含まれます。

④ キャッシュ・フロー計算書 (A cash flow statement)
主体の「キャッシュ・フロー」の生成能力ならびに利用ニーズに関する情報を提供するため,一定の報告期間内における「キャッシュ・フロー」を事業活動,投資活動および財務活動の3つに区分して表示する計算書です。

先述したように,「キャッシュ・フロー」とは「現金及び現金同等物」の流入・流出のことです。「現金及び現金同等物」の定義は**図表6−3**のとおりであり,企業会計と同様のものとなっています。

◆図表6−3　現金及び現金同等物の定義◆

用語	定義
現金	手元現金及び要求払預金
現金同等物	短期の流動性の高い投資のうち,容易に換金可能であり,かつ,価値の変動について,僅少なリスクしか負わないもの

また,当該計算書は期首・期末日における現金及び現金同等物の残高も表示し,当期における上記の各活動のキャッシュ・フローの合計との関連を明瞭に表示します。

⑤ 注記 (Notes, comprising a summary of significant accounting policies and other explanatory notes)

①〜④の財務諸表本体に表示されていない，計上項目の説明や個別の項目の内訳，本体での認識要件を満たしていない項目についての情報を表示するものです。

次の事項を，体系的に記載します。また，財務諸表本体上の各項目と各注記情報とを相互参照できるようにする必要があります。

(a) 会計方針（主要な測定基礎，経過措置の適用範囲，その他財務諸表の理解のために適切なもの）
(b) 財務諸表本体に表示されていないがIPSAS上開示が要求される情報
(c) 財務諸表本体に表示されていないがそれらを理解するのに適切な追加情報

(5) 全般的考慮事項

原則的に遵守すべき全般的考慮事項として，以下の事項があります。

①IPSASへの準拠：財務諸表の適正表示の達成には，IPSASの各基準の全面適用が必要
②継続主体の前提：財務諸表を作成する際には，主体が継続主体として存続する能力があるかどうかを検討
③表示の継続性：財務諸表上の項目・分類は継続的に適用
④重要性：重要な項目は個別に表示
⑤総額表示：資産と負債，費用と収益は相殺不可
⑥比較情報：財務諸表中すべての金額について前期との比較情報を開示

(6) 遡及適用

IPSASでは，以下の場合においては，実行可能な範囲で，該当事項を遡及して適用し修正しなければなりません。

> ①会計方針の変更が，IPSASの要求に基づくが経過規定がない場合や，より適切な情報提供を目的として任意に変更する場合
> ②過年度の重大な誤謬が発見された場合

一方，会計上の見積りの変更を行う場合の影響は，変更した期または将来の期間の余剰又は欠損に含めることとされています。

2 財政状態計算書

[1] 財政状態計算書における開示内容

IPSASは項目を表示する順序や様式を事細かに規定するものではありません。ただし，性質・機能がかなり異なっているために本体上で別個に表示するのが当然なものとして，IPSAS第1号では，財政状態計算書本体において開示すべき情報を明示しており，そのほかに主体の財政状態の理解にあたり表示が適切となる項目を追加することを要求しています。

IPSAS第1号の適用指針においては，財政状態計算書の本体の様式例として，図表6-5の様式が示されています。

(1) 財政状態計算書の本体に記載すべき情報

財政状態計算書の本体には，少なくとも図表6-4の項目を掲記する必要があります。

その他の項目も，以下の事項を検討した結果，表示が主体の財政状態を理解するのに適切となる場合には，追加して財政状態計算書の本体に表示しなければなりません。

(a)資産の内容および流動性
(b)主体内における資産の機能
(c)負債の金額，内容および返済時期

◆図表6−4　財政状態計算書の本体に記載すべき情報◆

構成要素	項目
資産	(a) 有形固定資産
	(b) 投資不動産
	(c) 無形資産
	(d) 金融資産（下記e，g，h，iで示される金額を除く。）
	(e) 持分法で会計処理されている投資
	(f) 棚卸資産
	(g) 税金及び移転収入を含む非交換取引から生じた受取勘定
	(h) 交換取引から生じた受取勘定
	(i) 現金及び現金同等物
負債	(j) 税金及び移転支出に係る未払金
	(k) 交換取引から生じた負債
	(l) 引当金
	(m) 金融負債（上記j，k，lで示される金額を除く。）
純資産・持分	(n) 純資産・持分に表示される少数株主持分
	(o) 支配主体の所有者に帰属する純資産・持分

(2) 財政状態計算書の本体または注記のいずれかに記載すべき情報

　財政状態計算書の本体または注記のいずれかで，本体に表示された各項目のより詳細な内訳を開示する必要があります。

　どの程度詳細に示すかは，国際公会計基準の規定ならびに関係する金額の大きさ，性質および機能によりますが，IPSAS第１号では**図表6−6**の分類を例示しています。

◆図表6−5 財政状態計算書の様式例◆

20X2年12月31日現在

(単位：千)

	20X2	20X1
資産		
流動資産		
現金及び現金同等物	X	X
受取勘定	X	X
棚卸資産	X	X
前払金	X	X
その他流動資産	X	X
	X	X
非流動資産		
受取勘定	X	X
関連法人に対する投資	X	X
その他の金融資産	X	X
インフラ資産及び有形固定資産	X	X
土地及び建物	X	X
無形固定資産	X	X
その他の非金融資産	X	X
	X	X
資産合計	X	X
負債		
流動負債		
支払勘定	X	X
短期借入金	X	X
1年以内返済長期借入金	X	X
短期引当金	X	X
従業員給付	X	X
退職年金	X	X
	X	X
非流動負債		
支払勘定	X	X
長期借入金	X	X
長期引当金	X	X
従業員給付	X	X
退職年金	X	X
	X	X
負債合計	X	X
純資産	X	X
純資産・持分		
他の政府主体からの資本拠出	X	X
積立金	X	X
累積余剰／（欠損）	X	X
	X	X
少数持分	X	X
純資産・持分計	X	X

第6章 国際公会計基準（IPSAS）と日本公認会計士協会の動き

◆図表6－6　財政状態計算書上の各項目の内訳（例示）◆

ⓐ 固定資産 ⇒	IPSAS第17号「有形固定資産」に従って，各々の種類に分類
ⓑ 受取勘定 ⇒	利用者料金，税金及びその他非交換取引による収益から生じた受取勘定，関連当事者に対する受取勘定，前払金，その他
ⓒ 棚卸資産 ⇒	（IPSAS第12号「棚卸資産」に従って）商品，製造用貯蔵品，原材料，仕掛品，製品
ⓓ 未払税金と未払移転勘定 ⇒	未払還付税金，未払移転支出，経済主体内の他の主体への未払金
ⓔ 引当金 ⇒	従業員給付及びその他の項目の引当金に小分類される。
ⓕ 純資産・持分 ⇒	拠出資本，累積余剰（欠損），積立金

[2] 資産

IPSASにおいて，資産は以下のように定義されています。

> 過去の事象の結果として主体が支配し，かつ，将来の経済的便益又はサービス提供能力が，主体に流入することが期待される資源

ここで，「将来の経済的便益又はサービス提供能力」とは，民間企業に適用される国際財務報告基準（IFRS）における資産の定義に用いられている「将来の経済的便益の主体への流入」でいう「将来の経済的便益」に，公的部門に特徴的な「サービス提供能力」を加えたものを意味します。すなわち，民間企業では，資産は将来のキャッシュ・フローの獲得を目的として使用されることが前提となっているのに対し，公的部門では，将来のキャッシュ・フローを直接生み出すものでない資産もまた多く保有・使用されているため，公的部門における資産の本質的な特徴を表現する用語として使われています。

IPSASで個別に基準が公開されている資産項目としては，「棚卸資産」（第12号），「リース」（第13号），「投資不動産」（第16号），「有形固定資産」（第17号），「金融商品」（第28～30号），「無形固定資産」（第31号）があります。

以下においては，公的部門における資産のなかで最も重要である「有形固

定資産」の取扱いについて説明することとします。

(1) 有形固定資産の定義
　有形固定資産とは，以下の2要件をともに満たす有形の資産をいいます。

> ①財貨の生産又はサービスの提供に使用する目的，外部への賃貸目的又は管理目的で主体が保有するもの
> ②1報告期間を超えて使用されると予測されるもの

(2) 有形固定資産の認識
　有形固定資産項目の取得価額は，以下の2要件をともに満たす場合にかぎり資産として認識します。

> ①当該資産に関連する将来の経済的便益又はサービス提供能力が主体に流入する可能性が高い
> ②主体が当該資産の取得原価又は公正価値を，信頼性をもって測定できる

　当初の認識時点においては，「取得原価」で測定されます。「取得原価」とは，資産の取得のために支出した現金及び現金同等物の金額，またはその他の引き渡した対価の公正価値のことです。また，認識時点は，当該資産が設置され，主体が意図した方法で稼働可能な状態となった時点をいいます。
　ただし，非交換取引（資産またはサービスを授受する当事者間で受領する価値が等しくない，対価性のない取引。たとえば，無償または名目的な対価による受贈）を通じて取得された場合には，取得日現在の公正価値で測定する必要があります（ただし，これは再評価モデル（234頁）の選択適用を示すものではありません）。
　なお，認識を行う単位についての規定はありません。そのため，特有の状

況では個別判断が要求されます。たとえば，図書館の書籍，コンピュータの周辺機器・小型機器のように，個々には重要でなくとも総額について有形固定資産として計上することが適切と判断される場合があります。

(3) 有形固定資産の取得原価の構成要素

有形固定資産の取得原価は，以下のものから構成されます。

---
①購入価額（割引および割戻控除後）
②設置費用その他稼働可能な状態にするために必要な直接付随費用
③解体・除去費用その他使用した結果生じる債務の当初見積額

上記②で示されている直接付随費用の例として，当該資産の取得により直接生じる従業員給付費用，整地費用，当初の搬入・取扱費用，据付・組立費用，試運転費用，専門家報酬があげられています。また，上記③にあるように，企業会計における資産除去債務に対応する除去費用を取得原価に含めることが明示されています。

(4) 有形固定資産の認識後の測定―2つの測定方法

IPSAS第17号では，認識した後の測定方法として，**図表6−7**の2つの測定方法のいずれかを会計方針として選択し，これをすべての有形固定資産に適用する必要があります。

◆図表6−7　認識後の測定方法◆

測定方法	内容
原価モデル	当初認識後，取得原価から減価償却累計額および減損損失累計額を控除した価額で計上する方法
再評価モデル	公正価値を信頼性をもって測定できる有形固定資産の場合，当初認識後，再評価実施日における公正価値から，減価償却累計額および減損損失累計額を控除した評価額で計上する方法

1 国際公会計基準

再評価モデルを選択適用する場合の留意点は，以下のとおりです。

① 公正価値の決定

「公正価値」は，取引の知識がある自発的な当事者間で，独立第三者間取引条件により，資産が交換され，または負債が決済される価額と定義されています。

公正価値は通常，市場価格を参照して決定されますが，公的部門が保有する資産のなかには，活発な市場取引がないものも多く存在します。IPSAS第17号では，そのような場合の公正価値の決定方法として，**図表6-8**の事例を示唆しています。

◆図表6-8　公正価値の決定方法（事例）◆

事例	決定方法例
活発で流動性のある市場における市場価格がない場合	類似した状況・場所における類似の特徴を持つ他の項目を参照する
性質が特殊なために市場価格が存在しない場合	減価償却後再調達原価・回復原価・サービス構成単位の各アプローチ（IPSAS第21号参照）を用いて見積もる

② 再評価における定期性

再評価は，帳簿価額が報告日における公正価値をもって決定したであろう金額と大きく異ならないよう，「十分な定期性」をもって行わなければなりません。この「十分な定期性」の確保に必要な再評価の頻度は，再評価される有形固定資産の公正価値の変動の大きさに依存します。著しい変動がある場合には，頻繁な（たとえば毎年）再評価が必要となり，逆に変動が小さい場合には，より長期間（たとえば3～5年）ごとの再評価が許容されます。

有形固定資産の種類（主体の活動において同様な性質と機能をもった資産のグループのこと。たとえば，土地，事業用の建物，道路，機械装置）が同じであれば，再評価の時期は同時になされる必要があります。これは，再評

価時点の選択が恣意的になされることや，異なった時点の取得原価や再評価額が混在した金額が財務諸表に計上されることを防止するためです。

③ 再評価増減額の取扱い

再評価増減額は，有形固定資産の種類ごとに，以下のように会計処理します。

(a) ア．増加した場合，増加額は再評価剰余金として純資産・持分に直接計上

　　イ．ただし，当該再評価以前に費用計上された，同じ種類の資産の再評価による減少額を戻し入れる範囲では，財務業績計算書において収益計上

(b) ア．減少した場合，その減少額は財務業績計算書において費用計上

　　イ．ただし，当該再評価以前に純資産・持分に直接計上された，同じ種類の資産の再評価剰余金残高の範囲では，再評価剰余金を戻し入れ

(c) 異なる種類の再評価増減額は相殺不可

上記(a)の場合の具体的な会計処理は，**事例①**のようになります。

〈事例① ― 再評価モデルを選択している場合の会計処理〉

①X1期中：A土地を5,000万円で取得した。

②X1期末：A土地の公正価値を調査したところ，4,000万円と評価された。

③X2期末：A土地の公正価値を調査したところ，5,500万円と評価された。

（単位：万円）

① 土　　　　　地	5,000	現金及び現金同等物	5,000
② 固定資産再評価損 　　（PL 費用）	1,000	土　　　　　地	1,000
③ 土　　　　　地	1,500	固定資産再評価益 　　（PL 収益）	1,000
		固定資産再評価益 （BS純資産・持分［直接計上］）	500

(5) 減価償却

減価償却の基本的取扱いは，**図表6-9**のとおり，IFRSと同様となっています。

◆図表6-9　減価償却に関する基本的事項の取扱い◆

基本的事項	内容
定義	資産の償却可能価額を規則的にその耐用年数にわたって配分すること
減価償却費	（他の資産［製造される棚卸資産など］の取得原価に含められる場合を除き，通常）すべて財務業績計算書において費用計上
耐用年数	経済的耐用年数（使用・生産が見込まれる期間・生産高などの単位）
減価償却方法	資産の将来の経済的便益又はサービス提供能力について予測される消費パターンを反映する方法を選択する［変更ない場合，毎期継続適用］
具体的な減価償却方法	定額法，定率法，生産高比例法

特徴的な点は以下の2点です。

①取得原価全体に対して重要な構成部分は個別に（少なくとも耐用年数および減価償却方法が異なる区分ごとに）減価償却（＝コンポーネント・アプローチ）
②耐用年数，残存価額，減価償却方法は少なくとも各報告日において見直し

上記①に関連して，重要でない部分は，それら全体の耐用年数を概算で見積り一括して減価償却することが許容されます。

具体的な区分方法は，**事例②**のようになります。

〈事例② ― 減価償却を行う単位の区分方法
（以下で構成される「道路」を1つの認識単位としている場合）〉

構成部分	重要性	減価償却方法	耐用年数		
舗装	○	定率法	5年		➡ 舗装部分
構造物	○	定額法	50年	［グルーピング］ ➡	基礎部分
橋梁	○	定額法	50年		
照明設備	×	定額法	15年	［グルーピング］（耐用年数20年）➡	設備部分
ヘリ石	×	定額法	20年		
溝	×	定額法	25年		
底地	○	―	非償却		➡ 底地部分

（注）各構成部分の耐用年数は仮定です

　また，上記②に関連して，見直した結果が以前と異なる場合には，会計方針の変更として会計処理することが必要となります。

(6) インフラ資産

　公共部門に特有の資産といえるインフラ資産について，IPSAS第17号では，「普遍的に受入れられた定義はないが，一般的に下記の特徴の一部またはすべてを有している」と説明されています。

①システムまたはネットワークの一部である
②性質が特殊であり，代替的利用ができない
③移動させることができない
④処分に関して制約を受ける

　インフラ資産の例として，道路ネットワーク，下水処理システム，水道および電力供給システム，通信ネットワークがあげられています。
　IPSAS第17号では，インフラ資産は有形固定資産の定義に該当し，本基準書に準拠して会計処理されるとされているのみであり，特別な取扱いや区分表示は要求されていません。

(7) 減損会計

　企業会計では以前から減損会計が導入されています。減損会計とは，収益性の低下により投資額を回収する見込みが立たなくなった固定資産等の帳簿価額を，一定の条件の下で回収可能性を反映させるように減額する会計処理のことです。価値の変動による損益や決算日における価値の表示ではなく，将来に損失を繰り延べないための保守的な減額である点で，金融商品の一部に適用される時価評価とは本質的に異なるものです。

　IPSASでは減損に関する基準について，「資金生成資産の減損」と「非資金生成資産の減損」とに分けて公開しています。前者は，企業会計と同様に商業的利益を得る目的で保有される資産における減損について主に規定したものであり，将来のキャッシュ・フローの生成能力を基礎に減損を行うことになります。公的部門においては，非資金生成資産（資金生成資産以外の資産）の方が通常多く保有され重要な要素ですが，資金生成資産と異なり将来のキャッシュ・フローを直接生み出さないことから，サービス提供能力を基礎に減損を行うことになるため，別途後者の規定を定めています。当該規定では，「減損」は「減価償却によって体系的に認識される資産の将来の経済的便益又はサービス提供能力の損失を超えた資産の将来の経済的便益又はサービス提供能力の損失」と定義されており，資産の効用の低下を主体の財務情報に反映する会計処理と位置づけられています。

　なお，有形固定資産の認識後の測定方法として再評価モデル（234頁）を選択適用している場合は，資産の効用の低下があれば再評価時に反映されるため，減損会計は適用されません。

　以下においては，「非資金生成資産」の減損の取扱いについて説明することとします。

① 非資金生成資産の減損の処理手順
　各報告日において，以下の手順を行うことが求められています。

第6章　国際公会計基準（IPSAS）と日本公認会計士協会の動き

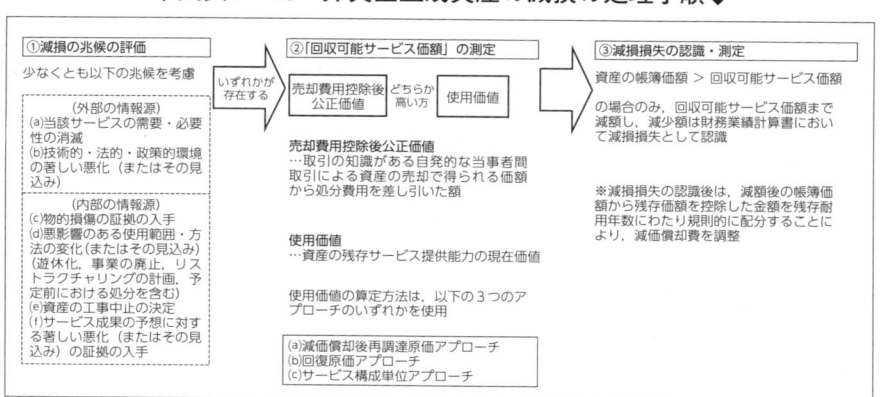

◆図表6−10　非資金生成資産の減損の処理手順◆

```
①減損の兆候の評価                      ②「回収可能サービス価額」の測定           ③減損損失の認識・測定
少なくとも以下の兆候を考慮                                                        資産の帳簿価額 ＞ 回収可能サービス価額
                          いずれかが    売却費用控除後  どちらか                 の場合のみ，回収可能サービス価額まで
  （外部の情報源）          存在する     公正価値        高い方   使用価値        減額し，減少額は財務業績計算書におい
(a)当該サービスの需要・必要                                                       て減損損失として認識
   性の消滅
(b)技術的・法的・政策的環境              売却費用控除後公正価値                   ※減損損失の認識後は，減額後の帳簿
   の著しい悪化（またはその見             …取引の知識がある自発的な当事者間          額から残存価額を控除した金額を残存耐
   込み）                                 取引による資産の売却で得られる価額        用年数にわたり規則的に配分することに
                                          から処分費用を差し引いた額               より，減価償却費を調整
  （内部の情報源）
(c)物的損傷の証拠の入手                  使用価値
(d)悪影響のある使用範囲・方              …資産の残存サービス提供能力の現在価値
   法の変化（またはその見込み）
   （遊休化，事業の廃止，リス             使用価値の算定方法は，以下の3つのア
   トラクチャリングの計画，予             プローチのいずれかを使用
   定前における処分を含む）
(e)資産の工事中止の決定                  (a)減価償却後再調達原価アプローチ
(f)サービス成果の予想に対す              (b)回復原価アプローチ
   る著しい悪化（またはその見             (c)サービス構成単位アプローチ
   込み）の証拠の入手
```

②　回収可能サービス価額

　図表6−10のとおり，回収可能サービス価額は，「売却費用控除後公正価値」と「使用価値」のどちらか高い方と定義されています。

　資産が活発な市場で取引されておらず同一産業の類似資産の取引実績もないケースなど，売却費用控除後公正価値の決定が不可能である場合には，回収可能サービス価額は使用価値によることとなります。

　なお，処分目的で所有されている資産に多くみられるケースですが，使用価値が売却費用控除後公正価値を著しく超過していると考える合理的理由のない場合には，回収可能サービス価額は売却費用控除後公正価値によることとなります。これは，そのような資産の使用価値は主として正味処分金額から構成されると推測されるためです。

　使用価値の算定方法の内容は**図表6−11**のとおりであり，具体例がIPSAS第21号の付録で紹介されています。

◆図表6−11　使用価値の算定方法◆

算定方法	内容
(a)減価償却後再調達原価アプローチ	資産の減価償却後の再調達原価（資産の再生産原価または再調達原価のどちらか低い金額から減価償却累計額を控除した額）として算定する方法 [環境の著しい悪化や，悪影響のある使用範囲・方法の変化から識別される減損に適用される]
(b)回復原価アプローチ	減損前の資産の残存サービス提供能力を再調達する現在原価（通常は減価償却後再調達原価）から回復原価（資産のサービス提供能力を減損前の状態まで回復させる原価）を控除して算定する方法 [物的損傷から識別される減損に適用される]
(c)サービス構成単位アプローチ	減損した状態の資産から得られると期待されるサービス構成単位に合せるために，減損前の資産の残存サービス提供能力の現在原価を減少させることにより算定する方法 [環境の著しい悪化や，悪影響のある使用範囲・方法の変化から識別される減損に適用される]

③　減損の戻入れ

IPSASでは，各報告日において，過年度に認識した減損損失が存在しないかまたは減少している可能性を示す兆候（**図表6−10**に示した兆候の逆の状況（物的損傷の証拠の入手を除く））がないか否かを評価することも求められています。

兆候が存在する場合には，回収可能サービス価額を見積る必要があります。その結果，従来の見積りから変更があった場合には，資産の帳簿価額を当該変更後の回収可能サービス価額（ただし過年度の減損がなかったとした場合の帳簿価額までが限度）まで増加させ，同額を財務業績計算書において過年度の減損損失の戻入れとして認識することとなります。

[3] 負債

IPSAS第1号において，負債は以下のように定義されています。

> 過去の事象から発生した当該主体の現在の債務であり，その決済により，経済的便益又はサービス提供能力を有する資源が主体から流出する結果となることが予想されるもの

負債は，上記の定義を満たすとともに，以下に示す負債の認識規準を満たす場合に認識されます。

> ①将来の経済的便益又はサービス提供能力を有する資産が主体から流出する可能性が高い
> ②主体が流出する当該資産の価額を，信頼性をもって測定できる

負債として表示される項目は，民間企業とほぼ同様です。

IPSASで個別に公開されている負債に関する基準としては，「引当金，偶発債務及び偶発資産」（第19号）および「従業員給付」（第25号）があります。以下では，引当金および偶発債務の取扱いについて説明することとします。

(1) 引当金

① 認識

以下のすべてを満たす場合にかぎり，引当金を認識します。

> (a)主体が過去の事象の結果として現在の（法的または推定的）債務を有している
> (b)当該債務を決済するために経済的便益又はサービス提供能力を有する資源の流出が必要となる可能性が高い
> (c)当該債務の金額について信頼できる見積りができる

② 測定

報告日における現在の債務を決済するために要する支出の「最善の見積り」により測定する必要があります。

「最善の見積り」とは，報告日の債務を決済または第三者に移転するために主体が合理的に支払う金額をいいます。これには，リスクと不確実性を考慮する必要があります。

貨幣の時間的価値の影響が重要な場合には，必要な支出の現在価値として測定しなければなりません。この場合，割引率は貨幣の時間的価値と当該負債に特有なリスクの現在の市場評価を反映する必要があります。

③ 変動

各報告日において検討し，新たな最善の見積りを反映するよう修正する必要があります。また，経済的便益又はサービス提供能力を有する資源の流出が財務の決済に必要となる可能性が最早高くない（すなわち，負債の認識規準を満たさなくなった）場合には，戻入れを行わなければなりません。

(2) 偶発債務

偶発債務は，負債の認識規準を満たさないため，負債として財政状態計算書本体に表示されることはありませんが，決済における流出の可能性がほとんどない場合を除き，その種類ごとに内容の簡潔な説明を開示する必要があります。

また，実行可能な場合には，財務上の影響の見積額，流出の金額または時期に関する不確実性の内容，補填の可能性といった事項も開示します。

(3) 引当金と偶発債務の区別の判定

IPSAS第19号では，会計処理および開示を決定する際の参考のため，引当金と偶発債務の区別の判定図が示されています（**図表6－12**）。

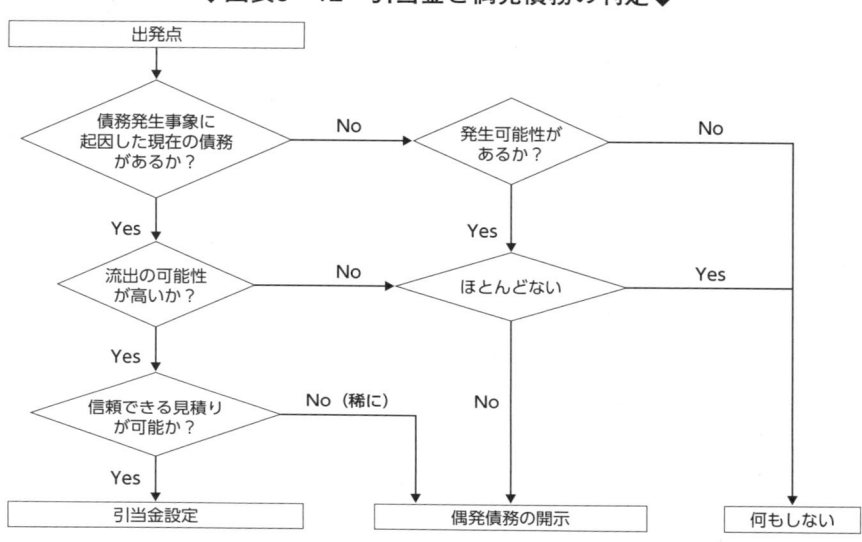

第6章　国際公会計基準（IPSAS）と日本公認会計士協会の動き

◆図表6−12　引当金と偶発債務の判定◆

```
                        出発点
                          │
                          ▼
              ┌─────────────────┐
              │ 債務発生事象に   │    No    ┌─────────────┐    No
              │ 起因した現在の   │─────────▶│ 発生可能性が │─────────▶
              │ 債務があるか？   │          │  あるか？    │
              └─────────────────┘          └─────────────┘
                     │ Yes                        │ Yes
                     ▼                            ▼
              ┌─────────────────┐    No    ┌─────────────┐    Yes
              │ 流出の可能性     │─────────▶│ ほとんどない │─────────▶
              │ が高いか？       │          │              │
              └─────────────────┘          └─────────────┘
                     │ Yes                        │ No
                     ▼                            │
              ┌─────────────────┐  No（稀に）     │
              │ 信頼できる見積り │──────┐         │
              │ が可能か？       │      │         │
              └─────────────────┘      │         │
                     │ Yes             │         │
                     ▼                 ▼         ▼                 ▼
              ┌───────────┐      ┌───────────────┐         ┌───────────┐
              │ 引当金設定 │      │ 偶発債務の開示 │         │ 何もしない │
              └───────────┘      └───────────────┘         └───────────┘
```

[4] 純資産・持分

IPSAS第1号において，純資産・持分は以下のように定義されています。

> 負債総額を控除した後の主体の資産に対する残余持分

　IPSASではIFRSと同様に資産・負債アプローチを採用しているため，財務諸表の構成要素のうち資産と負債以外は，すべてこの2つによって定義づけがなされています。純資産・持分は，上記のように，資産と負債の単なる差額として認識・測定がなされます。

(1) 主体に株主資本がない場合の開示

　財政状態計算書の本体または注記のいずれかで，以下を別個に表示した純資産・持分を開示します。

> (a)拠出資本(所有者からの拠出額から所有者への分配額を控除した累計額)
> (b)累積余剰または累積欠損
> (c)各積立金の性質と目的の記載
> (d)少数持分

(2) 主体が株主資本をもつ場合の開示

上記の開示に加えて,次の項目を財政状態計算書の本体または注記に開示します。

> (a)株主資本の種類ごとに
>   (i)授権株式数
>   (ii)発行済みで全額払込み済みの株式数,および発行されたがまだ全額の払込みがなされていない株式数
>   (iii)1株当たりの額面または無額面株式である旨
>   (iv)期首および期末の発行済株式総数の調整
>   (v)配当分配および資本の払戻しに対する制約を含む,株式の種類ごとに付されている権利,優先権および制約
>   (vi)主体自身が主体の株式を有するか,被支配主体または関連法人が所有する株式
>   (vii)オプション契約による発行に向けての留保株式,売渡契約のための留保株式およびそれらについての契約条件,金額等
> (b)純資産・持分に計上されている各積立金の性質と目的の記載

3 財務業績計算書

[1] 財務業績計算書における開示内容

前節で述べたとおり,IPSASは項目を表示する順序や様式を事細かに規定するものではありません。ただし,性質・機能がかなり異なっているために

本体上で別個に表示するのが当然なものとして，本体において開示すべき情報を明示しており，そのほかに主体の財務業績の理解にあたり表示が適切となる項目を追加することを要求しています。

IPSAS第1号の適用指針においては，財務業績計算書の本体の様式例として，2種類の様式（**図表6－13，6－14**）が示されています。

(1) 財務業績計算書の本体に記載すべき情報

財務業績計算書の本体には，少なくとも以下の項目を掲記する必要があります。

(a)収益
(b)財務費用
(c)関連法人およびジョイント・ベンチャーの持分
(d)廃止事業の資産の廃棄や負債の決済により認識された利得または損失の税引前損益
(e)余剰又は欠損

また，上記(e)については，支配主体の所有者に帰属する金額と，少数株主持分に帰属する金額とを，それぞれ本体に開示する必要があります。

その他の項目も，収益と費用の各種構成要因の重要性，性質，機能などを考慮した結果，表示が主体の財務業績を理解するのに適切となる場合には，追加して財務業績計算書の本体に表示しなければなりません。

◆図表6-13　財務業績計算書の様式例①◆
（機能による費用分類）

20X2年12月31日に終了する1年間		
		（単位：千）
	20X2	20X1
収益		
税金	X	X
料金，科料，罰金及び手数料	X	X
交換取引から生じた収益	X	X
他の政府からの移転収入	X	X
その他収益	X	X
収益合計	X	X
費用		
一般公共サービス	(X)	(X)
国防費	(X)	(X)
治安維持費	(X)	(X)
教育関係費	(X)	(X)
保健・医療関係費	(X)	(X)
社会保障費	(X)	(X)
住宅及び地域整備費	(X)	(X)
余暇・文化及び宗教関係費	(X)	(X)
経済関係費	(X)	(X)
環境保護費	(X)	(X)
その他費用	(X)	(X)
金融費用	(X)	(X)
費用合計	(X)	(X)
関連法人の余剰に対する持分*	X	X
余剰又は欠損	X	X
帰属		
支配主体の所有者	X	X
少数持分	X	X
	X	X

＊これは関連法人の所有者に帰属する関連法人の余剰に対する持分，すなわち税金及び少数持分を控除した後の持分を意味する。

◆図表6-14　財務業績計算書の様式例②◆
（性質による費用分類）

	20X2年12月31日に終了する1年間	
		（単位：千）
	20X2	20X1
収益		
税金	X	X
料金，科料，罰金及び手数料	X	X
交換取引から生じた収益	X	X
他の政府からの移転収入	X	X
その他収益	X	X
収益合計	X	X
費用		
賃金，給与及び福利費	(X)	(X)
補助金及びその他の移転支出	(X)	(X)
消耗品・消費財費用	(X)	(X)
減価償却費その他の償却費	(X)	(X)
有形固定資産の減損*	(X)	(X)
その他費用	(X)	(X)
金融費用	(X)	(X)
費用合計	(X)	(X)
関連法人の余剰に対する持分	X	X
余剰又は欠損	X	X
帰属		
支配主体の所有者	X	X
少数持分	X	X
	X	X

＊費用がその性質により分類されている財務業績計算書においては，有形固定資産の減損は，個別の表示項目として表示される。対して，費用が機能により分類されている場合には，減損は関連する機能分類項目に含まれる。

(2) 財務業績計算書の本体または注記のいずれかに記載すべき情報

収益と費用の項目が重要な場合には，財務業績計算書の本体または注記のいずれかで，その内容および金額を個別に開示する必要があります。

また，収益と費用は，それぞれ以下の事項について本体または注記のいずれかで表示することが要求されています。

---
①収益 ⇒ 主体の事業に適するように区分された分類
②費用 ⇒ 費用の性質または機能に基づく分類を用いた分析

---

[2] 収益

IPSAS第1号において，収益は以下のように定義されています。

> 所有者からの拠出に関連するもの以外で，純資産・持分の増加をもたらす一定期間中の主体の通常の事業過程で生ずる経済的便益又はサービス提供能力の総流入

資産・負債アプローチを採用しているため，収益は，資産と負債を認識したうえで，その差額である純資産・持分の増加として認識されるものと定義づけられています。

ただし，「所有者からの拠出」は収益には該当しません。「所有者からの拠出」とは，外部当事者によって拠出された将来の経済的便益又はサービス提供能力のうち，主体の純資産・持分に対する財務的持分を確立するものをいい，主体の余剰等の分配に対する権利をもたらし，売却，交換，移転等が可能という性質があります。

IPSASでは収益に関する基準について，「交換取引による収益」と「非交換取引による収益」とに分けて公開しています。後者は，公的部門において重要な要素である税収や移転収入といった対価性のない取引（非交換取引）

による収益について認識・測定方法を定めています。

以下においては,「非交換取引による収益」の取扱いについて説明することとします。

(1) 非交換取引からの収益の認識・測定

IPSAS第23号では,非交換取引からの収益の認識および測定について,以下のように定めています。

> ①認識：資産として認識される非交換取引からの資源の流入は,同じ流入に関連して負債が認識される範囲を除いて収益として認識
> ②測定：資産の当初認識日時点で,純資産の増加が認識された金額（取得日の公正価値）で測定

上記①に関連して,当初負債が認識されており,当該負債を認識する原因となった債務がその後満たされた場合には,当該負債を減額し,同額を収益として認識します。たとえば,税収について課税原因が発生する前に前受けする場合の具体的な会計処理は,**事例③**のようになります。

〈事例③ ―税収を前受けし,その後課税原因が生じた場合の会計処理〉
①X1期中：課税原因発生前において,税金として3,000万円受領した。
②X2期中：上記税金に係る課税原因が発生した。

（単位：万円）

① 現金及び現金同等物	3,000	前　受　金 (BS負債)	3,000
② 前　受　金 (BS負債)	3,000	税　　収 (PL収益)	3,000

(2) 税収の取扱い

税収は,納税者がその直接的な見返りとして同等の価値を得ることなく資

源を移転するため，「非交換取引」の定義を満たします。これは，納税者が主体の実施する政策から受ける便益は，納税の対価として直接的な見返りとして提供されるものではないという立場をIPSASがとっているためです。

IPSASでは税収は「収益」として扱われます。なぜなら，納税は，主体の余剰等の分配に対する請求権を納税者に与えるものではなく，また，売却，交換，移転等が可能である持分権を与えるものでもないことから，「所有者からの拠出」の定義を満たさないということが明確に示されているためです。

(3) 移転収入の取扱い

「移転収入」は，租税を除く非交換取引による将来の経済的便益またはサービス提供能力の流入と定義されています。具体的には，補助金，債務免除，罰科金，遺贈，贈与，寄付，現物給付およびサービス給付などが該当します。

移転収入は，「所有者からの拠出」の定義を満たすものと満たさないものがあり，後者については「収益」として扱われます。

移転収入を収益として認識するためには，資産の認識規準を満たすことが必要ですが，そのためにはまず，資産の定義（過去の事象の結果として主体が支配し，かつ，将来の経済的便益又はサービス提供能力が，主体に流入することが期待される資源）でいう「資源の支配」が必要です。主体は，資源を主体が受領したか，または主体が拘束力（強制可能な請求権）をもった時点で「資源の支配」を得ることとなります（資産の認識規準は，有形固定資産の認識(233頁)の項で述べた2要件をご参照ください）。

ただし，移転収入において特徴的な点は，移転された資産に「条件」（資産を指定したとおりに費消するよう要求し，不履行の場合は移転者へ返還することを規定した取決め）が付されたもの（たとえば，補助金，寄付の一部）が存在することです。

この場合，IPSASでは，資産の認識と同時に負債を認識し，条件が履行されるに従って当該負債を減額し，収益を認識していくことになります。

[3] 費用

IPSAS第1号において、費用は以下のように定義されています。

> 当該報告期間中の資産の流出若しくは消費又は負債の発生の形をとる経済的便益又はサービス提供能力の減少であり、所有者への分配に関連するもの以外の持分の減少を生じさせるもの

資産・負債アプローチを採用しているため、費用もまた、収益と同じく資産（の減少）と負債（の増加）という2つの構成要素によって定義づけがなされています。

ただし、「所有者への分配」に関連するものは費用には該当しません。「所有者への分配」とは、主体が所有者の任意で余剰の一部を所有者に分配することをいいます。

財務業績計算書の本体または注記のいずれかに記載すべき情報（249頁）に関連して、費用は、主体の特定の施策、活動または分野別の原価および原価回収額に焦点を当てるため、以下の2つの方法のうちいずれかによる分類を表示します。これらはそれぞれ異なるタイプの主体に対し長所があるため、IPSAS第1号では、どちらの方法が主体の業績要因を適正に表示するかに基づいて選択することを求めています。

(1) 性質別費用分類法

費用の性質に基づいた分類方法です。これによると、費用は各種の性質に従って集計されることとなり、たとえば、減価償却費、材料仕入高、運送費、従業員給付、広告費といった項目が開示されることとなります（**図表6－14**）。

事業費を機能的分類により配分する必要がないので、多くの小規模主体で採用が容易であるという特徴があります。

(2) 機能別費用分類法

費用の機能に基づいた分類方法です。これによると，費用は使用された施策や目的に従って集計されることとなり，たとえば，教育関係費，保健・医療関係費，社会保障費といった項目が開示されることとなります（**図表6－13**）。

この表示は性質別分類法よりも目的適合性の高い情報を利用者に提供できますが，原価を機能別に配分する際に恣意的になる可能性があり，多くの判断を要するという特徴があります。

なお，この分類法で表示する場合には，性質に関して追加情報の開示が必要です。

4 純資産・持分変動計算書

[1] 財務業績計算書との関係

IPSASでは，ある期間に認識される収益と費用のすべての項目を，IPSASが別途規定する場合を除き，財務業績計算書に余剰又は欠損として計上します。一方で，再評価による増減額や外国為替差額などについては，他のIPSASが直接，純資産・持分の増減として認識することを求めています。

一会計期間の財政状態の変動を検討するためには，すべての項目を考慮に入れるべきであるため，純資産・持分変動計算書を，財務業績計算書の「余剰又は欠損」と当該期間に「直接に純資産・持分に計上された項目」の双方を明らかにするための報告書として位置づけ，その作成を求めているものといえます。

[2] 純資産・持分変動計算書における開示内容

開示内容は，**図表6－15**をご参照ください。このほか，所有者との取引金額（所有者への分配以外）がある場合には，本体または注記のいずれかで開示します。

第6章　国際公会計基準(IPSAS)と日本公認会計士協会の動き

◆図表6-15　純資産・持分変動計算書の様式例◆

20X2年12月31日に終了する1年間

(単位:千)

	支配主体の所有者に帰属					少数持分	純資産・持分合計
	拠出資本	その他剰余金[1]	為替換算差額	累積余剰(欠損)	合計		
20X0年12月31日残高	X	X	(X)	X	X	X	X
会計方針変更の影響額				(X)	(X)	(X)	(X)
修正再表示後の残高	X	X	(X)	X	X	X	X
20X1年度純資産・持分変動							
固定資産再評価益		X			X	X	X
投資再評価損		(X)			(X)	(X)	(X)
在外活動体の換算による外貨換算差額			(X)		(X)	(X)	(X)
純資産・持分に直接計上される正味収益	X	X	(X)		X	X	X
当期余剰				X	X	X	X
当期に認識された収益と費用の合計		X	(X)	X	X	X	X
20X1年12月31日時点繰越残高	X	X	(X)	X	X	X	X
20X2年度純資産・持分変動							
固定資産再評価損		(X)			(X)	(X)	(X)
投資再評価益		X			X	X	X
在外活動体の換算による外貨換算差額			(X)		(X)	(X)	(X)
純資産・持分に直接計上される正味収益		(X)	(X)		(X)	(X)	(X)
当期欠損				(X)	(X)	(X)	(X)
当期に認識された収益と費用の合計		(X)	(X)	(X)	(X)	(X)	(X)
20X2年12月31日時点繰越残高	X	X	(X)	X	X	X	X

[1] その他の剰余金については,重要な場合には,その構成要素に分類している。

5 キャッシュ・フロー計算書

[1] キャッシュ・フロー計算書の効用

　IPSAS第2号では,キャッシュ・フロー計算書の効用として,財務諸表利用者が主体の将来のキャッシュに対する需要や,将来におけるキャッシュ・インフローの流入,主体の活動の範囲と性格の変化に対して資金調達を行う能力を予測するうえで有用であることをあげています。また,キャッシュ・フロー計算書は,主体が報告期間におけるキャッシュ・インフローとキャッシュ・アウトフローに係る説明責任を果たす1つの手段を提供するものとしています。

[2] 表示区分

　キャッシュ・フローの区分としては,IFRSと同様に,事業活動によるキ

ャッシュ・フロー，投資活動によるキャッシュ・フロー，財務活動によるキャッシュ・フローの3区分を設けています。3区分における各活動の意味は以下のとおりです。

> ①事業活動：投資活動または財務活動以外の活動
> ②投資活動：長期資産やその他の投資の取得および処分
> ③財務活動：主体の拠出資本および借入の規模と構成に変動をもたらす活動

[3] 事業活動によるキャッシュ・フローの報告

以下のいずれかにより，事業活動によるキャッシュ・フローを報告します。

> ①直接法：主要な種類ごとの収入総額と支出総額を開示する方法
> ②間接法：余剰又は欠損を，非資金的性格の取引の影響，将来または過去の事業活動からの収入・支出の繰延べ・見越し計上，および，投資または財務活動に関連した収入・費用項目について調整する方法

IPSAS第2号では，直接法は将来のキャッシュ・フローを見積もるうえで有用であり，間接法では得られない情報を提供することを理由に，直接法により表示することを推奨しています。

ただし，直接法で表示する場合，補足情報として，経常活動による余剰又は欠損から事業活動による正味キャッシュ・フローへの調整（すなわち，間接法で表示される情報）を，本体または注記において開示することを推奨しています。

[4] キャッシュ・フロー計算書における開示内容

開示内容は，**図表6-16**をご参照ください。このほか，主に以下の事項を

第6章 国際公会計基準(IPSAS)と日本公認会計士協会の動き

注記により開示します。

- 非資金取引(現金及び現金同等物の使用を必要としない投資及び財務取引)
- 現金及び現金同等物の構成要素と財政状態計算書における項目との調整
- 現金及び現金同等物のうち主体が利用できない重要な金額

◆図表6−16　キャッシュ・フロー計算書(直接法)の様式例◆

20X2年12月31日に終了する1年間

(単位:千)

	20X2	20X1
事業活動によるキャッシュ・フロー		
収入		
税金	X	X
財貨・用益の販売	X	X
補助金	X	X
利子収入	X	X
その他の収入	X	X
支出		
従業者費用	(X)	(X)
年金費用	(X)	(X)
仕入先への支払	(X)	(X)
支払利息	(X)	(X)
その他の支出	(X)	(X)
事業活動による正味キャッシュ・フロー	X	X
投資活動によるキャッシュ・フロー		
有形固定資産の購入	(X)	(X)
有形固定資産売却による収入	X	X
投資の売却による収入	X	X
外貨建証券の購入	(X)	(X)
投資活動による正味キャッシュ・フロー	(X)	(X)
財務活動によるキャッシュ・フロー		
借入金による収入	X	X
借入金の返済	(X)	(X)
政府への分配・配当金	(X)	(X)
財務活動による正味キャッシュ・フロー	X	X
現金及び現金同等物の正味増加・(減少)	X	X
現金及び現金同等物の期首残高	X	X
現金及び現金同等物の期末残高	X	X

6 連結財務諸表

[1] 連結財務諸表の概要

IPSAS第6号において、連結財務諸表は、「単一の主体の財務諸表として表示される経済主体の財務諸表」と定義されています。経済主体とは、支配主体および1つ以上の被支配主体からなる主体集団をいい、いわゆる連結集団のことです。

公的部門における主体であっても、民間企業と同様に、その財務および経営方針を左右（＝支配）できる主体を1つ以上有しているのが通常です。この状態において、前者を「支配主体」、後者を「被支配主体」といいます。

[2] 連結財務諸表の表示義務

「支配主体」に該当する主体は、以下の4つのケースを除いて、連結財務諸表を作成し表示しなければなりません。

> ①支配主体が以下のいずれかである場合
>   (a)100％被支配主体であり連結財務諸表利用者が存在しない、または利用者の情報ニーズが当該主体の支配主体の連結財務諸表によって満たされる
>   (b)支配主体が他の主体に一部を有されている被支配主体であり、その他の所有者は、支配主体が連結財務諸表を作成しないことについて反対していない
> ②支配主体の負債証券や持分金融商品が公開市場（国内外の株式市場や店頭市場）において取引されていない場合
> ③支配主体が公開市場で証券を発行する目的で証券委員会その他の規制機関に財務諸表を提出しておらず、提出する過程にもない場合
> ④支配主体のうち最上位の支配主体または中間的な支配主体がIPSASに準拠した公表される連結財務諸表を作成している場合

[3] 連結の範囲

　連結財諸表の作成にあたっては，下記(1)に定める場合を除いて，すべての被支配主体を連結の範囲に含めなければなりません。

(1) 連結対象からの除外

　次のことが明白である被支配主体は，連結対象から除外する必要があります。

> ①被支配主体が，専ら取得から12ヶ月以内において処分する目的で取得・保有されているため支配が一時的であると認められる場合で，かつ，
> ②経営者が活発に買い手を捜している場合

(2) 支配の有無の判定

　「支配」とは，前述したように，主体の活動からの便益を得るために，その主体の財務および経営方針を左右する力を有していることをいい，IFRSと同様，いわゆる実質支配力基準を採用しています。

　IPSAS第6号では，支配の有無の判定の際に考慮すべき事項として，以下の2つの要素を示しています。

> ①力の要素：他の主体の財務方針および経営方針を左右する力
> 　［具体例］
> ・直接または間接に他の主体の議決権の過半数を有する場合
> ・他の主体の意思決定機関の過半数を選解任する権限を付与されている場合
> ②便益の要素：他の主体の活動から支配主体が便益を受ける能力
> 　［具体例］
> ・他の主体の解散時に相当レベルの残余経済便益を得る力を有する場合
> ・他の主体からの資産の分配を引き出す力を有する場合

[4] 連結手続

連結財務諸表の作成手続として，IFRSと同様，以下の基本的処理を行います。

> ①各主体の財務諸表の合算
> ②支配主体の投資の簿価と被支配主体の純資産・持分の相殺消去（いわゆる資本連結）
> ③少数持分の識別（被支配主体の余剰又は欠損，純資産・持分それぞれに対応する分）
> ④経済主体内の債権債務残高，取引高の相殺消去（いわゆる成果連結）

[5] 少数持分の表示

少数持分は，連結財政状態計算書において，支配主体の純資産・持分とは区分して表示します。また，経済主体の余剰又は欠損に対する少数持分も区分して表示します。

7 財務諸表における予算情報の表示

[1] 予算情報の表示が求められる主体

公的部門の主体は，通常，立法当局の承認を経て発効する歳出予算の形で予算限度の制約を受けるため，予算は主体にとって非常に重要な財務情報といえます。そのため，公的部門の財務諸表に対しては，予算に従って資源が獲得され使用されたかどうかの情報提供について，利用者のニーズが大きいものと考えられます。

IPSASでは，承認された予算を公開している主体は，IPSAS第24号に基づき，以下のような予算情報の表示が求められています。また，承認された予算を公開していない主体は，財務諸表と予算が同じ会計基礎（現金主義，発生主義など）に基づいている場合には，予算との比較情報を含めることが望ましいとされています。

[2] 予算金額と実績金額との比較情報の表示

財務諸表と予算が同じ基礎（会計基礎・表示区分・主体・期間のこと）により作成されている場合のみ、予算金額と実績金額との比較情報について、独立した追加的財務情報として「予算金額と実績金額の比較報告書」を作成するか、または財務諸表本体に予算の列を追加することにより表示する必要があります。

この比較情報には、当初および最終の予算金額、予算と同じ基礎による実績金額が含まれることになります（**図表6-17**）。また、予算金額と実績金額との重要な差異については説明を注記することが必要です。

◆図表6-17 「予算金額と実績金額の比較報告書」の様式例◆

(単位：千)	予算金額 当初	予算金額 最終	比較基礎に基づく実績金額	最終予算と実績との差異*
収入				
税収	X	X	X	X
援助契約				
国際機関	X	X	X	X
その他の補助金及び援助金	X	X	X	X
収入―借入	X	X	X	X
収入―有形固定資産の処分	X	X	X	X
商業活動	X	X	X	X
その他の収入	X	X	X	X
収入合計	**X**	**X**	**X**	**X**
支出				
保健・医療関係費	(X)	(X)	(X)	(X)
教育関係費	(X)	(X)	(X)	(X)
公共秩序／保安関係費	(X)	(X)	(X)	(X)
社会保障費	(X)	(X)	(X)	(X)
防衛費	(X)	(X)	(X)	(X)
住宅及び地域整備費	(X)	(X)	(X)	(X)
余暇，文化及び宗教関係費	(X)	(X)	(X)	(X)
経済関係費	(X)	(X)	(X)	(X)
その他	(X)	(X)	(X)	(X)
支出合計	**(X)**	**(X)**	**(X)**	**(X)**
正味収入／（支出）	X	X	X	X

＊この欄は必須ではないが、予算・実績金額を明確に比較するために適切な場合は含める。

[3] 予算と同じ基礎に基づく実績金額と財務諸表の実績金額との調整

　予算で発生主義以外の基礎を採用している主体においては，予算と同じ基礎で作成した収入支出決算書と，財務諸表におけるキャッシュ・フロー計算書の金額に差額が生じることになります。

　このような場合，「予算金額と実績金額の比較報告書」本体かまたは財務諸表の注記において，予算と同じ基礎で作成した収入支出決算書と財務諸表におけるキャッシュ・フロー計算書の差額を，各活動（事業活動・投資活動・財務活動）による正味キャッシュ・フローにおいて明らかにし，調整する必要があります（予算が現金主義を採用している場合の例：**図表6－18**）。

◆図表6-18　予算と同じ基礎に基づく実績金額と財務諸表の実績金額との調整表の様式例◆

	営業活動	投資活動	財務活動	合計
「予算金額と実績金額の比較報告書」で表示された，予算と同じ基礎による実績金額	X	X	X	X
会計基礎の差異	X	X	X	X
期間の差異	─	─	─	─
主体の相違	X	X	X	X
キャッシュ・フロー計算書の実績金額	X	X	X	X

第6章　国際公会計基準（IPSAS）と日本公認会計士協会の動き

❷ 日本公認会計士協会の動き

❶ 地方公会計に関する日本公認会計士協会のこれまでの動き

　日本公認会計士協会（以下，「協会」という）では，従来から，地方公共団体は発生主義・複式簿記による公会計の基準に従って財務諸表を作成すべきと考えており，平成16年11月には公会計委員会研究報告第12号「地方公共団体の会計基準形成に当たっての考え方」を公表するなど重要な施策として調査および研究に取り組んできました（図表6－19）。さらに平成19年8月に「公会計・監査特別委員会」を設置し，地方公会計基準および財務書類の整備促進を会計専門家として支援するための方策を検討してきました。

◆図表6－19　地方公会計に関するこれまでの日本公認会計士協会の主な公表物◆

報告名	公表時期
地方公共団体監査特別委員会研究報告第1号 「地方公共団体における内部統制」	平成13年5月
公会計委員会研究報告第5号 「地方公共団体における財務諸表分析」	平成14年5月
公会計委員会研究報告第7号 「公会計原則（試案）」	平成15年2月
公会計委員会研究報告第12号 「地方公共団体の会計基準形成に当たっての考え方」	平成16年11月
公会計委員会研究報告第16号 「インフラ資産の会計処理に関する論点整理」	平成19年3月
公会計・監査特別委員会研究報告第1号 「地方公共団体の会計に関する提言」	平成20年10月

　現在求められている地方公会計の整備は，総務省の実務報告書が示すモデル等に基づいて，すべての地方公共団体で財務書類4表の導入を目指す段階

にあり，モデルを公会計の基準に成熟させるためには，地方公共団体での実績の積み重ねが必要であると認識しています。財政健全化のために資産売却や債務の圧縮などを求めた行政改革推進法の趣旨に鑑みても，協会は，地方公共団体が財務書類4表をスムーズに作成できるよう指導・協力する，会計専門家集団としての責務を有しているといえます。

このため協会は，平成20年10月に，公会計・監査特別委員会研究報告第1号「地方公共団体の会計に関する提言」を公表しました。

当報告は，会計専門家の理解を促進するため，総務省両モデルにおける取扱い，地方公共団体の従来の歳入歳出決算書や決算統計，企業会計との関係を解説し，あわせて地方独立行政法人や地方三公社なども含めた将来の「統一的な地方公会計基準」整備の際に検討対象となると考えられる論点について，さらなる検討を行うべき課題を取りまとめたものです。

協会は国際会計士連盟（IFAC）の加盟団体であり，IPSASの普及に関して最大限の努力を図る義務を負っているため，当報告ではIPSASでの取扱いについても適宜記載されています。

2 「地方公共団体の会計に関する提言」

公会計・監査特別委員会研究報告第1号「地方公共団体の会計に関する提言」において，協会は19の論点を掲げ，各々について提言または課題を示しています。主な論点に係る提言・課題は，以下のとおりです。

[1] 公会計基準設定主体について

> 統一的な公会計基準設定主体の早期確立が必要

現在，国，地方公共団体の財務書類の作成方法および独立行政法人，国立大学法人，地方独立行政法人，地方公営企業に適用される会計基準が，それ

ぞれ異なる組織によって作成されています。そのため、財務諸表利用者の理解を困難にし、作成された財務諸表の利用の妨げになっている面があり、財務諸表作成者や監査人といった公会計専門家の育成においても障害となっています。

このような課題に対処するため、地方公共団体や地方独立行政法人、地方三公社、地方公営企業等に適用される会計基準を統一的に制定する公会計基準設定主体の設置を検討すべきとしています（**図表6－20論点No.2**）。

[2] 出納整理期間の取扱いについて

> 出納整理期間中の取引を反映すべきではない

出納整理期間中には、未収・未払の整理だけでなく、地方債の発行の多くが行われているなど、出納整理期間中の取引高は多額に上るという現実があり、このような取引を反映しないと、地方公共団体の経済活動の実態を反映しないため、出納整理期間中の取引を織り込むべきという意見もあります。しかし、出納整理期間中の取引を織り込んで財務諸表を作成すると、以下のような問題が生じるため、発生主義に基づく財務諸表を作成すべきとしています。

①貸借対照表が会計年度末の財政状態を表さないこととなり、会計の基本原則（会計記録は経済事実に基づいて処理し、真実な報告を提供するべき）に反する
②出納整理期間中の取引について、予算上前年度に帰属するのか当年度に帰属するのかを巡り、検証が困難
③5月31日の出納閉鎖日を待たなければ決算作業は完結せず、決算の早期化、財務諸表の早期・適時な開示の妨げになる

発生主義に基づいて作成された財務諸表と予算制度に基づく会計情報との関係は，IPSAS第24号「財務諸表における予算情報の表示」に準じて，歳入歳出決算書と出納整理期間中の取引を織り込まずに作成した資金収支計算書との調整表を追加開示すること(261頁)によって明らかにすることが可能であるとしています（図表6－20論点No.4)。

[3] 有形固定資産の評価基準について
(1) 公正価値による開始時簿価の算定および継続した再評価について

- 公正価値等による開始時簿価の算定は適切
- 定期的な再評価を強制すべきではない

地方公共団体の場合，企業会計では想定できないほどの長期間にわたり資産を保有し続けることも想定されるため，公正価値により再評価を行っていく必要があるという指摘がありますが，「過去に取得した資産の取得価額が不明」との報告が多くの地方公共団体から出されている現状では，過去に遡り取得原価を調査することは困難であり，公正価値等により有形固定資産の開始時簿価を算定するしか実務上対応できないとしています。その後も公正価値による継続した再評価を行うか否かについては，測定の客観的妥当性の確保，再評価コストおよび再評価の頻度を含めて検討を行う必要があるとしています。

そこで，開始時簿価の算定にあたり公正価値等で評価を行うことは適切な方法ですが，わが国の企業会計上再評価が行われておらず，定期的な再評価に必要な環境が整っていないことや，再評価に要するコストと得られる便益を考慮すると，定期的な再評価を強制すべきではないとしています（図表6－20論点No.8）。

(2) 減損会計について

> 減損会計の処理を規定すべき

　先に減損会計を導入している公益法人，独立行政法人等において，減損会計導入を機に資産の有効活用・転用が促進されたとの報告もあり，財政状態の適正表示の観点だけでなく，政策評価の観点からも，地方公会計制度においても，将来，地方公会計の統一基準を作成する場合，減損会計の導入が必要であるとしています。

　ただし，地方公共団体においては，行政サービス提供のために保有し，商業的利益を獲得することを主たる目的としない非資金生成資産が多くを占めると考えられ，企業会計で行われている減損会計とは異なる取扱いが必要であり，また，実務上の過度の事務負担を回避する観点から，とくに減損の兆候の判定の簡素化について検討が必要であるとしています（**図表6-20論点No.8**）。

[4] 税収や補助金収入の取扱いについて

> - 税収は，「所有者からの拠出」と捉えられないため，収益として計上
> - 補助金収入は，建設助成のものも含めてすべて収益として計上

　住民は主権者であるものの，地方公共団体に持分を有しているわけではないなど，経済的な意味で地方公共団体の所有者ではないとしています。地方公共団体の経済的側面を示す財務報告においては，政治的な意味での所有者（主権者）であるかではなく，経済的な意味での所有者であるかに焦点を当てることが適切としています。

　また，会計上の「拠出」概念は，通常以下の性格を有するものであり，これに照らすと税収を「拠出」と捉えることは適切ではないとしています。

① 「拠出」は，拠出者の主体的意思に基づいてその金額および時期を決定するものだが，納税という行為は主体的意思に基づくものではない
② 「拠出」は，これにともない経済的持分を形成する行為と考えられているが，納税という行為は経済的持分を形成するものではない
③ 会計上，ある取引を「拠出」とする意味は，その取引額に拠出者の意思に基づく「一定の維持拘束性」または「基準値性」が求められるため，それ以外の取引と区分することにあるが，税収は使用されるために徴収されるものであり，「一定の維持拘束性」または「基準値性」を有するものではない

　近年の会計理論の根幹を成す資産・負債アプローチに基づけば，純資産の増加をもたらす取引のうち資本取引以外は広い意味での収益であり，この観点からは税収等の対価性のない取引による純資産の増加を収益とみなす考え方が成り立つとしています（**図表6－20論点No.14**）。

　また，税収と同じく対価性のない取引に基づくものである補助金収入については，収益と費用のすべての項目を財務業績計算書に計上し，一会計期間の財務業績を示すという観点からは，建設助成のものを含めてすべて収益として財務業績計算書に計上することが適切であるとしています。ただ，関連する負債の認識規準や収益の計上時期については，将来，地方公会計の統一基準を作成する場合に，あわせて検討する必要があるとしています（**図表6－20論点No.15**）。

3 現行における各会計基準の比較表

　地方公共団体の会計に関する提言（263頁）における論点ごとの各会計基準の状況を整理しますと，**図表6－20**に示すとおりとなります（網掛け部分は本文で紹介した論点です）。

第6章　国際公会計基準（IPSAS）と日本公認会計士協会の動き

◆図表6-20　「地方公共団体の会計に関する提言」における論点ごとの各会計基準◆

(注)　略称は、基準モデルを例に採ると、以下の意味で用いています。
BS：貸借対照表　　PL：行政コスト計算書　　NW：純資産変動計算書　　CF：資金収支計算書

論点No.	論点	JICPA提言等[要約]	IPSAS	基準モデル	改訂モデル	(参考)企業会計基準
共通事項						
1	基準設定に関する基本的アプローチ	地方公会計基準は一般目的財務諸表を前提とした作成が適当　統一的な公会計基準の整備を検討する際に、公的部門特有の要素の考慮の程度やその判断基準を検討すべき	公的部門についても適切である限り、IFRSとの整合性を保つ　有利な事情に応じて個々のIFRSを修正、IFRSで扱われていない問題は独自に設定	対価性のない税収の配分を予算による統制の下で行うという点から、営利目的である民間企業とは根本的に異なっているとの認識の下に設定	同左	営利を目的として活動する民間企業の財務情報を適正に開示するための適切な基準を設定する
2	基準設定主体	統一的な公会計基準設定主体の早期確立が必要	国際公会計基準審議会（IPSASB）	総務省（新地方公会計制度実務研究会）※地方公共団体のみに適用され、他の公的部門には各々別個の基準が存在する	同左	企業会計基準審議会
3	財務書類作成の単位	真の財政状態等は連結ベースにより示される　連結対象となる各法人の会計方針の統一について検討が必要	個別財務諸表　連結財務諸表　※連結は特定の場合には作成不要	（普通会計財務書類）　単体財務書類　連結財務書類	普通会計財務書類　地方公共団体全体の財務書類　連結財務書類	同左	個別財務諸表　連結財務諸表（主に上場会社）
	財務諸表の構成部分		財政状態計算書　財務業績計算書　純資産・持分変動計算書　キャッシュ・フロー計算書	貸借対照表　行政コスト計算書　純資産変動計算書　資金収支計算書	同左	貸借対照表　損益計算書　株主資本等変動計算書　キャッシュ・フロー計算書
	連結の範囲	（課題）　連結財務書類で報告すべき財務情報とは何か、という観点から検討すべきとの見解を紹介　残余財産が帰属するか否かも重要な判定要素	被支配主体すべて（実質支配力基準による；一時的支配を除く）	設立した地方独立行政法人・地方三公社、出資比率50%以上の第三セクターすべて、50%未満の第三セクターのうち実質的に支配するもの	同左		被支配主体すべて（実質支配力基準による；一時的支配を除く）
4	出納整理期間の取扱い	反映すべきでない　予算制度に基づく会計情報との関係は調整表の追加開示により明示可能	考慮しない	出納整理期間中の増減を反映する	同左	存在しない
BS関連						
5	資産の区分	比較可能性の確保のため、表示区分を統一することが望まれる	流動資産　非流動資産　←正常営業循環基準または一年基準で区分	金融資産（資金、債権、有価証券、投資等）　非金融資産（事業用資産、インフラ資産、繰延資産）　←保有目的・期間に拠らず、属性により区分	公共資産（有形・無形固定資産、売却可能資産）　投資等（投資及び出資金、貸付金、基金等、長期延滞債権等）　流動資産（現金預金[財政調整・減債基金含む]、未収金、販売用不動産）	流動資産　固定資産　繰延資産　←正常営業循環基準または一年基準で区分
	負債の区分		流動負債　非流動負債　←正常営業循環基準または一年基準で区分	流動負債　非流動負債　←正常営業循環基準または一年基準で区分	固定負債　流動負債	流動負債　固定負債　←正常営業循環基準または一年基準で区分
6	科目分類（インフラ資産の取扱い）	インフラ資産は一体として機能する資産を含めた機能別分類が望ましいとの意見を紹介　地方自治法による区分は特定目的である行政管理上の区分であり、採用する意義は乏しい	事業用資産とインフラ資産の区分表示や特別な取扱いなし　インフラ資産：一般的に下記の特徴がある資産　①システムまたはネットワークの一部　②性質が特殊で代替的利用ができない　③移動できない　④処分に制約を受ける	非金融資産の中で事業用資産とインフラ資産を区分　インフラ資産：清掃施設、道路、河川、港湾、公園、上・下水道施設、電気・ガス供給施設等	公共資産のうち有形固定資産を形態別分類でなく決算統計の行政目的別区分により区分表示しており、インフラ資産の区分表示や特別な取扱いなし	形態別分類のみ
7	売却可能資産	本体での区分表示ではなく、注記か事業報告書のような形での開示が望ましい	―	注記により資産科目別の金額を開示	本体で売却可能価額を区分表示する　その後の減価償却は行わない	販売用不動産は流動資産区分　賃貸等不動産は時価開示のみ

268

2 日本公認会計士協会の動き

論点No.	論点	JICPA提言等[要約]	IPSAS	基準モデル	改訂モデル	(参考)企業会計基準
8	固定資産の開始時簿価	開始時簿価を公正価値等で評価するのは適切だが、定期的な再評価を強制すべきでない	取得日時点の取得原価(不明の場合は公正価値)に、減価償却・減損を反映して測定	公正価値で評価 土地:固定資産税評価額を基礎(インフラ資産底地は取得原価) 土地以外:再調達価額に減価償却を反映	売却可能資産:時価評価 売却可能資産以外:過去の建設事業費の積上げにより算定	取得日時点の取得原価(不明の場合は公正価値)に、減価償却・減損を反映して測定
	固定資産の再評価		再評価モデルを選択適用した場合には、種類毎に一定の定期性をもって公正価値に減価償却・減損を反映した金額で再評価	土地:3年毎に再評価(インフラ資産底地は再評価しない) 土地以外:再評価はしない	再評価はしない	再評価はしない
	固定資産の減損	減損会計について規定すべき	導入されている 資金生成資産、非資金生成資産それぞれに応じた基準あり	導入されていない	導入されていない	導入されている
9	固定資産の減価償却	(課題) 道路等の超長期にわたり使用される資産は、減価償却ではなく更新会計が妥当との意見もある	減価償却費はすべてPLに費用計上	事業用資産:減価償却費をPLに計上 インフラ資産:直接資本減耗をNWに直接計上	売却可能資産以外のみ、減価償却費をPLに費用計上 (台帳整備までは当面決算統計区分・取得年度毎に独自の耐用年数設定)	減価償却費はすべてPLに費用計上
10	基金の会計処理(減債基金と地方債、繰替運用の取扱い)	(整理と検討) 繰替運用は内部取引であるため相殺が適切 ただし、一般会計等との貸借関係を明らかにするため、相殺した基金の名称、借入金額、利率、返済日などの情報を提供すべき	―	減債基金残高と地方債残高は相殺せず両建計上 繰替運用(基金借入など)は内部取引として相殺消去	減債基金残高と地方債残高は相殺せず両建計上 繰替運用(基金借入など)は内部取引として相殺消去	
11	退職給付引当金	企業会計と同様に計上すべき 出向者の退職金の負担関係の適正化が必要	当分の間、期末要支給額方式による簡便法で算定できる	実務上困難な場合は、勤続年数ごとの平均俸給月額を用いた推計値で算定できる	原則として、退職時の退職給付額を割引計算した退職給付債務を基礎として計上	
12	損失補償等引当金	計上にあたっては、損失補償契約・債務負担行為の有無の形式だけでなく、取引および第三セクター等の実態を総合的に判断して決定すべき 第三セクター等の実態を適正に把握できる体制の整備も重要	―	地方公共団体財政健全化法上、将来負担比率の算定に含めた将来負担額のうち引当金の要件を充たす分について計上 引当金計上しない残余の損失補償債務額は、偶発債務として注記	同左	(債務保証損失引当金) 損失発生の可能性が高く、かつ、損失金額の見積が可能な場合に引当金計上 その他の場合には(発生可能性が低い場合を除く)追加情報を注記

PL/NW関連

論点No.	論点	JICPA提言等[要約]	IPSAS	基準モデル	改訂モデル	(参考)企業会計基準
13	PLとNWの関係	PLをその目的・内容を示す名称に変更すべき 税収・移転収入を含めすべての収益を計上し、行政活動の結果を収支差額として表示すべき	PLは別途規定されたものを除くすべての費用・収益を計上するもの NWはPLの「余剰又は欠損」と別途規定された「直接純資産・持分に計上された項目」の双方を明らかにするもの	PLは業績(費用・収益の取高)を明らかにするもの NWはPLで処理されないすべての純資産変動を明らかにするもの 純経常行政コストは連動	PLは行政サービスに費やされた行政資源の額(コスト) NWは純資産の変動内容を示すもの 純経常行政コストは連動	PLはすべての収益・費用により経営成績を明らかにするもの NWはBS純資産項目の増減内容を示すもの
14	税収の取扱い	住民は経済的な意味で所有者ではない 税収を拠出と捉えることは妥当 資産・負債アプローチでは、純資産の増加取引のうち資本取引以外は、広義の収益である	PLに収益計上 税収は「所有者からの拠出」の定義を満たさない	税収を主権者としての住民からの拠出と捉えているため、収益とせず、NW上損益外純資産変動として直接計上	住民からの拠出と考えるわけではないが、純資産の変動項目を一括表示することがより明瞭であるとして、NWに直接計上	―
15	補助金収入の取扱い	建設助成のものを含め、すべて収益計上することが適切	移転収入の1つであり、「所有者からの拠出」に該当しないものは、収益計上	受取時にNWに直接計上	受取時にNWに直接計上 普通建設事業費の財源分は公共資産等整備国県補助金等に計上	受取時にPLに収益計上 圧縮記帳も一部可能
16	他団体等に対する資産形成目的の補助金等支出の取扱い	費用処理は妥当 資産形成目的の負担金支出を資産計上する余地がないか、更なる検討が必要	―	支出時に費用としてPL計上	支出時に費用としてPL計上 仮に資産計上した場合の財政状況算定のための情報を注記	―

第6章　国際公会計基準（IPSAS）と日本公認会計士協会の動き

論点No.	論点	JICPA提言等[要約]	IPSAS	基準モデル	改訂モデル	（参考）企業会計基準
17	NWにおける財源仕訳	開始時未分析残高の解消方法の検討が必要	－	（資産）固定資産および長期金融資産 （財源）上記資産に充当された財源のすべて（税収，社会保険料，移転収入，公債等，その他の財源調達）	（資産）公共資産および投資等 （財源）上記資産に充当された財源のうち純資産部分	－
	NWにおける純資産の内訳表示		－	財源 資産形成充当財源 その他の純資産 　開始時未分析残高 　その他純資産	公共資産等整備国県補助金等 公共資産等整備一般財源等 その他一般財源等 資産評価差額	－
18	PLの費用の区分表示	（認識）IPSASの取扱いを考慮すべき	機能別分類または性質別分類のいずれかを選択	形態別（性質別）分類	形態別分類と行政目的（教育，福祉等）別分類のマトリックス表示	性質別分類
CF関連
19	表示区分	CFで示すべき情報のあり方の検討が必要	事業活動 投資活動 財務活動	経常収支区分 資本的収支区分 <基礎的財政収支> 財務的収支区分	経常収支の部 公共資産整備収支の部 投資・財務的収支の部	営業活動 投資活動 財務活動

4 日本公認会計士協会の今後の動向

　平成22年9月27日，総務省は，発生主義や複式簿記など企業会計の手法を取り入れた新しい地方公会計制度の導入と活用を推進する方策を探るため，省内に有識者研究会「今後の新地方公会計の推進に関する研究会」を発足し，中期的な検討に着手しました。現行では，自治体が採用した会計モデルによって財務諸表を作成する際の固定資産の評価方法や税収の扱いなどが異なっているため，国際公会計基準の動向なども踏まえながら，自治体会計基準の統一も視野に3年程度議論を深める方針です。

　同省が平成22年3月末現在で行った調査によると，都道府県は1団体を除く46団体が，また市町村は全体の約8割が基準モデル，改訂モデル，あるいは東京都方式などの独自モデルよる財務書類を作成済みか作成中でした。

　しかし，基準モデルでは原則として全資産を公正価値で評価するのに対し，改訂モデルでは，売却可能資産は時価評価する一方，その他の固定資産については当面これまでの普通建設事業費の累計額を評価額としており，東京都方式では取得原価で評価しています。また，税収については，基準モデルや改訂モデルでは純資産に直接計上しますが，東京都方式は「収益」として計上するなど，対応が分かれています。

このように，採用する会計モデルごとに基準が異なるため，全国の地方公共団体を横並びで比較できるようにすることを目指し，同省は会計基準の統一も視野に検討を進めることとしています。
　協会は，前述のとおり，国際会計士連盟（IFAC）の加盟団体でありIPSASの普及に関して最大限の努力を図る義務を負っていることもあり，IPSASBのメンバーを同研究会に構成メンバーとして参加させ，IPSASとの整合性を図ることを目指しています。

〈参考文献〉
　稲沢克祐『自治体における公会計改革』同文舘出版，2009年。
　清水涼子『公会計の基礎知識―各国基準と国際公会計基準』朝陽会出版，2007年
　日本公認会計士協会「地方公共団体の会計に関する提言」公会計・監査特別委員会研究報告第1号，2008年。

第7章

参考事例

1 アメリカの地方政府の事例

1 アメリカの地方政府の公会計制度改革

　アメリカの州・地方政府の会計制度の構築は，州・地方政府にゆだねられ，従来は基金を1つの会計単位とみなして，基金ごとに会計情報が作成されていました。

　1987年に，独立の会計基準設定主体である政府会計基準審議会（GASB：Governmental Accounting Standard Board）より，財務報告の目的を明らかにするGASB概念書第1号が公表されました。その後1999年にGASB第34号が公表され，従来の基金会計に一部修正を加えた基金財務諸表と完全発生主義による政府全体の財務諸表の2種類の財務諸表の作成が義務づけられました。2010年11月現在，GASBは5つの概念書と59の会計基準を公表しており，多くの地方政府がGASBによる会計基準を適用しています。

2 アメリカの地方政府の公会計の特徴

　アメリカでは議会と行政の権力分立の考えに立ち，議会の現金主義による予算統制が重視される一方，納税者は，「知る権利」を有しているという考え方が強く，アカウンタビリティの観点から発生主義による決算が行われています。

　GASBは，政府がアカウンタビリティを果たす義務は営利企業の財務報告よりも重要とし，GASBが公表する会計基準はアカウンタビリティに重点を置いたものとなっています。

　GASB概念書第1号によると，財務報告の利用者として次の3つのグループを想定しています。
　①市民
　②市民を直接代表する立法機関，監督機関

③融資者，投資者

また，財務報告の基本目的として，以下の3つをあげています。

①州・地方政府の説明責任の遂行支援と説明責任の利用者評価への役立ち

②州・地方政府の活動成果の利用者評価への役立ち

③州・地方政府の提供可能なサービス水準と債務弁済能力の利用者評価への役立ち

一方，財務面だけでなく非財務的な側面の業績測定が重視され，GASBではGASB概念書第2号「サービス提供の努力と成果に関する報告（Service Efforts and Accomplishments Reporting April 1994：以下，SEA報告という）」を公表し，政府機関の業績に関する情報を提供するための指針を示しています。

3 作成する財務等報告

[1] 包括的年次財務報告書

GASB第34号では，包括的年次財務報告書の作成を求めています。財務諸表の他，行政管理者による財務状況の分析や過去の財務状況の推移などを報告することとされています。

◆図表7-1　適用される会計基準と作成が求められる財務諸表◆

単位		会計処理基準	財務諸表
地方政府全体		発生主義	純資産計算書（または貸借対照表）
			活動成果計算書
基金	政府基金	修正発生主義	貸借対照表， 貸借対照表と純資産計算書の調整表 収入，支出および基金残高増減計算書 収入，支出および基金残高増減計算書の調整表
	事業基金	発生主義	純資産計算書 収入，支出および純資産変動計算書 キャッシュ・フロー計算書
	受託基金	修正発生主義または発生主義	純資産計算書 純資産変動計算書

作成する財務諸表として，地方政府全体の財務諸表と地方政府の構成要素である基金単位での財務諸表の作成を求めています。地方政府全体では発生主義による会計基準，基金ではその性質に応じ，発生主義または修正発生主義による会計基準が適用され，それぞれ作成が求められる財務諸表が異なっています。

それぞれの単位において適用される会計基準と作成が求められる財務諸表は**図表7−1**のとおりです。

[2] SEA：Service Efforts and Accomplishments（サービス提供の努力と成果）報告書

GASBは，SEA情報は政府業績測定の本質的な側面をなし，アカウンタビリティと情報に基づく意思決定の評価に必要であり，財務報告がより完全であるためには，SEA情報を含むことが重要と考えています。

◆図表7−2　SEA業績測定値の例◆

SEA業績測定値の要素		定義	例
努力の測定値	インプット	サービス提供のために用いられる財務的資源と非財務的資源の総計	財務−道路維持費用 非財務−サービス提供に用いられた道路総距離
成果の測定値	アウトプット	提供されたサービスの量	改修された道路の数または最低限の状態まで改修された道路数
	アウトカム	アウトプットを提供した結果を測定するもの	よい，あるいはとてもよい状態の道路の割合または住民評価結果
努力と成果を関連づける測定値	効率性	努力とアウトプットを関連づけるもの	道路維持または表面1マイルあたり修復費用
	コスト・アウトカム	努力とアウトカムを関連づけるもの	よい，あるいはとてもよい状態とされた道路における1マイルあたり道路維持費用

出所：GASB: Service efforts and accomplishments reporting for governmentsホームページより作成。

そこでGASB概念書第2号を公表し，SEA報告の基本目的，要素，特徴等を明らかにしています。

SEA報告の目的は，提供されたサービスの経済性，効率性，有効性を利用者が査定するのに役立つように，伝統的な財務諸表等や付属明細表によって提供できる情報よりもいっそう充実した，政府機関の業績に関する情報を提供することとされています。SEA報告の要素には，サービス提供の努力の測定値（インプットの指標），サービス提供の成果の測定値（アウトプットおよびアウトカムの指標），そしてサービス提供の努力とサービス提供の成果とを関連づける測定値（効率性およびコスト―アウトカムの指標）と説明情報が含まれます。

SEA報告では，具体的には**図表7－2**に示すような測定値を用いて，業績評価を行います。

なお，このSEA報告書の適用は任意となっています。SEA報告を適用している地方政府の事例として，ポートランド市（オレゴン州）を次で紹介します。

4 ポートランド市（オレゴン州）の事例

[1] ポートランド市の概要と市が作成する計画，報告書の位置づけ

ポートランド市は，アメリカ合衆国オレゴン州北西部マルトノマ郡内に位置する人口約57万人（2009年）の同州最大の都市です。

各種機関のアンケートで常に「全米で最も住んでみたい都市」の1位2位にランクされ，また環境保全や市民参加が活発な都市としても知られています。

ポートランド市は，市長と4人の長官，1人の監査人を直接選挙により選出し，市長と4人の長官が議会を構成します。市長と長官は各局の責任者となり，市長は財務局を担当しています。監査人は公認会計士か内部監査士あるいは管理会計士が選ばれることとなっており，監査局を担当しています。

ポートランド市では，都市計画，警察，交通，上下水道，公園，レクリエ

◆図表7−3　Managing for Results概念図◆

MANAGING FOR RESULTS CYCLE

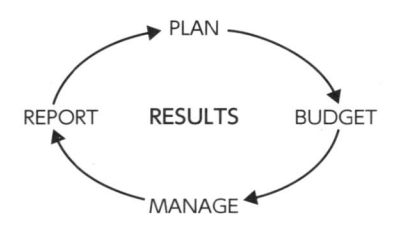

PLAN → BUDGET → MANAGE → REPORT （RESULTS）

ーション等のサービスを提供しています。

ポートランド市では，2002年に監査局より「Managing for Results（結果の管理）」導入の提案を受け，2003年よりこれを順次導入しています。Managing for Resultsとは，使命，目標，目的に焦点をあて，結果情報を意思決定，管理，報告に結び付けるプロセスをいいます（**図表7−3**）。

ポートランド市では，従来から財務予測計画，包括的年次財務報告書，SEA報告書を作成してきましたが，このManaging for Resultsサイクルの導入により，これらの報告書の役割がより明確化され，次の計画や予算への反映，マネジメントに生かされるようなしかけが図られています。

[2] 包括的年次財務報告書

ポートランド市では，GASBに準拠した包括的年次財務報告書を作成しています。

包括的年次財務報告書（2009年6月期）に記載されている項目は**図表7−4**のとおりです。

第7章 参考事例

◆**図表7－4　包括的年次財務報告書の記載項目**◆

包括年次財務報告書（June 30, 2009）―目次―

〈導入セクション〉
　　報告書の概要，市の責任者，組織図など

〈財務セクション〉
　　独立監査人の監査報告書
　　行政管理者の検討と分析
　　基礎財務諸表
　　　地方政府全体の財務諸表
　　　基金財務諸表
　　　財務諸表注記
　　その他補足情報
　　統合及び個別基金財務諸表とスケジュール

〈統計セクション〉
　　純資産の構成など

監査意見および規則により開示すべき事項

　包括的年次財務報告書の財務セクションでは，行政管理者の検討と分析，基礎財務諸表などが記載されています。

　行政管理者の検討と分析では，市の財務状況について，過年度との比較等がなされ分析がされています。

　基礎財務諸表については，地方政府全体の財務諸表である純資産計算書，活動成果計算書が記載されています。基金の財務諸表としては，貸借対照表または純資産計算書と収入，支出および基金残高増減計算書，キャッシュフロー計算書などが記載されています。

　地方政府全体の活動成果計算書（2009年6月30日に終了する事業年度）の事例は，**図表7－5**のとおりです。

1 アメリカの地方政府の事例

◆図表7-5　地方政府全体の活動成果計算書◆

活動成果計算書
2009年6月30日終了年度

(単位：千ドル)

機能/プログラム　主要政府：	費用	プログラム収益			純（費用）収入及び純資産変動			構成単位
		サービス対価	運営補助金寄付金	資本補助金寄付金	主要政府			ポートランド開発委員会
					政府活動	ビジネスタイプ活動	計	
政府活動：								
公共の安全	452,587	29,183	8,427	7	(414,968)	—	(414,968)	—
公園・レクリエーション・文化	79,614	28,955	195	4,750	(45,713)	—	(45,713)	—
コミュニティの発展	131,625	45,989	19,500	61	(66,074)	—	(66,074)	—
交通・駐車場	250,748	101,601	1,800	55,340	(92,004)	—	(92,004)	—
法律上の運営サポートサービス	180,764	194,127	974	1,148	15,486	—	15,486	—
長期借入金支払利息	50,010	—	—	—	(50,010)	—	(50,010)	—
合計	1,145,349	399,857	30,899	61,307	(653,284)	—	(653,284)	
ビジネスタイプ活動：								
下水道	189,638	237,136	—	1,998	—	49,496	49,496	
水道	98,707	101,728	—	—	—	3,021	3,021	
水力発電	2,458	3,363	—	—	—	905	905	
駐車場設備	9,764	10,708	—	—	—	943	943	
ゴルフ場	8,603	8,388	—	—	—	(214)	(214)	
モータースポーツ	1,811	1,922	—	—	—	111	111	
催事施設	8,698	9000	—	—	—	302	302	
合計	319,681	372248	—	1998	—	54,565	54,565	
主要政府合計	1,465,031	772,106	30,899	63,306	(653,284)	54,565	(598,719)	
構成単位：								
ポートランド開発委員会	113,920	8,253	16,378					(89,288)
一般歳入：								
固定資産税					388,147	—	388,147	—
宿泊税					23,571	—	23,571	—
市からの支払い					—	—	—	105,254
投資収益					18,518	12,328	30,846	2,946
その他収入					—	—	—	7,950
移動					3,425	(3,425)	—	—
計					433,662	8,903	442,566	116,151
純資産変動					(219,622)	63,469	(156,152)	26,862
期首・純資産残高					1,029,035	1,572,715	2,601,750	277,319
汚染改善義務会計（GASBS49）適用					—	—	—	(7,788)
期首純資産残高再計					1,029,035	1,572,715	2,601,750	269,531
期末純資産残高					809,412	1,636,184	2,445,597	296,394

出所：The City of Portland, Oregon, Comprehensive Annual Financial Report for the Fiscal Year Ended June 30, 2009, p.34.

　この活動成果計算書では，公園や水道といったプログラムごとに，費用と収益が把握され，特定のプログラムに結び付かない税収等の収入が控除され，純資産の金額が算出されます。

第7章　参考事例

　ポートランド市では，財務諸表について，独立監査人である監査法人の監査意見が付されています。

[3] SEA報告書

　ポートランド市の場合，監査局がSEA報告書を作成しています。監査局は，1991年にSEA報告に関する実行可能性のテストを行い，1992年以降，同市の警察，消防，公園・娯楽，上下水道および輸送サービス等の業績に関して，SEAの年次報告書を作成・公表してきました。監査局がSEA報告書を作成するのは，住民に対する市のアカウンタビリティを改善し，かつ市が業務をより適切に遂行するためとされており，監査局は各局から業績に関する指標を入手し同報告書を作成しています。

　2008-09年のSEA報告書では，**図表7－6**に記載するとおり，6つのプログラムを対象とした報告書を作成しています。これは市の施策のおよそ半分を占めており，翌年度には他の施策が対象となります。

　SEA報告書では，それぞれの施策において，施策の概要，業績指標の傾向，課題，使命，インプット測定値，業務量測定値，有効性測定値，効率性測定

◆図表7－6　SEA報告書の記載項目◆

SEA報告書（2008-09）―目次―
〈要約〉
〈業績データ〉 　　　警察 　　　消防 　　　緊急時の対応（警察，救急，火災） 　　　道路・交通 　　　下水道 　　　水道
〈他市比較〉
〈作成方法〉

1 アメリカの地方政府の事例

値，効果性測定値，他市比較等が記載されています。

図表7－7は，2008-2009年次の評価対象である警察の使命および評価結果の例です。

◆図表7－7　SEA報告書　ポートランド警察◆

ポートランド警察

【使命】
—犯罪と犯罪による恐怖を減らすこと。市民と協力して命を守り，人権を維持し，資産を守り，個人の責任とコミュニティの約束を促進すること。

インプット測定値	04-05	05-06	06-07	07-08	08-09
支出額（単位100万ドル,調整後）	$148.9	$151.0	$150.0	$150.7	$154.6
障害年金	$48.0	$48.0	$50.1	$51.2	$53.6
計	$196.9	$199.0	$200.2	$201.9	$208.2
職員数：					
正職員	995	997	1,015	1,003	1,005
臨時職員	253	259	266	284	295
警察管区への警官と巡査部長の配置（実績）	558	585	584	583	575
刑事（実績）	85	84	83	82	90
	2004	2005	2006	2007	2008
平均パトロール数：					
深夜から4時	71	71	69	67	68
午前4時から8時	53	55	50	50	50
午前8時から正午	55	56	54	52	52
正午から午後4時	54	53	51	51	51
午後4時から午後8時	76	78	74	75	75
午後8時から深夜	80	80	78	77	79
業務量測定値	2004	2005	2006	2007	2008
サービス提供人口	550,560	556,370	562,690	568,380	575,930
犯罪数：					
パート1	45,892	41,878	36,276	35,618	32,991
個人犯罪	4,034	3,858	3,872	3,701	3,445
財産犯罪	41,858	38,020	32,404	31,917	29,546
パート2	44,393	45,341	44,495	40,759	37,724
事件：					
警官派遣	259,661	244,335	227,029	219,840	213,723
通報	25,486	30,219	30,317	33,804	26,056
職務質問	173,269	189,861	193,383	190,705	185,038
計	458,416	464,415	450,729	444,349	424,817
警官派遣事件　警官1人あたり	465	418	389	377	372
職務質問/警官1人あたり	311	325	331	327	322
パート1犯罪　刑事1人あたり	540	499	437	434	367
個人犯罪/住民1000人あたり	7.3	6.9	6.9	6.5	6.0
盗難/住民1000人あたり	76.0	68.3	57.6	56.2	51.3
有効性測定値	04-05	05-06	06-07	07-08	08-09
コスト/住民1人あたり(調整後)	$357.6	$357.6	$355.8	$355.2	$361.5
平均優先応答時間	5.12	5.13	5.13	5.23	5.13
効果性測定値	04-05	05-06	06-07	07-08	08-09
解決したケース：					
個人犯罪	1,469	1,455	1,433	1,515	1,482
盗難	5,922	5,305	4,862	4,992	5,173
解決したケース（全体をしめる割合）：					
解決した個人犯罪	37%	38%	38%	41%	45%
解決した盗難	14%	14%	15%	15%	18%
問題解決に利用可能な時間	34%	35%	35%	34%	35%
他市比較	04-05	05-06	06-07	07-08	08-09
パート1犯罪数/住民1000人あたり：					
6市平均（※）	78	78	74	66	61
ポートランド市	83	75	65	63	57
警察予算/住民1人あたり：					
6市平均（※）	$329.6	$334.5	$348.1	$343.7	-
ポートランド市	$349.4	$343.8	$352.6	$346.9	$358.6

（※）シャーロット市（ノースカロライナ州），シンシナティ市（オハイオ州），デンバー市（コロラド州），カンザス市（カンザス州），サクラメント市（カリフォルニア州），シアトル市（ワシントン州）の平均である。

出所：The City of Portland, Oregon, Service Efforts and Accomplishments: 2008-09, pp.8-9より作成。

5 監査制度

　アメリカの州・地方政府における監査基準として策定されているアメリカ会計検査院（GAO：U.S.Government Accountability Office）の政府監査基準では，業績監査，証明業務，財務諸表監査の基準が定められています。

　このうち，財務諸表監査について，単一監査法に基づき財務諸表500,000USドル以上の連邦補助金を受ける州・地方政府が財務諸表監査の対象（一定の場合を除く）となります。

　この監査は独立監査人が実施することとされており，ほとんどが公認会計士や監査法人により実施されています。

　財務諸表監査は，政府監査基準ならびに政府行政管理予算局が策定したガイドライン「州・地方政府及びNPOの監査」に基づき，財務諸表の適正性，財務報告に関する内部統制，法規契約・補助金協定条項への準拠性等について意見を表明することとなっています。

　一方，業績監査及び証明業務は，GAO，監察総監，内部監査人等が実施することとされています。

　政府監査基準における業績監査は，政府の組織，プログラム，活動または機能の業績に関し，十分かつ的確な証拠の評価に基づいて，保証あるいは結論を提供するものであり，その内容はプログラムの有効性，経済性，効率性や内部統制，コンプライアンス，将来予測など多岐にわたっています。

❷ ニュージーランドの地方政府の事例

❶ ニュージーランドの地方政府における公会計改革

　ニュージーランドでは，1984年の経済危機が引き金となり，公共部門にNPM（New Public Management）が導入され改革が進められてきました。

　地方政府における改革は，国の改革に呼応する形で進められ，そのたびに大幅な地方自治法改正が行われてきました。その改革の内容は，地方公共団体の合併，組織，人事制度，財政，会計制度など広範囲にわたっています。

　公会計改革にかかる取組みとしては，1989年の地方自治法改正時における発生主義会計による年次計画書（Annual plan）と年次報告書（Annual report）の導入，2002年の地方自治法改正時における「コミュニティ・アウトカム（Community outcomes）」，「地方政府コミュニティ長期計画書（Long-term council community plan：LTCCP）」の導入などがあげられます。

❷ ニュージーランドの地方政府における公会計の特徴

　ニュージーランドの地方政府の計画書や報告書の作成で特徴的なのは，いずれの段階においても，市民と協議しながら作成することが，地方自治法において求められている点です。地方政府に対し期待するコミュニティ・アウトカムの設定段階から市民が参画し，これを踏まえた長期計画書の作成段階や，長期計画書を単年度に落とし込んだ年次計画書の作成段階においても市民と協議しながら作成することが，地方自治法で定められています。

　また，計画書や報告書に記載される予測財務諸表および財務諸表はいずれも発生主義会計によっており，予算も発生主義により策定されています。さらに，ニュージーランドでは，中央政府，地方政府いずれも民間企業と同一の会計基準が適用されることも特徴の1つです。

　これは，ニュージーランドにおける改革が，民間部門と同じ原理を公的部

門に適用するというNPMの原則的な考え方に基づいているからです。公的部門の会計情報を民間と比較可能なものとすることで、公的部門の効率化を図っています。

　ニュージーランドの地方政府では、議会が最高意思決定機関と位置づけられ、市長が議会の長となり、行政機関の長は市長が任命するという構造となっています。議会と行政を切り離すアメリカの地方政府制度では、議会が予算を監視し、結果を市民が監視するという構造となっていますが、ニュージーランドにおいては、議会が強い権限をもち、市民が計画段階から参画していくという構造となっています。これが、アメリカでは予算に現金主義、決算に発生主義を採用する一方、ニュージーランドでは予算、決算とも発生主義を採用するという違いの背景となっています。

3 作成する財務報告

　地方自治法上、作成が義務づけられる財務報告書類として、以下のものがあります。

[1]「コミュニティ・アウトカム（Community outcomes）」

　地方政府の中長期目標であり、少なくとも6年に一度策定し、その進捗状況報告書を少なくとも3年に一度は作成する必要があります。

[2]「地方政府コミュニティ長期計画書（Long-term council community plan：LTCCP）」

　地方政府の今後10年以上の計画であり、コミュニティ・アウトカムを含み、少なくとも3年に一度は改定する必要があります。また、監査人の監査が必要とされています。

[3]「年次計画書（Annual plan）」

　地方政府の1年間の計画書です。年度開始までに作成し、公表する必要が

あります。

[4]「年次報告書（Annual report）」

地方政府の1年間の報告書です。年度終了後4ヵ月以内に公表する必要があります。財務および業績指標にかかる部分について，監査人の監査が必要とされています。

なお，計画書など地方自治法において定められたものは，特別協議手続を経て作成，決定することが義務づけられています。特別協議手続は，原案と要約版の作成，原案の議会への提出と原案および要約版の住民への公開，意見募集，議会の最終決定等の手続きからなっています。

4 クライストチャーチ市の事例

[1] クライストチャーチ市の概要と市が作成する計画，報告書の位置づけ

ここでは，1993年に，世界各国の地方政府のなかで最も民主的・効率的運営を行った行政機関に送られる賞（Bertelsmann prize）を授与された市でもある，クライストチャーチ市の事例を紹介します。

クライストチャーチ市は，ニュージーランド南島東海岸中ほどに位置する，人口約38万人（2010年），ニュージーランド第2位の人口を有する都市です。

クライストチャーチ市では，ゴミ収集，道路，公園，図書館，都市計画，レクリエーション（美術館，プール，イベントなど）等のサービスを提供しています。

クライストチャーチ市では，地方自治法により作成が求められる「コミュニティ・アウトカム」，「地方政府コミュニティ長期計画書」，「年次計画書」，「年次報告書」を一連のサイクルとして位置づけています（**図表7-8**）。
コミュニティ・アウトカムは，市民の生活にかかわる期待の集積であり，計画策定手続は，コミュニティ・アウトカムの理解から始まるとしています。市のビジョン，戦略，計画，方針は，これらの期待の遂行に貢献するよう設

◆図表7-8　クライストチャーチ市の各報告書の位置づけ◆

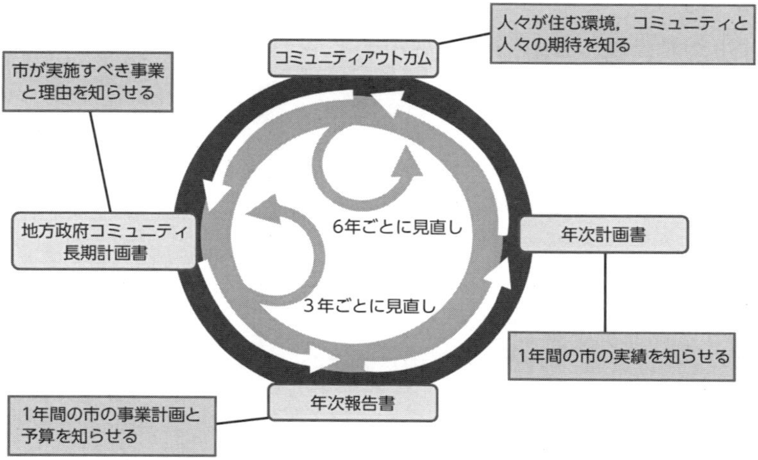

(図中)
- コミュニティアウトカム — 人々が住む環境，コミュニティと人々の期待を知る
- 地方政府コミュニティ長期計画書 — 市が実施すべき事業と理由を知らせる
- 年次計画書 — 1年間の市の事業計画と予算を知らせる
- 年次報告書 — 1年間の市の実績を知らせる
- 6年ごとに見直し
- 3年ごとに見直し

出所：Christchurch City Council　ホームページより作成。

計されています。

【2】コミュニティ・アウトカム

　クライストチャーチ市では，市のコミュニティ団体と共同し次の9つのアウトカムゴール（2006年―2012年）を設定しました。これらのアウトカムゴールにはそれぞれ複数の指標が設けられ，毎年モニタリングされることとなっています。またその進捗は3年ごとに報告することとされ，直近では，「コミュニティ・アウトプット進捗報告書2009」が公表されています。
　①安全なまち
　②包括的で多様なコミュニティがあるまち
　③人々が自然環境を重んじ守るまち
　④良く統治されたまち
　⑤豊かなまち
　⑥健全なまち

⑦レクリエーションと楽しみと創造のまち
⑧生涯学習のまち
⑨魅力的でよくデザインされたまち

[3] 地方政府コミュニティ長期計画書(LTCCP)

　クライストチャーチ市は，10年間の地方政府コミュニティ長期計画書を作成し，3年ごとに更新しています。直近では，2009年から2019年の計画書が公表されています。この計画書は，年次計画書およびレイツ(地方政府が徴収する資産税で住民税に相当する。クライストチャーチ市の主要財源である)算定の基礎となります。

　長期計画書(2009-2019)に記載されている項目は**図表7－9**のとおりです。

◆図表7－9　長期計画書記載項目◆

地方政府コミュニティ長期計画書(2009-2019) ―目次―
第1部　将来予測の提案
注意事項
市のビジョン
はじめに―市長およびチーフエグゼクティブより
監査報告書
作成経緯
ドラフトから最終稿の変更
主要なイニシアチブ案件
ハイライト
議会活動
コミュニティのアウトカム
議会の活動とサービス
予測財務諸表
資本整備計画
第2部　補足情報および方針
活動の評価
財務方針
2009-19における開発への貢献方針
重要事項の決定方針
議会が統制する機関

第7章 参考事例

　長期計画書には，ビジョン，先に述べたコミュニティ・アウトカム，市の活動およびサービス，予測財務諸表，監査報告書などが記載されています。

　市の活動およびサービスとして，水道など13の活動について，それぞれの概要，将来10年間の目標，設備投資計画，収支計画などが記載されています。

　予測財務諸表として，将来10年間の損益計算書（Income statement），純資産変動計算書（Statement of changes in equity），貸借対照表（Balance sheet），キャッシュフロー計算書（Cash flow statement）が発生主義ベースで作成されています。なお，ニュージーランドの地方政府は，将来10年間のうち，3年間は計画ベース，その後の7年間は予測ベースとなっています。

　またこの長期計画書には，地方政府の監査人の監査が必要とされていますが，地方政府の監査人に代わり，オーディット・ニュージーランド（会計検査院の内部組織）の監査意見が付されています。

[4] 年次計画書（Annual Plan）

　年次計画書は，長期計画によって方向づけられたこの1年間の事業活動やサービス提供を行うための予算を示す計画書です。この年次計画書も長期計画書同様，地方自治法において市民と協議しながら作成することが求められています。

　年次計画書（2010-2011）に記載されている項目は**図表7－10**のとおりです。

　年次計画書には，長期計画書からの変更点，市の活動およびサービス，予測財務諸表，クライストチャーチ市の主要財源である資産税の賦課方針，公共料金および負担金の当年度金額などが記載されています。

　13に分類された市の活動およびサービスについて，さらに細分化された活動と提供するサービスのレベル，目標，収支計画および長期計画書に記載した金額とその差異が記載されています。

　予測財務諸表として，損益計算書（Income statement），純資産変動計算書（Statement of changes in equity），貸借対照表（Balance sheet），キャ

2 ニュージーランドの地方政府の事例

◆図表7-10　年次計画書の記載項目◆

年次計画書（2010-2011）―目次―
はじめに-市長およびチーフエグゼクティブより
作成経緯
ドラフトから最終稿の変更点
ハイライトおよび長期計画書の変更点
財務の状況
市の活動およびサービス
資本整備計画
予測財務諸表
資産税の賦課方針
公共料金および負担金
資本整備基金

ッシュ・フロー計算書（Cash flow statement）の当年度金額，長期計画書に記載した金額とその差異が記載されています。

[5] 年次報告書（Annual report）

年次報告書は，市の事業実績と決算額を記載した実績報告書であり，財政状況と成果指標に対する成果の達成状況が示されています。この報告書では，市が住民との約束をどのように果たしたかが示されているとしています。
年次報告書（2010）に記載されている項目は**図表7-11**のとおりです。

◆図表7-11　年次報告書の記載項目◆

年次報告書（2010）―目次―
市のビジョン
はじめに
ハイライト
議会活動
市の活動およびサービス
財務諸表
グループ構成
モニタリング

第7章　参考事例

　年次報告書には，市の活動およびサービス，財務諸表，グループ構成などが記載されています。

(1) 市の活動およびサービス

　クライストチャーチ市では，市の活動を12のグループ（年次計画書において13番目に掲げられた出資団体についてはここでは除かれている）に分類しています。グループは**図表7－12**のとおりです。

◆**図表7－12　クライストチャーチ市における活動グループ**◆

1．都市と開発	7．レクリエーション，レジャー
2．コミュニティサポート	8．ごみの減量
3．文化と学習サービス	9．許認可事務
4．民主政治と統治	10．道路・交通
5．産業振興	11．下水
6．公園，空き地，水路	12．水道

◆**図表7－13　コミュニティ・サポート評価調書**◆

活動	サービス水準	実績	目標
早期教育センター（ELC）	週5日および半日，全日でフレックスタイムのケア	160,800時間	QEⅡ（幼稚園）とELCにおける子供のケア時間年間164,120時間
		88.5%	利用率75%から85%を維持
		23.3%	QEⅡとパイオニアセンターの出席者の18%から25%が，レジャーセンターに出席する。
	利用者のニーズにあった，質の高い専門的なケアの提供	96.5%	ELCのスタッフの80-99%が教育され，資格があり登録された先生である。
		94.0%	85%から95%の利用者がケアの質に満足している。
コミュニティーの強化	コミュニティ発展プロジェクトの供給	達成 プロジェクトは老人，若者，複数文化，障害者及び一般のエリアをカバーしている。	各ターゲットエリアにおけるプロジェクトの実施，予算配分の成功
	安全強化プロジェクト－クライストチャーチの安全	現在認定を受けている。次の認定は2013年である。これを目標として活動中である。	5年ごとに実施される安全な街としての認定の維持

出所：Christchurch City Council, Annual report 2010 Community support の活動実績より一部を抜粋して作成。

グループごとに，これらの活動を市が実施する必要性，市民に与える影響，活動内容，1年間で実施した事項，活動ごとに提供するサービス水準と目標達成状況，これを達成するのにかかったコストの評価調書が開示されています。

　コミュニティ・サポートの評価調書例は**図表7−13**のとおりです。

　図表7−13に記載した早期教育センター（ELC）とコミュニティの強化の活動のほか，全部で7つの活動があげられ，活動ごとにサービス水準と目標達成状況が記載されています。これらの指標は毎年見直されており，昨年度と比較すると3活動から7活動に，目標指標数は6から26に増加しています。

◆**図表7−14　コミュニティ・サポートサービスコスト計算書**◆

コミュニティ・サポート
サービスコスト計算書　　　　　　　　　　　　　　　　　　（単位：千ドル）
（2010年6月30日に終了する事業年度）

	2010				2009
	コスト	収入	純コスト	純コスト（計画）	純コスト
経常的支出					
コミュニティ設備	2,477	559	1,918	1,659	1,884
早期教育センター（ELC）	2,306	1,997	309	47	192
コミュニティの強化	4,761	741	4,020	4,652	4,461
コミュニティへの補助	11,321	222	11,099	11,053	10,544
公共住宅	17,118	14,926	2,192	2,023	3,216
危機管理	898	38	860	819	764
サービスセンターにおける顧客サービス提供	2,457	83	2,374	2,443	3,647
合計	41,338	18,566	22,772	22,696	24,708
資本的支出					
取換（価値の増加を伴わないもの）			4,404	4,512	2,747
改善（価値の増加を伴うもの）			—	1,227	(34)
購入（全く新しい増加）			—	—	34
合計			4,404	5,739	2,747

出所：Christchurch City Council, Annual report 2010, p.56.

第7章　参考事例

また，コミュニティ・サポートについて，これを達成するのにかかったコストの状況は**図表7−14**のとおりです。

このように，サービス提供によるコストについては，コミュニティ・サポート活動をさらに7つに分類し，それぞれのコストおよび収入を把握し，純コストを算出しています。また，計画と前年度との比較がなされます。

(2) 財務諸表

クライストチャーチ市では，市全体の財務諸表と出資団体等を含む連結財務諸表を作成しており，連結団体は2010年（2010年6月期）で13団体（孫会社7社を含む）となっています。

なお，2007年（2007年6月期）の年次報告書から，NZ IFRS（New Zealand equivalents to International Financial Reporting Standards）を適用し，2010年からは損益計算書（Income statement）に代えて，包括利益計算書（Statement of comprehensive income）が作成されています。その他，純資産変動計算書（Statement of changes in equity），貸借対照表（Balance sheet），キャッシュフロー計算書（Cash flow statement）が作成されています。

包括利益計算書を例にとると，**図表7−15**のとおりです。

(3) グループ会社

連結団体であるグループ会社について，それぞれの概要，目標とその達成状況，決算状況が記載されています。

(4) 監査報告書

「市の活動およびサービス」に記載された目標の達成状況，コストの状況，「財務諸表」，「グループ会社」に記載された各グループの目標の達成状況および決算状況には，オーディット・ニュージーランドの監査意見が付されています。

2 ニュージーランドの地方政府の事例

◆図表7-15 包括利益計算書◆

包括利益計算書 (単位:千ドル)
(2010年6月30日に終了する事業年度)

	市 2010 実績	市 2010 計画	市 2009 実績	連結 2010 実績	連結 2009 実績
資産税収入	257,364	256,066	243,663	252,633	239,024
その他税収,補助金,使用料等	278,399	281,329	199,397	706,867	686,437
財務収益	22,712	23,439	21,783	14,114	19,101
その他収益	1,416	—	4,817	4,239	4,924
収益計	559,891	560,834	469,660	977,853	949,486
減価償却費	115,771	111,464	102,530	197,902	186,176
財務費用	17,278	21,054	10,981	44,895	38,723
人件費	126,308	123,635	120,574	292,437	274,848
その他費用	194,046	196,247	196,217	352,951	349,673
雑損失	3,837	—	9	1,780	8,261
費用計	457,240	452,400	430,311	889,965	857,681
持分法損益	—	—	—	466	3,953
資産貢献前利益	102,651	108,434	39,349	88,354	95,758
資産受贈益	7,069	16,249	24,798	7,069	24,798
税引前利益	109,720	124,683	64,147	95,423	120,556
法人税	1,863	—	788	90,240	27,947
当期純利益	107,857	124,683	63,359	5,183	92,609
その他包括利益					
固定資産評価益増加	356,555	209,000	80,315	383,131	67,322
投資再評価損益	(113,033)	—	40,580	—	(34)
キャッシュ・フロー・ヘッジ	(3,174)	—	(3,479)	(8,654)	(25,296)
為替換算損益	—	—	—	—	3,420
関連会社のその他包括損益	—	—	—	(1,441)	(1,247)
その他包括利益関連税収入	641	—	8,837	8,217	9,117
移動その他	(39)	—	—	(226)	520
当期その他包括利益(税効果後)	240,950	209,000	126,253	381,027	53,802
当期包括利益(税効果後)	348,807	333,683	189,612	386,210	146,411
当期純利益の配分					
親会社帰属分	107,857	124,683	63,359	(1,785)	81,342
非支配持分帰属分	—	—	—	6,968	11,267
	107,857	124,683	63,359	5,183	92,609
包括利益の配分					
親会社帰属分	348,807	333,683	189,612	374,187	137,501
非支配持分帰属分				12,023	8,910
	348,807	333,683	189,612	386,210	146,411

出所:Christchurch City Council, Annual report 2010, pp.134-135.

5 監査制度

　地方自治法上，地方政府が公表する財務諸表およびサービス業績報告書について，外部監査が必要とされています。ニュージーランドの地方政府では，会計検査院がこれらの監査を実施しています。会計検査院は，会計検査院長事務局およびオーディット・ニュージーランドの2つの内部組織と民間監査法人（会計検査院長の代理として監査を実施するため，会計検査院の組織として位置づけられている）で構成されています。地方政府の監査についてはオーディット・ニュージーランドと先の民間監査法人が監査を実施しますが，オーディット・ニュージーランドによる監査が大半を占めています。

　長期計画書については内部監査人の監査が必要とされています。クライストチャーチ市のように，地方政府によっては，オーディット・ニュージーランドによる監査が実施されている市もあります。

3 大阪府の事例

1 大阪府の問題意識

　大阪府では，長い経済低迷により，税収の落ち込みが続くなか，一定の行財政改革に努めつつも，財源不足を補うために減債基金の借入をはじめとするさまざまな財政手法を使って，財政再建団体への転落を防いできました。

　しかし，その結果は，負担の先送りや将来歳入の先取りにつながっただけで，本質的な改革には着手できませんでした。

　そのなかで，現在の厳しい財政状況を克服し，持続可能で安定的な財政運営を確保することにより，自治体経営の確立を図ることが不可欠だと考え，平成21年6月に，庁内に「新公会計制度プロジェクトチーム」を立ち上げ，その導入推進のための庁内連絡会議を設置するとともに，すでに新公会計制度を導入済みの東京都の協力も得ながら，平成22年8月に「大阪府の新公会計制度（案）〜真の地域主権の確立に向けた取組〜」を公表しました。

　大阪府においては，今後，平成23年度の試験運用，平成24年度からの本格運用を目指し，さらに具体的な検討を進めるとしていますが，ここでは，その内容や特徴・今後の課題について，取り上げてみたいと思います。

2 新公会計制度の意義と理念

　導入の意義については，基本的には，従来の官庁会計の限界と企業会計の導入の必要性（ストック情報の欠如，フルコストがみえない等）を出発点としています。

　また，大阪府の財務諸表のあるべき姿（理念）としては，アカウンタビリティの充実およびマネジメント強化を目標としつつ，とくに下記の点に配慮した制度設計を行うこととしています。

[1] 公益目的，非収益性への配慮

自治体の特質を十分に考慮する必要があり，たとえば，貸借対照表は，資産が負債の額を大幅に超過することのみをもって「良」とされるものではなく，また，損益計算書は，事業収入を上回る費用が生じていることをもって「否」とされるものでもないとしています。

[2] すべての利用者にわかりやすい財務諸表

住民，職員，地方債の投資者，その他利害関係者に対し，行政運営に対する政治的，社会的または経済的意思決定のための情報を正確に開示し，自治体経営者としての公的説明責任（パブリック・アカウンタビリティ）を果たすため，わかりやすく，かつ，利用しやすいものにするとしています。

[3] 信頼性及び検証可能性が確保できる会計制度であること

行政の特質を踏まえつつ，同時に，企業会計原則（真実性の原則，継続性の原則等）を最大限反映させることにより，財務諸表の信頼性と検証可能性を確保し，府政の健全な発展と府民全体の利益に適うものとしています。

[4] 個別の組織，事業におけるマネジメントに活用できること

財務諸表の作成目的は，府全体の財政状況を俯瞰的に示すことのみではなく，1つひとつの事業について，「次世代に負担のみを先送りしていないか」また，「経済的・効果的な事業執行に努めているか」等，個別の財政状態と経営成績の点検を可能とすることにあり，マネジメントに適した事業単位を設定し，事業単位ごとに正確な財務情報が提供できるよう制度の設計を行うとしています。

[5] 財務諸表作成の労力・コスト・時間をできるだけ軽減するシステムであること

歳入歳出予算（現金）の執行管理を行っている財務会計システムに，複式

簿記・発生主義会計の処理機能を追加するとともに，各種資産管理システム等との連携により，ストック情報の管理を行うこと等を通じて，財務諸表作成事務を効率的かつ迅速に行うとしています。

3 新公会計制度の内容と特徴

大阪府の財務諸表は，貸借対照表，行政コスト計算書，純資産変動計算書およびキャッシュ・フロー計算書，注記および附属明細表となっており，基本的には，総務省改訂モデルや基準モデルと同様です。

[1] 会計処理等の特徴
(1) 財務諸表4表の意義
① 貸借対照表

固定資産については，事業用資産[1]，インフラ資産[2]，建設仮勘定および投資その他の資産に区分し，原則として取得価額で計上します。減損会計を導入し，使用価値が低下した資産等については減損を認識し，帳簿価額の減額を行います。

② 行政コスト計算書

構成としては，まず，通常収支と特別収支に大別し，そのうえで，通常収支を行政収支と金融収支に分類します。行政収支には主たる行政サービスの提供に係る費用とその財源である税収等を，金融収支には受取利息や支払利息等を，特別収支には固定資産の売却益や建設事業に係る国庫補助金等を計上します。

---

[1] 事業用資産とは，土地，建物，工作物，立木竹，地上権等の固定資産で，インフラ資産以外のものをいう。
[2] インフラ資産とは，「社会経済活動の基盤施設であり，広範なネットワーク性をもつもの」との観点から，道路，河川，下水道，港湾，漁港，農道，ため池等をいう。

③ キャッシュ・フロー計算書

　キャッシュ・フロー計算書の形式収支は，単式簿記・現金主義会計である官庁会計の歳入歳出決算における形式収支と一致します。また，日々の会計処理にあわせてキャッシュ・フローの仕訳を行うことにより，キャッシュ・フロー計算書が作成されるという特徴があります。

④ 純資産変動計算書

　貸借対照表の純資産につき，将来世代との負担の公平性が保たれているか，どのように変動しているかを分析・表示するため，純資産変動計算書および附属明細表として純資産変動分析表を作成します。

⑤ 注記および附属明細表

　その他，利用者の理解を促すため，財務諸表の情報を補う注記および附属明細表を作成します。

[2] 作成単位

　財務諸表の基礎的な作成単位を「会計別かつ所属別かつ事業別」とし，この基礎単位の財務諸表を積上げることにより，大阪府全体の財務諸表をはじめ階層別の財務諸表を作成することができ，事業別・組織別等，必要な単位に応じた精緻な分析が可能となります。

　また，地方独立行政法人，地方三公社，第三セクター等，大阪府と密接な関係にある関係団体を含めた連結財務諸表を作成するとともに，それをもとにした政策別セグメント情報等も検討します（図表7－16）。

[3] 制度設計上の特徴
(1) 事業単位の設定

　今回の大阪府の財務諸表は，府全体の財政状況を総論的に分析するためだけではなく，個々の組織・事業の財務マネジメントの実践に役立てることを

3 大阪府の事例

◆図表7-16 財務諸表の階層別構成（例示）◆

```
                    ┌─────────────────────────┐
                    │ 大阪府全体（企業会計を除く）│
                    │         大阪府           │
                    └─────────────────────────┘
                               ↑
     ┌──────────────────┐         ┌──────────────────┐
     │     部 局 別      │         │     会 計 別      │
     │ 政策企画部  総務部 │ ……     │ 一般会計 ○○特別会計│ ……
     └──────────────────┘         └──────────────────┘
                               ↑
   ┌────────────────────────────┐   ┌──────────────────┐
   │         所 属 別            │   │     事 業 別      │
   │ 交通道路室 河川室 池田土木  │ …│ 道路事業 河川砂防事業│ ……
   │                  事務所    │   │                  │
   └────────────────────────────┘   └──────────────────┘
         ↑      ↑     ↑  ↑        ↑    ↑

   ┌──────────────────────────────────────────────────────┐
   │ ┌──────┐ ┌──────┐ ┌──────────┐ ┌──────────┐          │
   │ │一般会計│ │一般会計│ │ 一般会計 │ │ 一般会計 │  ……    │
   │ │交通道路室│ │河川室 │ │池田土木事務所│ │池田土木事務所│          │
   │ │道路事業│ │河川砂防事業│ │ 道路事業 │ │河川砂防事業│          │
   │ └──────┘ └──────┘ └──────────┘ └──────────┘          │
   │                                                      │
   │  会計別・所属別・事業別 ⇒⇒⇒ 基礎となる単位           │
   └──────────────────────────────────────────────────────┘
```

第7章　参考事例

主眼としているため，行政目的と組織の権限・責任に対応した事業単位を設定し，単位ごとの正確な財務諸表を作成することにより，大阪府全体の財政状態の変動要因を事業別に分析し，さらに，行財政改革や個別事業見直しの検討に有意な情報を提供するものとしています（図表7－17）。

◆図表7－17　事業別財務諸表の概要（例示）◆

〈費用に関する情報〉
- 歳出予算事業①（職員人件費）
- 歳出予算事業②（地方債利子）
- 歳出予算事業③
- 歳出予算事業④
- 歳出予算事業⑤
- 非現金取引
  ・減価償却費
  ・引当金繰入額

配賦 → 都市整備総務事業

管理部門にも独立した事業を設定し人件費を配賦

事業：道路事業／河川砂防事業／公園事業

〈資産に関する情報〉
- 有形固定資産（土地，建物など）
- 無形固定資産（地上権，特許権など）
- 基金
- 法人等出資金
- 貸付金　など

〈負債に関する情報〉
- 地方債
- 引当金（退職手当など）
- 借入金　など

〈収入に関する情報〉
- 調定①（使用料手数料）
- 調定②（国庫支出金）

すべての経済資源について，それらが帰属する所属，事業を特定し，財務諸表を作成
特定の所属で一括して執行する職員人件費，地方債利息は決算整理で配賦

この事業単位の設定にあたっては，とくに次の点を考慮します。
① 管理責任（マネジメント）と説明責任（アカウンタビリティ）の対応
② 階層別の合計が府全体につながる

(2) 事業ごとの正確な財務情報

それぞれの財務諸表のストックおよびコスト情報を正確に表示するために，

次の対応を行うものとしています。
① 地方債をいかに適切に管理するかが重要な課題となっており，大阪府債の発行・償還に関する実務の実態（資産の裏づけのあるものとないもの等）を踏まえたうえで，資産・負債のストック情報や利払い負担等のコスト情報を，会計別・事業別・期間別に正確に区分し計上します。
② 人件費については，組織・事業のマネジメントの強化やアカウンタビリティの充実に資するよう，組織や事業の特徴を考慮し，原則として，職員の職階別平均給与額に当該組織・事業の職員数を乗じた額を配賦することとしています。
　　また，退職手当引当金の要引当金額の算定にあたっては，人事給与システムで管理する職員の給与額，勤続年数等のデータを活用し，決算基準日時点における全職員の退職手当要支給額を個別に算定します。
③ 税収入や地方交付税等の一般財源は，収入から支出を差し引いた形式収支の赤字相当額について，一般財源を計上する所属から控除し充当する処理を行います。
④ 内部取引は，相殺控除を行います。

(3) 資産評価

① 固定資産の評価については，金額の客観性や再評価の労力の軽減のため，取得原価による，定額法減価償却を行うものとしています。ただし，売却予定固定資産については，今後の収入見込み額を明らかにするため，附属明細表上で，時価情報を開示します。
② 減損の認識等の判定にあたっては，地方独立行政法人が導入している減損会計に関する基準等を参考として，当該資産のキャッシュ・イン・フローではなく，行政サービス提供能力に着目し，固定資産が使用されている業務実績や使用可能性の著しい低下または業務運営環境の著しい悪化等の事実（50％以下）が確認され，当初の行政目的どおりに使用しないという判断がなされた場合には，減損処理を行うものとしています。

③ 棚卸資産についても，市場での販売価額が下落した場合は，販売価額に基づき評価し，その評価差額を当期の損失として計上します。

(4) 借入金の実態明示

特定目的基金の資金を財源対策のために借り入れる基金借入金（繰入運用）については，貸付けを行う前の基金額と，その控除科目として基金借入金の金額の両方を表記し，財政状態を正確に示すこととしています。

(5) 出納整理期間

出納整理期間の取引を含めた財務諸表を基本としますが，いっそうの透明性を確保するため，出納整理期間の取引を除く要約財務諸表を附属明細表として作成します。

(6) 民間企業会計の導入

日々仕訳方式のメリットを最大限に活用し，期中における財務情報の把握や決算整理に努め，期中における月次管理，予算要求段階での活用，早期の財務諸表の作成を行います。

その他，リース資産やソフトウェアの計上，適切な債権評価等を行います。

(7) 会計基準の体系

財務諸表の正確性と検証可能性を確保するともに，事務の円滑化を図るため，財務諸表作成に関する基準およびその運用のほか，必要な取扱要領を整備します。

3 大阪府の事例

[3] システム等の特徴

新公会計制度の導入にあたっては，全面的な改修や新たなシステムの構築を行うのではなく，既存のシステムの活用を前提に，不足する機能の一部追加や他システムとのデータ連携の強化を図ることにより，**図表7－18**のとおり対応します。

このシステムにおいては，仕訳区分による仕訳情報の登録を行い，職員が選択すると，自動的に複式仕訳が記録される仕組みとしています。

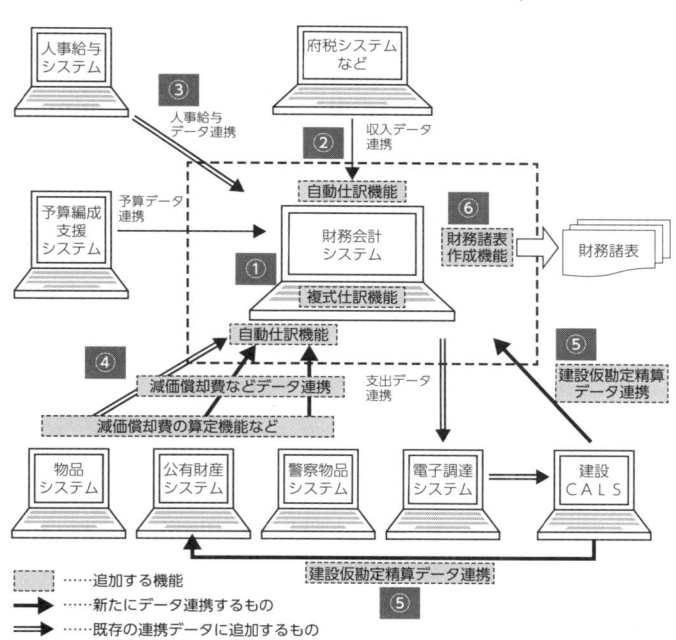

◆図表7－18　システム鳥瞰図◆

①官庁会計と並行して処理しながら複式仕訳の情報を記録するとともに，人件費や地方債など特定の所属で執行する収入・支出を，それらが帰属する組織・事業に配賦する。
②府税や府営住宅使用料など専用のシステムで管理する収入について，自動的に複式仕訳の情報を記録する。
③組織別給与支出額や職員数などのデータを連携するとともに退職手当引当金を算定する。
④減価償却費を算定する機能や資産の異動に関する情報を財務会計システムに連携し自動的に複式仕訳の情報を記録する。
⑤建設仮勘定の精算に関する機能を整備するとともに，その連携データに基づき複式仕訳の情報及び公有財産台帳の記録を行う。
⑥すべての複式仕訳の情報を一元的に管理し，財務諸表を作成する。

4 財務諸表の活用

[1] 財務マネジメントの強化

今回の導入を機に,従来の財政担当部局を中心とした財務マネジメントから,すべての組織が,自ら主体的に財務マネジメントを行う仕組みに変更しています。

さらには,部局長,所属長あるいは事業担当責任者は,組織別・事業別財務諸表の財務情報を把握・分析したうえで,具体的に数値・定量的目標を設定し,部局長マニュフェストや職場チャレンジシート等を活用して,自主的

◆図表7−19　事業類型別分析指標の例◆

事業類型	事業例	分析の視点	指標等
収支均衡型	下水道	・収支の均衡は適正か ・料金（利用者負担）は適正か	・収支差額［ＰＬ］ ・コストに占める利用者負担割合［ＰＬ利用料／ＰＬコスト］ ・単位当たりのコスト［ＰＬコスト／単位］
施設運営型	府営住宅 公の施設	・料金（利用者負担）は適正か ・税負担は適正か ・コストに見合う成果があるか	・コストに占める利用者負担（税負担）割合 ［ＰＬ利用料（ＰＬ利用料以外）／ＰＬコスト］ ・単位当たりのコスト［ＰＬコスト／単位］ ・PFI方式によるVFM（Value For Money，従来方式と比べた節減額）
社会資本 整備型	インフラ	・施設更新の必要性 ・施設新設・更新投資率 ・世代間の負担は公平か	・老朽化率［ＰＬ減価償却累計額／ＢＳ固定資産取得価額］ ・修繕率［ＰＬ維持補修費／ＢＳ固定資産取得価額］ ・施設を継続管理した場合と更新した場合のフルコスト比較 ・投資活動率［ＣＦ投資活動支出／ＰＬ減価償却費］ ・将来負担率［ＢＳ地方債／ＢＳ固定資産］
財政融資型	貸付事業	・コストに見合う成果があるか ・貸倒のリスクはどの程度か	・資金調達コストや貸倒引当金繰入を含めた単位当たりのコスト［ＰＬコスト／単位］ ・貸倒割合［ＢＳ貸倒引当金／ＢＳ貸付金］
助成・啓発・ 指導・権限行 使型	許認可 徴税事務	・料金（申請者負担）は適正か ・税負担は適正か ・コストに見合う成果があるか	・コストに占める申請者負担（税負担）割合 ［ＰＬ手数料（ＰＬ手数料以外）／ＰＬコスト］ ・単位当たりのコスト［ＰＬコスト／単位］
行政組織 管理型	部総務部門	・コストは適正か	・単位当たりのコスト［ＰＬコスト／単位］

な事業・組織マネジメントを進めることが可能となります。

また，さまざまな行政サービスを分類して，事業類型ごとに分析指標を確立していくこととしています（図表7－19）。

[2] PDCAサイクルの構築
(1) 予算編成過程の改革
予算編成にあたっては，現金主義のみならず，発生主義の視点で，費用対効果を検証し，個々の事業の予算査定に反映させます。

(2) 要員マネジメントの推進
人件費に関する配賦基準を設け，組織・事業の単位で財務情報を集積することで，経営的な観点からマネジメントを発揮しやすくなります。

(3) 公の施設をより効果的に点検
フルコストを踏まえた施設利用者1人当たりのコスト等の情報を活用し，適正な利用料金の設定や将来の大規模修繕費用への対応等，改革の方向性を検討します。

(4) 市場化テストへの活用
今回の導入により，事業別財務諸表の作成が可能となることから，各事務事業についてより詳細な情報を公表することができ，大阪版市場化テストの対象業務選定に活用します。

(5) 府有財産の有効活用の推進
公有財産管理システムに蓄積されるストック情報を参考に，府有財産の売却，貸付等の有効活用方策を決定します。

(6) 財務諸表を活用した監査機能の充実・強化

　監査委員の監査により，財務諸表の正確性を検証するため，財務諸表の分析手法について具体的に検討を進めるとともに，財務諸表の信頼性について，第三者が客観的に検証し保証する仕組みを検討します。

　また，外部の専門家が第三者の立場から行う外部監査においても，フルコスト情報や部局別・事業別の財務諸表等を提供します。

[3] アカウンタビリティの充実

(1) 組織別・事業別財務諸表

　組織別・事業別財務諸表について，府民にわかりやすい形で，積極的に情報開示を行います。その際には，財務情報だけではなく，事業の成果といった非財務情報もあわせて報告することにより，より透明性の高い行財政運営に役立てます。

(2) 大阪府全体の財務諸表

① 大阪府全体の財政状況をより正確に，よりわかりやすく府民に伝えるため，アニュアル・レポート（年次財務報告書）を発行します。

② 「地方公共団体の財政の健全化に関する法律」への対応につき，既存の指標に加えて，今回のストック情報等を活用することにより，より詳細な分析とフィードバックを図ります。

③ ＩＲ活動（投資家に対する広報活動）において，ストックやフルコスト等の財務情報，更には財務諸表を活用した財務マネジメントの取組み等を利用します。

(3) 議会への財務諸表の提出

　議会における決算審査のいっそうの充実を図るため，新公会計制度が試験的に運用される平成23年度の決算から，すべての事業別財務諸表，会計別や部局別の財務諸表等を資料として提出します。

5 今後の課題と地域主権への確立に向けて

　今回の大阪府の取組みは，本来あるべき公会計の姿としては，高く評価されます。

　最大の特徴は，その事業単位の詳細な設定にあり，管理責任単位別に財務情報を作成し，内部管理マネジメントとアカウンタビリティの両方の向上に活用しようというものです。その点では，費用の配賦基準や方法といった実務的課題について，対応していく必要があります。

　また，資本取引と損益取引の区分がないという，現在の官庁会計の問題については，経営実態の把握の観点から改善する方向で，たとえば基金からの借入金については，基金残高とそこからの借入金残高を差し引いた純額であることや，基金の積立不足（将来世代の負担額）について，明示することを目指しています。

　最終的には，複式簿記・発生主義による予算と決算を連動させ，事後評価が可能となるマネージメント体制の構築が必要であると考えます。

　いずれにしても，今後は，さらに国や他の自治体との協働による新公会計制度の確立につき進めるものとしており，真の地域主権の確立のための取組みが期待されます。

4 国の事例（国の財務書類について）

1 国の財務書類とは

[1] 国の財務書類の内容

本節では，国の事例として「国の財務書類」について説明します。

国の財務書類とは，企業会計の考え方を活用して国全体の決算ベースでのフローとストックをみるために作成・公表するものであり，平成15年度決算分より毎年財務省主計局によって作成・公表されています（なお，貸借対照表については，前身といえる「国の貸借対照表（試案）」が平成10～14年度分について作成・公表されています）。

国の財務書類は，図表7-20のとおり大きく3種類にわかれますが，このうち日本国政府全体の財務状況を表すのは，①国の財務書類（一般会計・特別会計）となります。なお，いずれも，各省庁が歳入歳出決算および国有財産台帳等の計数を基礎として作成した省庁別財務書類を合算し，対象範囲内部の取引（債権・債務，繰入等）について相殺消去のうえ作成されています。

◆図表7-20　国の財務書類の分類◆

種類	対象範囲
①国の財務書類（一般会計・特別会計）	一般会計およびすべての特別会計を合算
②一般会計財務書類	一般会計のみ
③連結財務書類	①に加えて，各省庁の実施している業務と関連する事務・事業を行っている特殊法人，独立行政法人等（20年度は209法人）を連結。

なお，省庁別財務書類は，各省の一般会計財務書類と所管する特別会計財務書類を合算・相殺消去して作成されることになりますが，図に表わすと図

4 国の事例（国の財務書類について）

◆図表7−21　国の財務書類の構成◆

国の財務書類の構成

「国の財務書類」
全省庁の財務書類を合算・
相殺消去して作成
20年度決算は22年6月公表

「省庁別財務書類」
各省庁単独の財務書類
20年度決算は22年1月公表

国の財務書類
（一般会計・特別会計）
← 合算 ─ A省・省庁別財務書類／B省・省庁別財務書類／C省・省庁別財務書類

一般会計財務書類 ← 合算 ─ A省所管一般会計財務書類／B省所管一般会計財務書類／C省所管一般会計財務書類

「一般会計財務書類」
全省庁の一般会計のみ合算
20年度決算は22年1月公表

○特別会計財務書類／△特別会計財務書類

「特別会計財務書類」
20年度決算は
22年1月公表

「連結財務書類」
独立行政法人等も
合算・相殺消去して作成
20年度決算は22年6月公表

独立行政法人財務諸表／特殊法人行政コスト計算財務書類／認可法人行政コスト計算財務書類

連結財務書類 ← 合算 ─ A省・省庁別連結財務書類／B省・省庁別連結財務書類／C省・省庁別連結財務書類

出所：財務省主計局「国の財務書類」。

表7−21のとおりとなります。

[2] 国の財務書類の体系

　また，この3種類の財務書類（国の財務書類，一般会計財務書類，連結財務書類）は，**図表7−22**および**図表7−23**のとおり，それぞれ次の4つの財務書類および附属明細書から構成される体系となっています。

　なお，主な作成基準は**図表7−24**のとおりとなっており，基本的な考え方は企業会計にそっていますが，国有財産の計上額を時価ベース（国有財産台帳価格ベース）であったり，公的年金預り金について年金財源として保有する資産額見合いを負債計上する，業務費用計算書には費用のみ集計し収益は資産・負債差額増減計算書に計上する，といった点が企業会計と比較して特徴的となっています。

　国全体の決算ベースでのフローとストックをみるための情報としては，そもそも歳入歳出や債権・債務に関する各種決算書類や公表データがありますが，これらの書類等は官庁会計により作成されており，国の財政状況を企業

◆図表7－22　国の財務書類の体系と内容◆

構成体系	内容
①貸借対照表	国に帰属する資産及び負債の状況を明らかにするもの。資産と負債の差額は「資産・負債差額」として表します。
②業務費用計算書	国の業務実施に伴い発生した費用を明らかにします（企業会計上の損益計算書の費用部分に相当する）。
③資産・負債差額増減計算書	資産・負債差額の年間の増減状況を明らかにします（企業会計上の損益計算書の収益部分と株主資本等変動計算書に相当する）。
④区分別収支計算書	国の財政資金の流れを区分別に明らかにします（企業会計上のキャッシュ・フロー計算書に相当）。
⑤附属明細書	上記①～④の内容を補足するものです。

◆図表7－23　構成財務書類間の関係◆

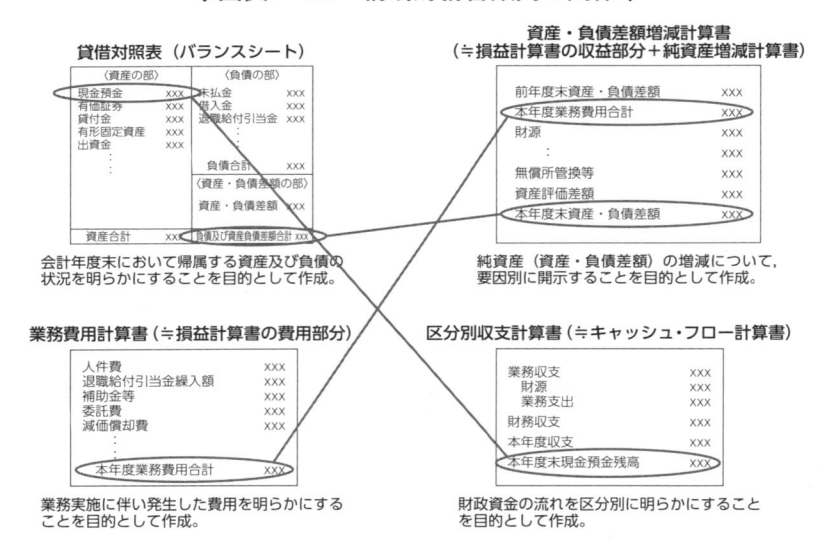

貸借対照表（バランスシート）

〈資産の部〉／〈負債の部〉
- 現金預金　XXX
- 有価証券　XXX
- 貸付金　XXX
- 有形固定資産
- 出資金　XXX
- 未払金　XXX
- 借入金　XXX
- 退職給付引当金　XXX
- 負債合計　XXX

〈資産・負債差額の部〉
- 資産・負債差額
- 資産合計　XXX　　負債及び資産負債差額合計　XXX

会計年度末において帰属する資産及び負債の状況を明らかにすることを目的として作成。

資産・負債差額増減計算書（≒損益計算書の収益部分＋純資産増減計算書）
- 前年度末資産・負債差額　XXX
- 本年度業務費用合計　XXX
- 財源　XXX
- 無償所管換等　XXX
- 資産評価差額　XXX
- 本年度末資産・負債差額　XXX

純資産（資産・負債差額）の増減について，要因別に開示することを目的として作成。

業務費用計算書（≒損益計算書の費用部分）
- 人件費　XXX
- 退職給付引当金繰入額　XXX
- 補助金等　XXX
- 委託費　XXX
- 減価償却費　XXX
- 本年度業務費用合計　XXX

業務実施に伴い発生した費用を明らかにすることを目的として作成。

区分別収支計算書（≒キャッシュ・フロー計算書）
- 業務収支　XXX
- 財源　XXX
- 業務支出　XXX
- 財務収支　XXX
- 本年度収支　XXX
- 本年度末現金預金残高　XXX

財政資金の流れを区分別に明らかにすることを目的として作成。

会計の考え方にそって作成したという点において，国の財務書類は画期的なものといえるでしょう。なお，国の財務書類は財務省ホームページから閲覧することができます（http://www.mof.go.jp/jouhou/syukei/fstop.htm）。

4 国の事例(国の財務書類について)

◆図表7-24 国の財務書類と企業会計の作成基準の比較◆

	国の財務書類	企業会計	官庁会計
基本方針	発生主義会計 複式簿記	発生主義会計 複式簿記	(修正)現金主義会計 単式簿記
作成財務書類	貸借対照表(B/S) 業務費用計算書 資産・負債差額増減計算書 区分別収支計算書	貸借対照表 損益計算書 純資産等変動計算書 キャッシュ・フロー計算書	歳入歳出決算書 継続費決算報告書 国の債務に関する計算書 国の債権の現在額総報告等
有価証券の評価	市場価格のあるものは時価(満期保有有価証券は取得原価)他は取得原価(強制評価減あり)		
貸倒引当金の計上	合理的な基準により算定(過去3年の実績率も可)	将来の貸倒見積額を計上(過去3年の実績等も可)	
国有財産の計上	国有財産台帳価格(時価ベース)に減価償却を加味	(固定資産の計上) 取得原価に減価償却を加味。 減損会計の適用あり。	
公共用財産の計上	過去の用地費・事業費の累計により取得原価を推計		
公的年金預り金の計上	年金財源として保有する額(未払金除く)を負債計上		
退職給付引当金の計上	職員の期末要支給額のほか,恩給に係る分等も計上	退職給付債務を計上	

出所:財政制度等審議会「省庁別財務書類作成基準」。

2 平成20年度国の財務書類について

　それでは,実際の平成20年度国の財務書類と,そこから読み取れる点を簡単にご紹介したいと思います(**図表7-25,7-26,7-27**)。

　この平成20年度国の財務書類(附属明細書も含みます)から,次の点を読み取ることができます。

(1) 貸借対照表より

- 資産総額665兆円のうち,有形固定資産と無形固定資産を除いた額(≒金融資産)は482兆円となっています。
- 一般会計以外の特別会計では,①財政投融資特会212兆円,②年金特会147兆円,③外国為替資金特会126兆円(いずれも相殺消去前)が圧倒的に大きくなっています。

313

第7章 参考事例

◆図表7-25 平成20年度国の財務書類（貸借対照表）◆

貸 借 対 照 表

(単位：百万円)

	前会計年度 (平成20年 3月31日)	本会計年度 (平成21年 3月31日)		前会計年度 (平成20年 3月31日)	本会計年度 (平成21年 3月31日)
〈資産の部〉			〈負債の部〉		
現金・預金	31,903,373	23,667,354	未払金	8,027,610	8,208,196
有価証券	104,720,599	99,310,697	支払備金	340,687	404,189
たな卸資産	2,952,756	2,819,780	未払費用	1,392,067	1,420,434
未収金	9,064,206	8,621,118	保管金等	550,673	570,812
未収収益	1,606,214	1,352,654	前受金	158,753	163,845
未収(再)保険料	4,442,777	4,601,035	前受収益	5,936	5,182
貸付金	190,173,310	162,995,204	未経過(再)保険料	89,927	86,205
運用寄託金	112,754,442	124,983,924	賞与引当金	332,127	319,433
その他の債権等	1,254,880	1,398,571	政府短期証券	73,046,604	88,483,050
貸倒引当金	△ 2,327,541	△ 2,474,547	公債	675,688,862	681,250,783
有形固定資産	180,361,006	182,740,326	借入金	22,380,422	22,156,905
国有財産 (公共用財産を除く)	36,925,294	36,692,496	預託金	26,328,171	14,693,013
土地	18,464,347	18,403,708	責任準備金	9,562,705	9,663,320
立木竹	6,875,195	6,924,940	公的年金預り金	140,585,020	136,265,089
建物	4,078,719	3,878,302	退職給付引当金	13,768,789	13,030,835
工作物	4,109,346	3,949,982	その他の債務等	5,519,369	5,478,673
機械器具	54	54			
船舶	1,443,435	1,463,670			
航空機	1,039,255	994,314			
建設仮勘定	914,897	1,077,484			
公共用財産	140,745,781	143,173,038			
公共用財産用地	36,340,533	36,927,021	負債合計	977,777,771	982,200,011
公共用財産施設	103,892,912	105,480,067			
建設仮勘定	512,336	765,948	〈資産・負債差額の部〉		
物品	2,689,920	2,874,784	資産・負債差額	△ 282,745,075	△ 317,437,062
無形固定資産	259,113	264,911			
出資金	57,867,512	54,481,874			
資産合計	695,032,703	664,762,956	負債及び資産・ 負債差額合計	695,032,703	664,762,956

(注1) 国が保有する資産には，公共用財産のように，行政サービスを提供する目的で保有しており，売却して現金化することを基本的に予定していない資産が相当程度含まれている。このため，資産・負債差額が必ずしも将来の国民負担となる額を示すものではない点に留意する必要がある。

(注2) 負債の部の公債（本会計年度約681兆円）については，基本的に将来の国民負担となる普通国債残高（約548兆円）のほか，財政投融資特別会計等の公債残高を含み，国の内部で保有するものを相殺消去している。

出所：財務省主計局「平成20年度国の財務書類」。

4 国の事例(国の財務書類について)

◆図表7-26 平成20年度国の財務書類(業務費用計算書)◆
業務費用計算書

(単位:百万円)

	前会計年度 (自 平成19年4月1日) (至 平成20年3月31日)	本会計年度 (自 平成20年4月1日) (至 平成21年3月31日)
人件費	4,520,836	4,514,258
賞与引当金繰入額	331,080	315,875
退職給付引当金繰入額	750,647	699,826
保険給付費及保険者納付金	7,142,136	3,465,769
保険料等交付金	—	3,291,610
厚生年金給付費	22,315,978	22,771,292
基礎年金給付費	14,619,372	15,585,076
国民年金給付費	1,665,294	1,566,799
失業等給付費	1,251,811	1,411,838
その他の社会保障費	1,655,344	1,338,775
補助金等	21,955,837	24,152,109
委託費等	2,922,817	2,635,232
地方交付税交付金等	16,229,411	16,623,893
運営費交付金	2,875,284	2,837,661
(再)保険費等	50,420	57,797
公共用施設整備費等	128,071	99,038
庁費等	2,147,556	2,125,554
その他の経費	2,029,708	2,047,299
公債事務取扱費	65,438	41,764
責任準備金繰入額等	155,892	100,870
減価償却費	4,706,524	4,708,911
貸倒引当金繰入額	1,258,422	1,057,073
利払費	9,364,817	9,819,070
為替換算差損益	590	8,503
公債償還損益	13,435	62,002
資産処分損益	91,260	416,814
出資金等評価損	115,622	2,259,395
本年度業務費用合計	118,363,731	124,014,222

出所:財務省主計局「平成20年度国の財務書類」。

◆図表7-27　平成20年度国の財務書類（資産・負債差額増減計算書）◆

資産・負債差額増減計算書

（単位：百万円）

		前会計年度 （自　平成19年4月1日） （至　平成20年3月31日）	本会計年度 （自　平成20年4月1日） （至　平成21年3月31日）
Ⅰ	前年度末資産・負債差額	△ 278,984,383	△ 282,745,075
Ⅱ	本年度業務費用合計	△ 118,363,731	△ 124,014,222
Ⅲ	財源	106,460,172	98,205,708
	租税等財源	52,655,804	45,830,883
	その他の財源	53,804,352	52,374,816
Ⅳ	資産評価差額	1,634,072	△ 1,930,852
Ⅴ	為替換算差額	1,308,409	△ 10,170,315
Ⅵ	公的年金預り金の変動に伴う増減	4,212,874	4,319,930
Ⅶ	その他資産・負債差額の増減	987,507	△ 1,102,241
Ⅷ	本年度末資産・負債差額	△ 282,745,075	△ 317,437,062

出所：財務省主計局「平成20年度国の財務書類」。

- 所管省庁別でみると，①財務省345兆円，②厚生労働省160兆円，③国土交通省152兆円（いずれも相殺消去前）が圧倒的に大きくなっています。
- 科目別では，①有形固定資産183兆円，②貸付金163兆円，③運用寄託金125兆円，④有価証券99兆円，⑤出資金55兆円がとなっています。
- 貸付金は主に財政投融資特別会計が保有するものであり，貸付先はほとんどが地方自治体と特殊法人・独立行政法人となっています。
- 有形固定資産のうち143兆円は公共用財産（社会資本）であり，そのほとんどが道路と治水施設に使われています。
- 有価証券は主に外国為替特別会計が保有するものであり，ほとんどが外貨

証券となっています。
- 出資金は，ほとんどが特殊法人，独立行政法人，国立大学法人，国際機関に係るものとなっています。
- 負債総額982兆円のうち，科目別では，①公債676兆円，②公的年金預り金141兆円，③政府短期証券73兆円が大きくなっています。
- 会計別では，①一般会計604兆円，②財政投融資特会193兆円，③年金特会145兆円，④外国為替資金特会①110兆円（いずれも相殺消去前）が圧倒的に大きくなっています。
- 所管省庁別でみると，①財務省838兆円，②厚生労働省154兆円，③総務省39兆円（いずれも相殺消去前）が圧倒的に大きくなっています。
- 資産・負債差額は▲317兆円と負債の大幅な超過状態となっていますが，特例公債，建設公債はすべて一般会計に計上されており，その結果，一般会計の負債超過額▲357兆円に対して，特別会計は62兆円の資産超過となっています。
- 財政投融資特別会計は，預託金と財投債の発行により財源を調達しており，それを政府内部や特殊法人，地方自治体等に対して190兆円の貸付残高があります。
- 外国為替特別会計は，政府短期証券により円建てで資金を調達し，外貨運用を行っているため，円高になると純資産が減少する構造となっています（平成19年度から20年度にかけて，純資産が8兆円減少）。
- 特別会計の資産・負債差額の上位は，①財政投融資19兆円，②外国為替16兆円，③社会資本整備11兆円，④労働保険8兆円，⑤森林整備7兆円（ほとんどが立木であり，収支は自立できていませんが）となっています。一方，交付税および譲与税配付金特別会計の資産・負債差額は▲29兆円ですが，これは地方交付税の不足分を外部借入により賄ったために生じたものとなっています。

(2) 業務費用計算書及び資産・負債差額増減計算書より

- 業務費用（行政コスト）124兆円から年金・社会保障費49兆円を除いた額（75兆円）のうち，①補助金等27兆円が35.9％，②地方交付税交付金17兆円が22.2％，③利払費10兆円が13.1％，④人件費6兆円が7.4％，⑤減価償却費5兆円が6.3％と，80％超を占めています。
- 平成20年度財源98兆円のうち，租税等財源が46兆円と半分弱を占め，残りを社会保険料収入と運用益等が占めています。
- 租税等財源のうち，①所得税15兆円，②法人税10兆円，③消費税10兆円で3/4以上を占めています。
- 業務費用（行政コスト）から財源を差し引いた当期利益に相当する額は，▲26兆円の赤字であるといえます。

3 国の財務書類の活用状況

　国の財務書類が作成・公表されたことにより，多くの人々にとって従来よりも容易に財政の全体像および詳細な財政情報を把握・理解することが可能になったのではないでしょうか。現状においては，利用者が財務省のホームページから自由に閲覧できるほか，特別会計財務書類については会計検査院検査を経て国会に提出されたり，政府による事業仕分けにおいて特別会計財務書類の活用がなされています。また，財政制度等審議会において政策別コスト情報の作成・活用等についての検討も行われているところです。

　なお，作成・公表のタイミングについて，平成20年度国の財務書類は平成22年6月の公表となっており，毎年早期化の努力がなされているものの，現行では官庁会計による決算作業の結果を踏まえて，各省→国の順に作成データの集計，組替，相殺消去等の膨大な作業を行っていることから，決算日後公表まで約15ヵ月を要しています。これについては，平成23年度決算から新システムの本格運用により，さらなる早期化が図られる予定とされています。

　自治体においても，たとえば次の取組みを行う際に国の事例が参考になるものと思われます。

4 国の事例（国の財務書類について）

- 監査委員もしくは専門的な知見をもつ第三者によるチェックを入れて，正確性の担保を強化すること。
- 自治体における事業仕分けにおいて，特別会計等のバランスシートや事業別の行政コスト計算書を判断材料に用いること。
- 政策別コスト情報を作成し，行政評価や予算編成に資すること。

　また，将来的に国の会計基準と自治体の会計基準を揃えることも考えられますが，それぞれの会計基準の整合させる意義やその後の活用のあり方（たとえば，国と自治体の財政比較，国と自治体の連結財務諸表の作成等）については，現段階で定まった見解はなく，これからの検討課題といえます。

第7章　参考事例

5　特許特別会計の事例

1 特許特別会計とは

　知的財産権制度（特許，実用新案，意匠，商標制度）は，発明等の知的創造の成果を保護・活用し，産業の発展に寄与することを目的としており，これからの知財システムは，21世紀の日本にとってますます重要になっていくと考えられます。

　それを管理する特許庁は，特許権等の適切な付与，産業財産権施策の企画立案，国際協力・交渉，産業財産権制度の見直し，産業財産権情報の拡充などの取組みを進めています。

　また，特許特別会計は，特許庁が行う事務について，出願件数の増大および出願内容の複雑化，高度化に対応した円滑な処理体制を確立および利用者に対するサービスの向上を図ることを目的として昭和59年7月に設置されました。

　特許特別会計では，出願人から出願料，審査請求料，特許料等を徴収し，特許・実用新案・意匠・商標の審査・審判および権利の登録等を行うために必要な経費を支出しており，原則として独立採算・収支相償の下で運営されており，一般会計からの負担に依拠しているものではありません。

2 特許庁の問題認識とこれまでの取組み

　特許特別会計においては，国の一般会計と同様，単式簿記・現金主義の予算決算が行われています。

　しかしながら，単式簿記・現金主義の限界，すなわち所有する資産および負債の状況その他の決算に関する財務情報を包括的に開示するため，企業会計の慣行を参考として，平成16年度から，特許特別会計の財務書類（貸借対照表，業務費用計算書，資産負債差額増減計算書，区分収支計算書，附属明細書）を作成しています。また，所管する独立行政法人工業所有権情報・研

修館との連結財務書類についても，作成しています。

ただし，この作成方法については，継続的な複式簿記の仕訳によるものではなく，単式簿記の歳入歳出決算書や国有財産台帳をもとに，組替えて作成されたものであり，自治体における総務省方式改訂モデルに近いものといえます。

これらに加え，特許庁では，ユーザーニーズを踏まえた，さらなる特許庁の合理的，効率的な運営の実現にむけての検討を行っています。

その一環として，民間ベストプラクティスに習い，外部への説明責任と透明性を高めるとともに，庁内改革と改善を目的とした，管理会計的な経営手法の導入について，長年研究と実施を重ねてきており，大きく分けると，以下の料金原価計算と情報開示の2つの取組が注目されます。

3 料金原価計算についての取組み

特許庁においては，出願料や特許審査料等のさまざまな料金が設定されていますが，その料金がどのように計算され，もしくは政策が加味されているのか等についての，ユーザーへの説明責任は不可避になりつつあります。

また，それぞれの料金原価がどのように推移しており，今後どうなっていくかを予測し，コスト上のボトルネックを把握し，業務効率化に向けた改善につなげる必要が出てきています。

[1] 料金原価計算の目的

まず，料金原価計算においては，**図表7−28**のように，縦軸に4法別，横軸に料金設定単位別の収入構造に対比される各"セル"別の収支状況を把握することを最終的な管理会計的イメージとして設定します。

これにより，すでに集計・管理されている，特許，実用新案，意匠，商標別の各料金設定単位別の収入と，同じ切り口でのコスト構造を比較分析することにより，各"セル"別の収支が可視化され，より細かい料金政策の検討や，コスト削減等の判断が可能になると考えます。

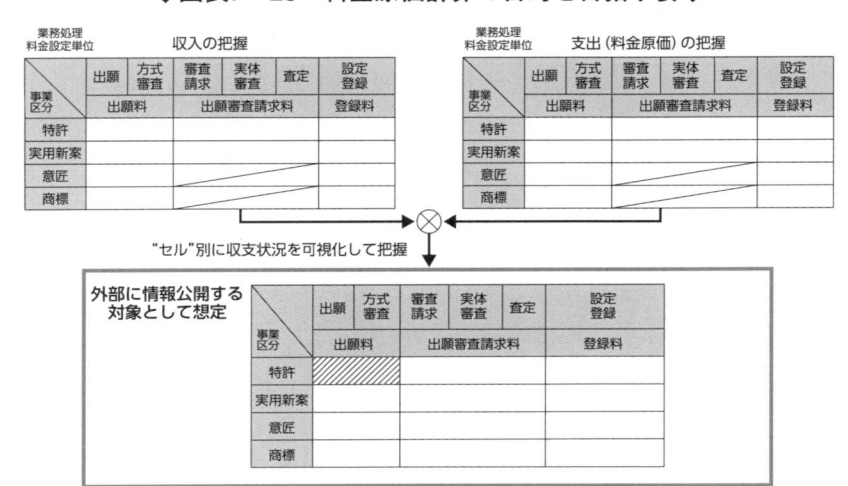

◆図表7-28　料金原価計算の目的と目指す姿◆

[収入の把握／支出（料金原価）の把握／"セル"別に収支状況を可視化して把握／外部に情報公開する対象として想定]

[2] 計算方法の概要

以上の目的を達成するために，適切なレベルでの計算精度もしくは合理性の保持が必要となり，以下の方法により，計算を行っています。

(1) ABC手法の導入

料金原価の計算においては，ABC（活動基準原価計算）手法を適用し，出願人に対する審査等の業務単位にコストを配分し，可能なかぎり，業務に付随して発生するコストを直課していきます。特許庁のコスト構造の特徴として，人件費や外注費等，一般的には業務に直課しやすい費用項目に対して，システム費やその他費用等の，4法および業務に特定できない間接費として扱われるべき費用項目の割合が高く，ABC手法の適用により，可能なかぎり直課割合を高めます。

(2) 目的別アクティビティの定義

ABC手法が主に人件費を対象にするのに対し，システム費や政策費と称

される，各政策目的に準拠した支出項目については，政策目的および費用の投下目的に基づく「目的別アクティビティ」の考え方を適用し，各費目を該当するアクティビティに配分することで集計します。

以上の料金原価の算出のステップと，受益者に対して情報を開示する領域および，管理会計的手法を適用する領域について**図表7－29**のように整理されます。

◆図表7－29　料金原価の算出ステップ（概要）◆

	処理項目	処理内容	活用種別
1	費用の目的別区分	・審査等，業務に直接かかわるコストと政策的な費用部分とを区分する。	内部管理（収支管理）
2	4法別の費用配分	・全庁共通費において4法別に紐付けできる費目を直課する。（4法別単位原価） ・直課できない間接費を一定の基準で配賦する。（配賦全庁間接費） ・政策費用において，4法別に支出目的を識別し，配分する。（目的費用）	内部管理（収支管理） ※必要性を確認したうえで情報開示を検討
3	料金設定単位別	・ABC手法によって業務単位別に算出された直接費を，料金設定単位別に積算する。 ・4法単位別に算出された，配賦間接費を，さらに一定の基準で料金設定単位別に配賦する。 ・4法別に配分された目的費用を支出目的を識別して料金設定単位に配分する。直課できないものは一定の基準で配賦する。	内部管理（原価管理） 情報開示対象
4	業務単位	・ABC手法を用いて，業務に要する人数，時間と，人件費単価を乗じて，直接人件費を算出する。 ・当該業務に直接的に関与する外注費を直課する。	内部管理（原価管理）

4 情報開示について取組み

法令等に基づく情報開示だけでなく，特許特別会計の特性を考慮に入れつつ，より説明性の高い情報開示の方法を主体的に取り組むため，下記を課題

として取組みを進めています。

[1] 現金主義情報の開示
(1) 予算の策定方法
　まず，歳入予算の策定に関しては，過去3年の実績件数をもとに算出していますが，経済情勢等を反映させた実態に近似するよう算定方法を検討する必要があります。
　とくに，歳出予算の策定に関しては，予算額を実際に必要と見積もられる水準とすることで，予算自体がコスト削減のインセンティブに結びつくように算定すべきと考えています。

(2) 予実差異原因の把握・分析
　現在，予算と決算の差異については，歳入歳出決算書上は"不用額"として表示されていますが，差異の分析についてはさらに，上記において策定された予算に基づき，予算と実績値の比較を行い，予実差異原因について十分な検証を行うことが重要です。

(3) 科目の区分方針
　科目の区分としては，費目別・4法別・政策別などの区分が考えられますが，作成が容易なのは，算定した数値がある費目別です。
　政策別については，情報の有用性の観点から，開示する政策の範囲の決定，政策の達成度合をはかる指標の設定・測定・開示と，その指標と予算・決算額との関連性を検討する必要があります。
　なお，区分決定後は，開示科目をどこまで集約・開示するかが論点となります。

[2] 発生主義情報の開示
　特許特別会計は，特許の審査待ちに代表されるように，キャッシュ・フロ

5 特許特別会計の事例

ーの発生時と，業務の実施（役務の提供）時に期間的な相違が存在するため，歳入歳出決算情報のみでは特許庁の業務運営についての有用な情報を提供することはできません。

そのため，業務の効率化度合いや業績評価といった管理会計的な側面からは，発生主義的観点を考慮した情報が必要であり，すでに作成している省庁別財務書類を基礎として，以下のような検討を行っています。

◆図表7-30　損益計算書相当書類（案）◆

(単位:百万円)

科目	算式	H19	Source Data
I 業務損益			
1 収益			
自己収入		123,343	資産・負債差額増減計算書
―特許等収入		122,132	〃
―その他の財源（その他収入）		1,211	〃
一般会計からの受入		18	〃
収益合計	a	123,362	
2 業務費用			
人件費		26,679	業務費用計算書
賞与引当金繰入額		1,988	〃
退職給付引当金繰入額		2,689	〃
補助金等		57	〃
独立行政法人運営費交付金		14,232	〃
委託費		2,948	〃
分担金		78	〃
拠出金		206	〃
庁費等		50,158	〃
その他の経費		436	〃
減価償却費		12,902	〃
貸倒引当金繰入額		△3	〃
資産処分損益		0	〃
業務費用合計	b	112,376	
無償所管換等	c	△210	資産・負債差額増減計算書
収支差額	d: a-b+c	10,776	
II 資産・負債差額の増減			
資産評価差額		△35	資産・負債差額増減計算書
その他資産・負債差額の増減		△1,520	〃
資産・負債差額の増減額	e	△1,555	
前年度末 資産・負債差額	f	81,370	
本年度末 資産・負債差額	g: d+e+f	90,590	

第7章　参考事例

(1) 損益計算書相当書類作成

原則として，省庁別財務書類における，「資産・負債差額増減計算書」および「業務費用計算書」の数値を用いますが，「資産・負債差額増減計算書」項目のうち，当年度の経営成績に直接関連しないと考えられる項目は，別途，「資産・負債差額の増減」の欄を設け，収支差額の計算対象から除外することとしています（**図表7－30**）。

(2) 貸借対照表の分析

省庁別財務書類で作成される貸借対照表は，特許特別会計の財務構造をストックの観点から開示するものであり，情報の有用性の高いものですが，歳入歳出決算書を基礎として，所要の調整を加える形で作成されており，資産・負債差額の説明という観点からは今後，さらなる検討が必要です。

これについては，資産・負債差額のうち，とくに発生ベース収支差額のストックに相当する額を明らかにする観点から，貸借対照表項目のうち，「前受金」，「（受注損失）引当金」，「資産・負債差額」の検討を進めています（**図表7－31**）。

◆図表7－31　特許特別会計の貸借対照表の構造と論点◆

貸借対照表の構造（平成19年度末）

資産	負債・資産負債差額
現金・預金（歳計剰余金）1,846億	賞与引当金・退職給付引当金 378億
	前受金 1,470億　論点1
その他流動 1億	
有形・無形固定資産 894億	受注損失引当金（仮称）xxx億　論点2
	資産・負債差額 906億　論点3
投資等 12億	
Total 2,753億	Total 2,753億

検討すべき論点

- **前受金**
  - 現在計上されている前受金の網羅性，妥当性
- **受注損失引当金（仮称）**
  - 受注損失引当金の設定可否・設定根拠の検討
- **資産・負債差額**
  - 資本金／評価差額／剰余金部分の分類方法，会計的な意味合いの検証
  - （負債項目との関連で，）計上額そのものの妥当性

（適正化・精緻化）

5 特許特別会計の事例

5 今後の方向性

　特許庁においては，収支相償を前提にしながらも，特許特別会計の特性として，歳出の発生に先立って歳入が上がることによる，いわゆる歳入と歳出の差額部分等の収支状況や資産・負債状況について，あくまでも健全な財務体質・庁内運営を前提に，収支状況や資産・負債状況をわかりやすく開示することが求められます。

　これに対応するため，管理会計の考え方を適用し，資産・負債差額の構成について正確に補足し，さらに運営上留保すべき部分などを定義したうえで，料金政策等により受益者に還元していく原資として取り扱うなどの，一連のローリングサイクルの整備につき，**図表7－32**の考え方をもとに，今後検討が必要と考えられます。

◆図表7－32　管理会計手法によるローリングサイクル◆

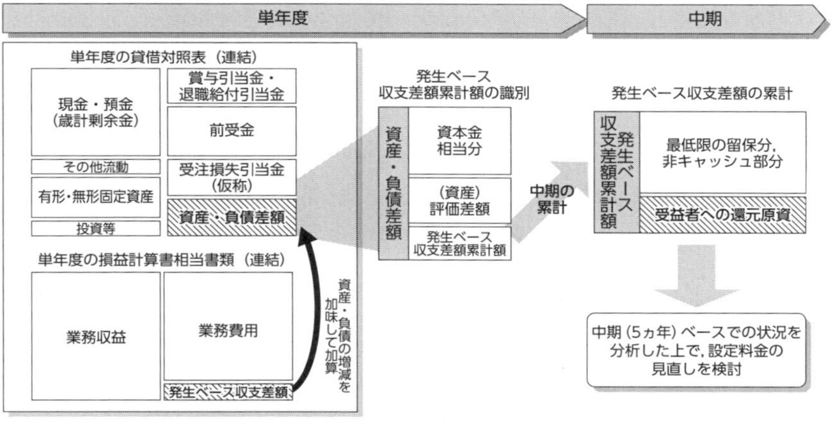

　結果として，説明責任の履行および適切な料金政策の実行の観点から，**図表7－33**のような方針について，管理会計手法を用いて，今後実現されることが期待されます。

第7章　参考事例

◆図表7-33　説明責任の履行・適切な料金政策の実行の観点から実現が期待される事項◆

目指す方針	方針内容
方針1	年度の収支状況，資産・負債増減状況をわかりやすく開示する。
方針2	資産・負債差額の構成について正確に捕捉し，説明責任を履行する。
方針3	発生ベース収支差額のストックを累計して中期的に把握し，その発生理由や今後の見通しを踏まえ，料金政策を含めて説明責任を履行する。

　これらの特許庁の取組みについては，下記の観点から，自治体においても，大変参考になるものであると考えます。

①連結ベースでの企業会計的財務書類の作成による情報開示の充実。
②料金原価計算および発生ベースでの収支差額を把握し，中長期的な将来シミュレーション等への活用。

〈参考文献〉
〔アメリカ〕
　石田晴美『地方自治体会計改革論―わが国と諸外国及び国際公会計基準との比較』森山書店，2006年。
　財務省「公会計に関する海外調査報告書（米国）」2003年。
　清水涼子『公会計の基礎知識―各国基準と国際公会計基準』朝陽会，2007年。
　鈴木豊・兼村高文編著『公会計講義』税務経理協会，2010年。
　鈴木豊編著『政府監査基準の構造』同文舘出版，2005年。
　隅田一豊『住民自治とアカウンタビリティ―日・米・英の地方公会計及び監査制度の基礎』税務経理協会，1998年。
　政府会計基準審議会，連邦会計基準諮問審議会（藤井秀樹監訳）『GASB/FASAB公会計の概念フレームワーク』中央経済社，2003年。
　日本監査研究学会・公監査研究特別委員会研究報告『公監査を公認会計士・監査法人が実施する場合に必要な制度要員の研究調査』日本監査研究学会，2009年。
　宮田慶一『政策評価と公会計改革のあり方』日本銀行金融研究所，2000年。
　矢代隆嗣『成果志向の事業・業績改善への取組み』法律文化社，2003年。
　山本清『政府会計の改革―国・自治体・独立行政法人会計のゆくえ』中央経済社，

2001年。

City of Portland, Oregon Comprehensive Annual Financial Report FISCAL YEAR ENDED JUNE 30, 2009.
City of Portland, SERVICE EFFORTS AND ACCOMPLISHMENTS (2008-09)
GAOウェブサイト http://www.gao.gov/
GASBウェブサイト http://www.gasb.org/
ポートランド市ウェブサイト http://www.portlandonline.com/

〔ニュージーランド〕
クライストチャーチ市ウェブサイト http://www.ccc.govt.nz/
(財) 地方政府国際化協会「オーストラリアとニュージーランドの地方自治」2005年。
財務省「公会計に関する海外調査報告書(ニュージーランド)」2003年。
社会経済生産性本部『欧米主要先進国の公会計制度改革と決算・財務分析の現状と課題:ニュージーランド/オーストラリアの事例より』2002年。
東京都議会議会局調査部国際課「ニュージーランドの地方自治事情」1998年。
和田明子『ニュージーランドの公的部門改革—new public managementの検証』第一法規, 2007年。
和田明子「ニュージーランドにおける1980年代以降の地方自治制度改革—国の公的部門改革との関連において」比較地方自治研究会, 自治体国際化協会編『比較地方自治研究会調査研究報告書.(平成20年度)』自治体国際化協会, 2009年。

Annual Plan 2010-11 Christchurch Ōtautahi.
Annual Report 2010 Christchurch Otautahi.
Christchurch Long Term Council Community Plan 2009-19.
Local Government Act 2002.

〔その他〕
大阪府「大阪府の新公会計制度(案)〜真の地域主権の確立に向けた取組み」平成22年8月。
特許庁「特許特別会計の管理会計手法導入に関する調査」最終報告書 平成21年3月。

索　引

A〜Z

ABC（活動基準原価計算） 322
Action（見直し） 106
Check（評価） 106
CREマネジメント 180
Do（実行） 106
GAO 284
GASB 275
IFAC 223, 263
IPSAS 223
IPSASB 223
IR活動 308
LTCCP 289
PDCAサイクル 105, 182, 307
PFI 188
Plan（計画） 106
PPP（Public Private Partnership） 188
PRE 177
PREコスト 198
PREの整理・たな卸 182
PREマネジメント 180, 195
PREマネジメントサイクル 181
PRE利活用手法 189
PSC（Public Sector Comparator） 192
SEA（サービス提供の努力と成果）報告書 277
VFM（Value For Money） 186, 192

あ

アメリカ会計検査院（GAO） 284

維持管理コスト 192
意思決定会計 102, 104, 138
一般会計財務書類 310
一般目的財務諸表 223
移転収入 251
インフラ資産 48, 238

か

会計監査 168
会計基礎 259
会計処理方法の統一 75
開始時未分析残高 66
回収可能サービス価額 240
回復原価アプローチ 241
活動基準原価計算 132
間接法 255
管理会計 19, 101
管理可能性 111

機会費用 197, 198
企業不動産（CRE）マネジメント 180
基準モデル 9
機能するバランスシート 7
機能別費用分類法 253
キャッシュ・フロー計算書 70, 254
行政コスト計算書 53
行政コスト計算書の見方 55
行政コストの範囲 127
行政評価 104, 121, 194
業績管理会計 102
共通費の按分 128

業務の有効性・効率性……………………206
業務費用計算書………………………312, 326

偶発債務………………………………………243
国の財務書類…………………………………310
区分別収支計算書……………………………312

経営健全化計画………………………………159
決算作業の早期化……………………………117
決算統計………………………………………116
原価計算………………………………………102
減価償却………………………………………237
減価償却後再調達原価アプローチ…………241
減価償却費……………………………………60
減価償却費の按分……………………………133
原価モデル……………………………………234
現金及び現金同等物…………………………227
現金主義……………………………………5, 27
現金出納管理…………………………………209
健全化判断比率………………………………12
減損会計……………………………239, 266, 299
減損の戻入れ…………………………………241

公会計…………………………………………19
公会計基準設定主体…………………………263
公会計の目的…………………………………24
公共資産等整備一般財源等…………………67
公共資産等整備国県補助金等………………67
公債費（利払分）……………………………61
工作物…………………………………………44
公正価値………………………………………235
公正価値評価…………………………………42
公設民営………………………………………188
公有財産台帳…………………………………38
効率性…………………………………………83

国際会計士連盟（IFAC）………………223, 263
国際公会計基準（IPSAS）……………………223
国際公会計基準審議会（IPSASB）…………223
固定資産台帳…………………………………38
固定資産の開始時の評価……………………42
固定資産の評価基準…………………………41
コミュニティ・アウトカム…………………288
今後の新地方公会計の推進に関する研究会
　………………………………………8, 270
コンポーネント・アプローチ………………237

さ

サービス構成単位アプローチ………………241
債権管理………………………………………213
財源仕訳………………………………………63
財政健全化法…………………………………12
財政状態計算書…………………………34, 229
財政制度等審議会……………………………318
最善の見積り…………………………………243
歳入歳出決算…………………………………115
再評価モデル…………………………………234
財務会計………………………………………19
財務活動………………………………………255
財務業績計算書……………………………53, 245
財務報告の信頼性……………………………206
財務マネジメント……………………………306
財務面と非財務（サービス）面の両立……112

事業活動………………………………………255
事業単位………………………………………300
事業別行政コスト計算書……………………104
事業別セグメント……………………………126
資金収支計算書………………………………70
資金収支計算書の表示区分…………………72
資金提供者……………………………………21

索　引

資金取引·················· 164
資金の範囲················· 71
資金不足比率················ 13
資源の支配················· 251
資産·················· 34, 232
資産形成充当財源·············· 63
資産形成度················· 82
資産の保全················ 206
資産・負債差額増減計算書········ 312, 326
市場化テスト··············· 151
施設評価················· 186
施設別セグメント············· 126
持続可能性（健全性）············ 83
自治体不動産（PRE）············ 174
実質赤字比率················ 12
実質公債費比率··············· 13
指定管理者LCC（Life Cycle Cost）······ 192
指定管理者制度········· 177, 188, 193
支配·················· 258
指標··················· 81
資本的支出と修繕費············· 45
収益················· 54, 249
収益説··················· 20
収益・費用と収入・支出の違い······· 58
住宅供給公社··············· 178
住民1人当たり行政コスト········· 174
住民1人当たり有形固定資産········ 174
出資説··················· 20
取得原価················· 233
取得原価による評価············· 42
純資産··················· 35
純資産変動計算書·············· 62
純資産・持分··············· 244
純資産・持分変動計算書·········· 253
省庁別財務書類·············· 310

賞与··················· 59
将来シミュレーション··········· 154
将来世代·················· 84
将来負担比率················ 13
所有者からの拠出············· 249
所有者への分配·············· 252
自立性··················· 83
人件費の按分··············· 129
新地方公会計制度研究会報告書········ 7
新地方公会計制度実務研究会報告書······ 8

出納整理期間········· 4, 70, 264, 304
趨勢分析·················· 85

正確性·················· 109
政策の比較検討·············· 144
政策評価················· 121
政策別コスト情報············· 318
性質別費用分類法············· 252
政府会計基準審議会（GASB）······· 275
セグメント区分の単位··········· 126
セグメント別行政コスト計算········ 125
世代間公平性················ 82
説明責任·················· 20

相互検証機能················ 30
総務省方式改訂モデル············· 9
遡及適用················· 228
組織別・事業別財務諸表·········· 308
組織別セグメント············· 126

た

貸借対照表············ 34, 312, 326
貸借対照表の見方·············· 35
退職金··················· 59

333

単式簿記	4, 29
弾力性	83
地方公営企業	4, 178
地方公共団体の会計に関する提言	263
地方公共団体の総合的な財政分析に関する調査研究会報告書	6
地方公共団体の連結バランスシート（試案）について	7
地方債	51
地方政府コミュニティ長期計画書（LTCCP）	289
注記	228
注記事項	79
直接法	255
定期借地権	188, 190
適時性	109
東京都方式	15
投資活動	255
特別会計	320
特別会計財務書類	310, 318
土地開発公社	178

な

内部統制	205
年次計画書（Annual Plan）	290
年次報告書（Annual report）	291

は

売却可能資産（遊休地）	178, 217
発生主義	5, 27
発生主義予算	118

比較分析	85
引当金	52, 242
非交換取引	233, 249
非資金生成資産	239
非資金取引	164, 256
一人当たり指標	86
費用	54, 252
評価指標	185
ファシリティ・マネジメント	104
フィードバック	194
複式会計システム	162
複式情報管理体制	166
複式簿記	29
複数年度予算	120
負債	35, 241
付随費用	47
不正経理	205
附属明細表	80, 312
物件費	59
分析手法	80
分析における留意点	86
包括外部監査	176, 200, 208
包括的年次財務報告書	276
法令遵守	206
ポジショニング	183

ま

埋蔵金	178, 196
真水負担	150
明瞭性	110
モニタリング	161, 194

索　引

や

有形固定資産 …………………………………… 233
有形固定資産の評価基準 …………………… 265

予算の意義 ……………………………………… 23
予測財務諸表 …………………………………… 290

ら

ライフサイクルコスト ……………………… 175, 191

料金原価計算 …………………………………… 321
料金設定 ………………………………………… 139

連結財務諸表 ……………………………… 73, 257
連結財務書類 …………………………………… 310
連結実質赤字比率 ……………………………… 13
連結の範囲 ……………………………………… 74

ローリングサイクル …………………………… 327

【著者紹介】

〈有限責任 あずさ監査法人〉

〔監修者〕

田中輝彦　理事
　　　　　パブリックセクター本部長　パートナー，公認会計士

武久善栄　東京統括事務所
　　　　　東京パブリックセクター部長　パートナー，公認会計士

湯本秀之　名古屋統括事務所
　　　　　名古屋パブリックセクター部長　パートナー，公認会計士

西野裕久　大阪統括事務所
　　　　　大阪パブリックセクター部長　パートナー，公認会計士

〔執筆者〕

小林礼治　大阪統括事務所　〔編集，第7章 第3, 5節〕
　　　　　大阪パブリックセクター部　パートナー，公認会計士

岩渕和久　東京統括事務所　〔第1章〕
　　　　　東京パブリックセクター部　マネジャー，公認会計士

山田英裕　名古屋統括事務所　〔第2章 第1節〕
　　　　　名古屋パブリックセクター部，公認会計士

金丸久高　名古屋統括事務所　〔第2章 第2節〕
　　　　　名古屋パブリックセクター部　シニアマネジャー，公認会計士

下岡裕一郎　名古屋統括事務所　〔第2章 第3節〕
　　　　　　名古屋パブリックセクター部　スタッフ

上森太一郎　大阪統括事務所　〔第3章〕
　　　　　　大阪パブリックセクター部　マネジャー，公認会計士

経塚義也　東京統括事務所　〔第5章〕
　　　　　東京パブリックセクター部　パートナー，公認会計士

河村崇志　名古屋統括事務所　〔第6章〕
　　　　　名古屋パブリックセクター部　シニア，公認会計士

中川美雪　大阪統括事務所　〔第7章 第1, 2節〕
　　　　　大阪パブリックセクター部　シニア，公認会計士

〈㈱KPMG FAS〉

〔執筆者〕

坂邊淳也　㈱KPMG FAS　〔第4章，第7章 第4節〕
　　　　　シニアマネジャー，公認会計士
　　　　　総務省「今後の新地方公会計の推進に関する研究会」委員

【有限責任 あずさ監査法人】

有限責任 あずさ監査法人は，全国主要都市に約5,600名の人員を擁し，監査や各種証明業務をはじめ，株式上場支援，財務関連アドバイザリーサービスなどを提供しています。

金融，情報・通信・メディア，製造，官公庁など，業界特有のニーズに対応した専門性の高いサービスを提供する体制を有するとともに，4大国際会計事務所のひとつであるKPMGインターナショナルのメンバーファームとして，150ヵ国に拡がるネットワークを通じ，グローバルな視点からクライアントを支援しています。

(検印省略)

平成23年5月10日　初版発行　　　　　略称：地方公会計

行財政改革とガバナンス構築のための
新地方公会計の実務と活用

編　者　　Ⓒ有限責任 あずさ監査法人

発行者　　中　島　治　久

発行所　　同文舘出版株式会社
東京都千代田区神田神保町1-41　〒101-0051
営業（03）3294-1801　編集（03）3294-1803
振替 00100-8-42935　http://www.dobunkan.co.jp

Printed in Japan 2011　　　　　製版　一企画
印刷・製本　三美印刷

ISBN978-4-495-19571-7

本書とともに

有限責任 あずさ監査法人［編］

公立病院の経営改革
― 地方独立行政法人化への対応 ―

A5判・並製・240頁
定価（本体2,800円＋税）

日本の医療・病院経営が構造的な変革期にある今，経営改革を行わなければ公立病院の存続は困難である。本書は，会計，法制度はもちろんのこと，病院の経営改善，人事制度設計，システムの導入に至るまで，公立病院の地方独立行政法人化に必要となる検討事項について網羅的に，わかりやすく解説する！